U0596717

宣城自古诗人地:谢朓 李白 韩愈 白居易 杜牧 梅尧臣 施闰章(桑建国绘)

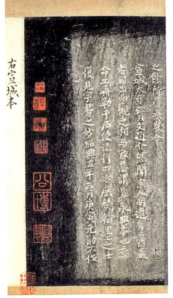
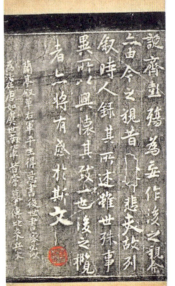

宋拓定武兰亭宣城本（局部）

宛陵十景舊多散本畫家泥於氏晴有
形似無筆墨之塞窕無本偶圖數幅
請教
培翁老祖臺大辭宗博覽他日過右之盛
顧知明硯之子之畫不循在於奉之外芳在筆
墨之外是則請
教之意也
丁酉十一月望後明硯沼晚梅清識

（左上）《宛陵十景》之硤石（清・梅清）
（左下）《宛陵十景》之华阳山（清・梅清）
（右上）《宛陵十景》之古敬亭（清・梅清）
（右下）《宛陵十景》之跋页（清・梅清）

梅清《宣城揽胜图》二十四开（节选）之鳌峰

梅清《宣城揽胜图》二十四开（节选）之宛溪与句水

梅清《宣城揽胜图》二十四开（节选）之麻姑山

梅清《宣城揽胜图》二十四开（节选）之响山

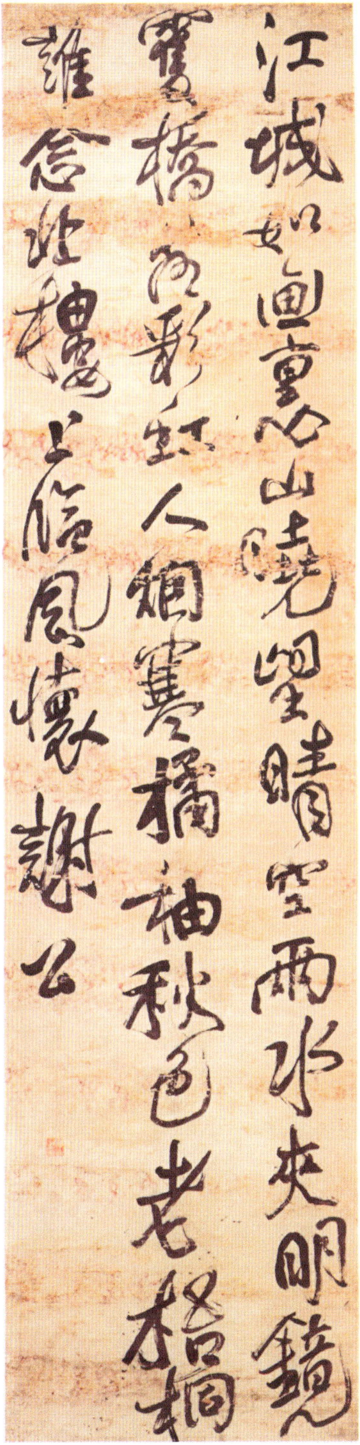

江城如画里山晓望晴空两水夹明镜
双桥落彩虹人烟寒橘柚秋色老梧桐
谁念北楼上临风怀谢公

李白诗《秋登宣城谢
朓北楼》（明·傅山）

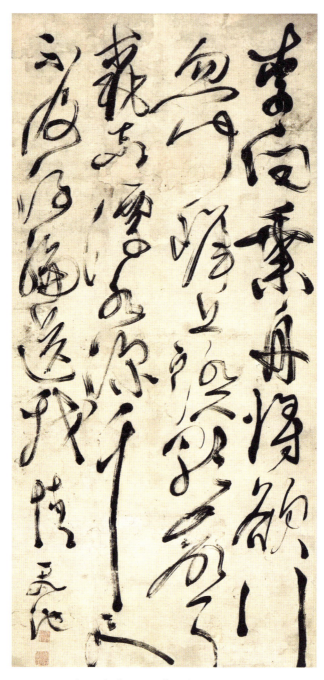

李白诗《赠汪伦》（明·徐渭）

《山水图页》（清·梅清）

《小赤壁泛舟图》（清·梅清）

《山水图册》（清·石涛）

《自画种松图》（清·石涛）

《敬亭棹歌图》（清·梅庚）

《松径听瀑图》（清·施闰章）

《宛陵山下图》（现代·黄宾虹）

《宛陵道中图》（现代·黄宾虹）

《独坐敬亭山图》（现代·黄宾虹）

《敬亭山角图》（现代·张大千）

《李太白像》（现代·傅抱石）

李白诗《独坐敬亭山》（现代·费新我）

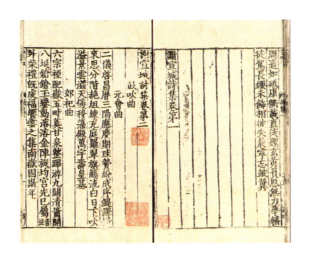

《谢宣城集》书影（南齐·谢朓）

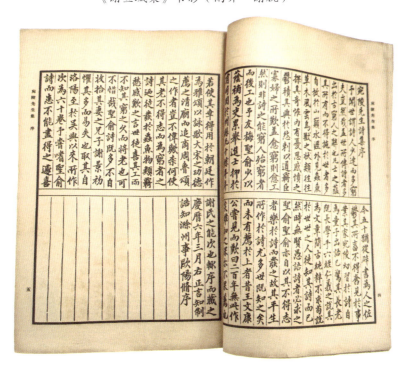

《宛陵先生集》书影（宋·梅尧臣）

叙

辛未春張君芸野自粵東貽書
致宛雅一部曰宛雅者以家禹金
先生所輯宣城人詩也施愚山蔡
大美兩先生嘗續之迄今百年
作者如林應渡衰集油霖不揣

欽定四庫全書

提要

宛陵群英集十二卷　　集部八
　　　　　　　　　　總集類

臣等謹案宛陵群英集十二卷元汪澤民張
師愚同編澤民字叔志婺源人延祐戊午進
士授承事郎同知岳州路平江州事歷南安
信州兩總管府推官以母憂歸服除補平江
路總管府推官調濟寧路兗州知州至正三

宣城右集卷一

吳

薛綜字敬文沛郡竹邑人赤烏三年徙選曹
尚書五年為太子少傅領選職如故

移丹陽守諸葛恪書

山越恃阻不賓歷世緩則首鼠急則狠顧皇帝赫
然命將西征神策內授武師外震兵不染鍔甲不
沾汗元惡既梟種黨歸義湯滌山藪獻戎十萬野
無遺寇邑罔殘姦既掃兇慝又充軍用藜蓧根荄
化為善草魑魅魍魎更成虎士雖實國家威靈之

（左上）《宛陵群英集》書影
（左下）《宣城右集》書影
（右上）《宛雅》書影

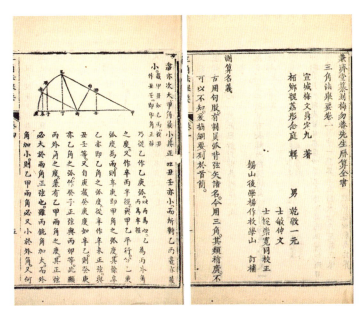

《历算全书》书影（清·梅文鼎）

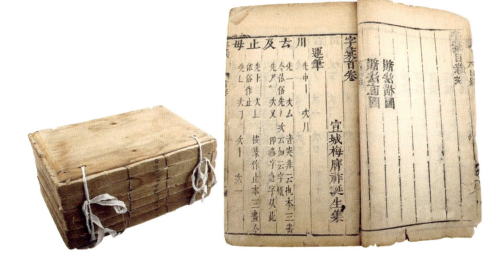

《字汇》书影（明·梅膺祚）

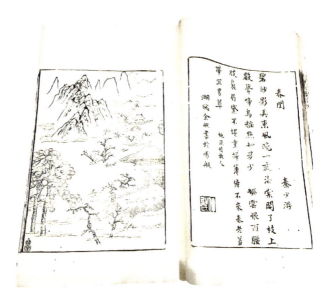

《诗馀画谱》书影（明·宛陵汪氏）

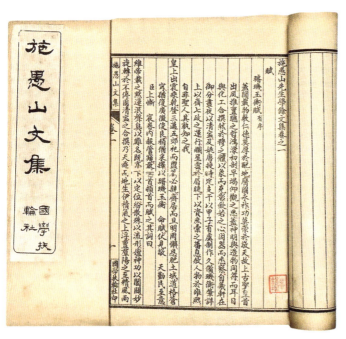

《施愚山文集》书影（清·施闰章）

余 雷

主编

当代名家

中国出版集团 东方出版中心

图书在版编目（CIP）数据

当代名家品宣城 / 余雷主编. —上海：东方出版中心，
2022.12

ISBN 978 - 7 - 5473 - 1897 - 3

Ⅰ.①当… Ⅱ.①余… Ⅲ.①文化史－宣城－文集
Ⅳ.①K295.43 - 53

中国版本图书馆 CIP 数据核字（2022）第 238268 号

当代名家品宣城

主　　编　余　雷
策　　划　马晓俊
责任编辑　万　骏　韦晨晔
封面设计　钟　颖

出版发行　东方出版中心有限公司
地　　址　上海市仙霞路 345 号
邮政编码　200336
电　　话　021 - 62417400
印 刷 者　上海盛通时代印刷有限公司

开　　本　890mm×1240mm　1/32
印　　张　14.5
插　　页　8
字　　数　274 千字
版　　次　2023 年 1 月第 1 版
印　　次　2023 年 1 月第 1 次印刷
定　　价　78.00 元

版权所有　侵权必究
如图书有印装质量问题，请寄回本社出版部调换或拨打021-62597596联系。

大家推荐

　　宣城的历史是悠久的，文化的积累是丰厚的，古代中国以江河水系为枢轴的全国性的联通网络，与近现代海洋性的全球化时代的特质，是有着巨大的差异的，而宣城就是古代中国江河水系大枢轴上的一颗明珠。文化的兴盛，商贸的发达，特产的丰富，这么多诗人往来于此，产生了这么多千古流传的诗歌，而徽商也是从这个地区走出来的，这些都与宣城在古代中国大地理中的地位有着密切的关系。这本书里的文章很好地阐释了这一点，可以说对历史的思考是相当深刻的。

—— 著名历史学家姜义华

　　宣城，千年名邑，深深烙印在了源远流长的中华文明经脉之中，是丰厚的物质文明与蓬勃的精神文明交融形成的华夏气象的印证。山水诗之于中国文学之大成，徽商之于中国传统商业之开拓，宣城英才之于历朝历代政治、经济、文化之贡献，本书都做出了精采的总结，读者必将获益良多。

—— 著名作家刘心武

大家推荐

　　山水诗都，江南奥壤，物华天宝，人杰地灵。一方水土造就一方文明，品读宣城，便是品读这份气韵与精魂，而这气韵精魂延续至今，它的影响还将一直持续下去。千年人文精神未有断绝，如今讲弘扬中华优秀传统文化，我们能够且应当从宣城丰富灿烂的历史中汲取灵感、获得经验。

—— 著名历史学家葛剑雄

　　宣城集好山好水于一身，得天地人三才之妙，自古就是上州大郡，不仅为江南鱼米之乡、农桑重地，而且名人辈出、济济多士，堪称人文渊薮，其诗酒文化亦属一绝。这本书从宣城的地利、货殖、方物、人文等各方面谈了宣城的美丽的山水、深厚的底蕴，用一书说一城，方寸之间可见千年，就像一壶陈酿，滋味悠长，醇厚无比，杯里可见乾坤。

—— 著名作家叶辛

宣城以外看宣城（代序）

我之于宣城，实地的了解其实极少，2011年初，只有过不到两天的首次踏访。

我之于宣城，历史的记忆稍多一些，我的专业是中国传统时代文、史、地的研习，在此过程中，宣城的自然与人文，沉淀下了若显若隐、或断或续的记忆。

匆匆的踏访所唤醒的宣城记忆，颇有趣，颇亲切。

我的专业之一是汉唐文学，而宣城真的是好一座山水诗都，比如南齐谢朓与大唐李白，可谓前后辉映的两位诗坛大家，也是"活"在今日宣城的文化符号。

宣城城中的谢朓楼，旧名谢公楼，本是唐初宣城士民在谢朓理事起居的高斋旧址上建立的。而无论是谢公楼还是谢朓楼，这楼以人为名，显示了谢朓对于宣城的特殊意义。谢朓是著名的陈郡谢氏中人，陈郡谢氏与宣城有缘，谢朓之前，谢氏出过几任的宣城地方长官。谢朓不善言辞，但文章清丽，写得一手山水好诗，其诗作的大约四分之一是在宣城太守任上创作的，极言宣城之美者，如《宣城郡内登望》《游敬亭山》《后斋回望》《高斋闲望答吕法曹》《赛敬亭山庙喜雨》等等。如此，小谢、谢玄晖、谢宣城亦即谢朓，成为宣城名头最响的历史人物，而谢朓楼之于宣城的符号作用，大概就仿佛黄鹤楼之于武汉、阅江楼之于南京、鹳雀楼之于永济了。

宣城城边的敬亭山，联系的则是更加大名鼎鼎的李白。李白《独坐敬亭山》，吟咏"众鸟高飞尽，孤云独去闲。相看两不厌，只有敬亭山"，这是何等的超格评说，敬亭山也由此驰名寰宇！而更加关键的是，多次莅临宣城的李白，"解道澄江净如练，令人长忆谢玄晖"，桀骜不驯、自视甚高的李白，"一生低首谢宣城"。于是，谢朓、李白，谢朓楼、敬亭山，这些特别的文学意象交融密合在了一起，共同凝聚成今日宣城突出的文学记忆。

我的专业之二是中古地理，而中古时代的宣城地理区位，先为政治中心，再为江南奥区。

如所周知，包括今南京地区在内的汉代丹阳郡，郡治本在宣城。当时的郡是一级行政区，相当于现在的省，换言之，汉代的丹阳"省"，"省会"在宣城，这是了不得的地位，它直接说明了宣城为其时的江南或曰江南西部的政治中心。进入六朝时代，丹阳郡治迁到了今天的南京，宣城则成为江南的奥区与腹地，每当北方战乱，大量的江淮之间乃至黄河流域的冠盖士女与平民百姓迁徙江南，颇有进入宣城地域者，这促成了宣城文化的转型、经济的开发、民俗的新貌。某种意义上我们可以认为，北阻淮河与长江的江南，是中原汉民族农耕文化的避难所，而江南平原文化的避难所，又在山水环护的宣城，这样的状况，尤其显著地表现在北方为非汉民族统治的东晋十六国南北朝时代、五代十国时代以及南宋时代。如此，宣城对华夏正朔的传承，做出了独特的贡献。

文学的宣城、地理的宣城，值得我们关注与表彰的亮点甚多，科技的宣城、文具的宣城，也多可圈可点之处。比如我曾绘制过《畴人传》及其续、三、四编的人物地图，印象中，宣城一隅所出算学家相当突出，而梅氏家族又最为显眼，在解释这种现象时，我曾有山地既多、耕地则少，耕地既少、从商者众，从商者众、算学或即发达的推断。再如宣城的文具，所谓"文房四宝"湖笔、徽墨、宣纸、端砚或者歙砚，宣纸毕竟是书画的最后载体；而我曾见到的新闻报道，宣城还有过"中国文房四宝之乡"的宣传，理由是宣纸制作技艺为世界级人类非物质文化遗产，宣笔曾经引领了汉宋千年风骚，徽墨生产中心之一为宣城下辖的绩溪，歙砚重要集散地之一在宣城。果然如此，宣城又可谓华夏的文房、中国的书桌了。

山水诗都、江南奥区、算学重镇、华夏文房、中国书桌，如此等等，应该是比较视野下的宣城的符号、象征、标志吧。其实，彰显、弘扬各地的历史文化、地域特色，比较的视野是极为重要的。因为历史悠久、民族众多、文化繁富的中国，无论通都大邑还是偏乡僻壤，总能数出或多或少的人物、遗迹、故实、传说，所以关键仍在那些人无我有、人有我好、人好我特甚至我独的内容，唯有那些既为当地乡贤、文人、百姓、政府熟知，也为外地专家学者、人民大众认可的项目，才是真正能够叫得响、站得住、传得久的文化资源或者城市品牌吧。

具体到宣城，文化资源、城市品牌细数起来，也许多如满天的星斗；当务之急，该是明确"太阳"与"月亮"，亦即具有全国影响与独特地位者。而要明确这一点，宣城当地的专家学者跳出宣城看宣城，宣城以外的专家学者宣城以外看宣城，以及当地与外地专家学者的对话与交流，就显得非常必要。试举一例。就我的了解，宣城对韩愈的研究与宣传，似乎近于空白。中唐的韩愈，既是伟大的文学家、杰出的政治家和卓越的教育家，儒学传承的孔、孟、董仲舒、韩愈、朱熹系统，又显示了韩愈在中国正统思想史上崇高的地位；而按照现代史家的定位，陈寅恪先生称道韩愈为"唐代文化学术史上承先启后转旧为新关捩之人物"，何兹全先生赞誉韩愈为"中国文艺复兴"第一人。如此显赫的历史人物韩愈，15 岁至 19 岁以及 23 岁时，是在宣城度过的，这段随嫂避地与苦读宣城的经历，对于韩愈的一生产生了怎样的影响？宣城都有哪些有关韩愈的史迹与传说？这便值得深入研究、广泛调研，进而宣传、开发、利用之，以为宣城现代社会发展、文化进步服务。然则类似这样的例子，还能举出不少，纸短话长，这里就不复赘言了。

需要说明的是，这篇短文，本是十多年前的 2011 年 6 月 5 日，应宣城的朋友之约而草拟的。犹忆那天，我刚刚入住台北

"中研院"学人招待所，网络未通，手头也无参考资料可以查阅，于是随思所至，匆匆记下关于宣城历史记忆中的几个片段，并题为"宣城之外看宣城"。而这些年来，我与宣城的缘分越来越深，乃至十余次到访宣城，结识了各路朋友，听闻了诸多故事，对于宣城的印象，也从书本转到了现实，从意象丰富为具象。在此过程中，我非常欣慰地看到，宣城地方文史研究获得了高质量的发展、全方位的进步，宣城地方领导高屋建瓴，率先提出了蔚为大观、内涵丰实的"宣文化"概念。如此，我愿借此短文，既寄望"宣文化"的研究大有所为、大有作为，也恭贺《当代名家品宣城》的出版问世、书香弥漫……

胡阿祥

2022 年 11 月 29 日

于句容宝华三栖四喜斋

高山流水图（清·梅清）

目 录

六朝宣城

江南奥壤，山水诗都

胡阿祥

南京大学历史学院

教授 博士生导师

宣城给予我的意象是什么呢？是"山水诗都、
江南奥区、算学重镇、华夏文房、中国书桌"。

宣城作为山水诗都，不仅因为谢朓的山水诗极言宣城之美，
还因为宣城拥有一座独一无二的江南诗山——敬亭山。

为了避免诸位产生"何物小子，敢来宣城胡言八道"的印象，也为了与在座诸位套套近乎，还是先说说我与宣城的缘分吧。

我是安徽桐城人，桐城好歹与宣城同属安徽省。我在桐城生活了17年，在上海生活了7年，在南京生活了将近30年了。说起南京与宣城的联系，那是很密切的，举个与今天讨论主题相关的例子吧。

南京最为人熟知的称呼是"六朝古都"，我现在的身份之一，是六朝博物馆馆长。六朝博物馆的微博，提示词是"江南佳丽地，金陵帝王州。逶迤带绿水，迢递起朱楼"。这四句来源于490年谢朓写的诗；又过了5年，谢朓就到宣城来做市长了，当时称为太守。宣城人民没有不知道谢朓的，正如南京人民没有不知道孙权的。

其实大多数的南京人民也知道谢朓，我这么说是有证据的。2005年11月，《南京晨报》组织发起评选"南京城市名片"，万人参与，经过3个多月的评选，2006年2月揭晓了"十大入选名片"与"十大提名名片"。在"称谓类"名片中，入选的是"博爱之都"，这与孙中山、中山陵、南京城市的历史记忆有关，提名的是"江南佳丽地，金陵帝王州"，这是谢朓的诗句，高度概括了南京的地理位置、自然风光、政治地位、文化面貌。

谢朓画像（当代·吴宪生）

　　谢朓，既是宣城的，也是南京的，谢朓是宣城与南京共同拥有的文化符号。所以，我以南京大学教授的身份，以六朝博物馆馆长的身份，来到宣城说说谢朓，也是可以的吧。

　　除了说说谢朓，还说说宣城的什么呢？这就要说到我和余雷先生的缘分了。

　　2011 年 6 月 5 日，在台北"中研院"学人宿舍，应余雷先生的约请，我为《宣文化》创刊号写了一篇短文，《宣城以外看宣城》。当时，我对宣城实地的了解其实极少，2011 年初，只有过不到两天的首次踏访。于是，这篇短文所写的，也只是我对宣城的意象的理解。

　　我的专业是中国古代的历史、地理与文学。在这样的专业背景下，宣城给予我的意象是什么呢？是"山水诗城、江南奥区、算学重镇、华夏文房、中国书桌"。

　　今天，时间有限，我仅就其中的两点，也就是"山水诗城、江南奥区"，向在座的诸位汇报我的体会。需要说明的是，"山水诗城"我升格成"山水诗都"，"江南奥区"我确切成"江南奥壤"。我的希望是，"江南奥壤，山水诗都"能够成为宣城得到公认的地理象征与文化符号。

江南奥壤

　　先说"江南奥壤"。宣城作为"江南奥壤"，本是传统的说法。唐人李昭的文章里说"宣州……为天下之心腹，实江南之奥壤"，白居易的文章里说"陵阳奥壤，土广人庶"，南唐韩熙载的文章里说"宁国重藩，宣城奥壤"。这里的宣州、宁国、陵阳，指的都是今天的宣城。那么何谓"奥壤"呢？简而言之就是腹地、沃壤，地理意义上的腹地，经济意义上的沃壤。

在说明宣城为什么是"江南奥壤"之前，不妨先轻松一下，说个故事。

在谢朓去世后6年，也就是505年，非常著名的梁武帝萧衍派六弟萧宏领兵北伐，已经投降北魏的陈伯之屯兵寿阳，与梁军对抗。萧宏的手下丘迟写了封信劝降陈伯之。丘迟的信写得非常感人，陈伯之不久就率八千之众重新归降梁朝。一般认为，丘迟信中最能打动陈伯之的，是下面这一段话：

> 暮春三月，江南草长，杂花生树，群莺乱飞。见故国之旗鼓，感平生于畴日，抚弦登陴，岂不怆恨。

一封信，抵八千兵，这就是文学的力量。差不多同样的情形，出现在唐朝天宝十二载（753）。宣州长史（相当现在的政府秘书长）李昭给云游在外、共曾祖父的从兄李白写了封信，信大致是这样说的：

> 宣州自古为名邑上郡，星分牛斗，地控荆吴，为天下之

心腹，实江南之奥壤。既有山川之胜，又兼海陆之丰。永嘉以后，衣冠避难，多来江左，六朝文物，萃于斯邑，至今余风犹存，虽间巷之间，吟咏不辍。宣城为郡治所，据山为城，枕水为邑，山为陵阳，水为双溪。陵阳之巅，高出城闉，南齐谢元晖守此郡时，建斋以居，以其居高临下，故谓之高斋。后世几经修葺，犹可登览。登斯楼也，城郭皆在掌中，山川尽入心目。北望敬亭，崛起于川原之中，横峙若屏障，联绵三十余里，尤为一郡之雄秀。此高人逸士所必仰止而快登也！弟佐此郡，政清且闲。每登高斋，时游敬亭。望风怀想，能不依依？吾兄曷兴乎来！继余霞成绮之句，赋临风怀谢之章，舍兄其谁哉！

就是这样的一封信，把已经 53 岁的"诗仙"李白"忽悠"到了宣城，李白从此与宣城结下不解之缘。在此后 9 年的时间里，李白多次来到宣城，留下许多诗歌，而且最后的终老安葬之地，就在当时属于宣城管辖的当涂。那么究竟是什么吸引了云游四海、见多识广的李白来到宣城呢？从信中看，很清楚，是宣城的山川形胜、六朝文物、谢朓高斋、敬亭雄秀。

下面，我们就以李昭的这封信为引子，说明六朝宣城作为"江南奥壤"也就是江南腹地、江南沃壤的内涵。

第一，名邑上郡。

在先秦、秦汉、六朝近千年的时间里，宣城的地位走过了由县邑而郡治、由江南中心而江南奥壤的历程。

　　宣城作为县邑，按照复旦大学谭其骧先生的考证，最早的记载见于公元前 323 年所制、1957 年安徽寿县出土的"鄂君启节"。鄂君启节是战国楚怀王颁发给鄂君启、从事水陆两路货运的免税通行证。依据鄂君启节的记载，当时的宣城隶属楚国，称为"爰

鄂君启节（1957 年出土于安徽寿县）

陵"，应该是个邑，楚国称县为邑；爰陵驻扎有税务官员，而且可以接纳150艘船组成的贸易船队，所以是座不小的贸易城市。

应该说，谭其骧先生的这个考证，对于宣城来说非常非常重要。在这个考证之前，宣城有文字记载的历史，是从西汉的宛陵县开始的，而宛陵县置于何时，缺乏文献记载，姑且算作公元前121年宣城设郡并以宛陵县为治所吧；那么谭先生的这个考证，就把宣城城市的历史向前推了大约200年，而且确认了宣城在公元前300年左右，就是一座不小的贸易城市。

那么，谭先生是如何考证的呢？1962年发表于《中华文史论丛》第二辑的《鄂君启节铭文释地》中，谭先生推测爰陵在桐城东南60里；1963年，著名古文字学家、谭先生的学生、中科院地理所研究员、合肥人黄盛璋先生在《中华文史论丛》第五辑发表《关于鄂君启节地理考证与交通路线的复原问题》，文中批评谭先生的看法不对，认为"爰陵必为大地方……疑在今淮安附近"；为了回应黄先生的批评，谭先生又写了《再论鄂君启节地理答黄盛璋同志》，也发表在1963年的《中华文史论丛》第五辑，文中考证鄂君启节"庚爰陵"一句，大约300来字，结论为"爰陵当即汉代丹阳郡治宛陵县。爰、宛只是一声之转"。谭先生的这个结论，为黄先生接受，如在1982年出版的《历史地理论集》所收《鄂君启节地理问题若干补正》文中，黄先生写道："谭文《再论》考证爰陵为汉代之宛陵，即今宣城前身，语音、方位皆合，此地名自此可定，拙文此处所论有误，应改从谭文。"

谭其骧（1911—1992），著名历史地理学家

因为涉及宣城城市历史的开端，所以我这里多说了几句。在这里，我还有两个建议。一个建议是，1911年出生的谭其骧先生与1924年出生的黄盛璋先生这对师生，因为此事闹过一段学术公案，而且是涉及学术道德的公案，我不方便多说，如果诸位感兴趣，可以仔细了解了解。另外一个建议是，宣城应该记住甚至纪念谭其骧先生，这也是有先例可循的：安阳因为谭先生，进入了中国"七大古都"的行列，安阳曾经计划为谭先生立像；襄阳因为谭先生，确认了诸葛亮的"隆中对"发生在襄阳而不是南阳，襄阳为谭先生树碑了。

宣城城市的历史开始于爰陵，追根溯源，爰陵当然值得特别关注；宣城设县的明确记载是西汉设宛陵县，而时至今日，宛陵仍然是宣城的雅称，比如元朝所编的《宛陵群英集》、清朝所编的《宛雅》，就是宣城的诗集，所谓"名不正则言不顺"，所以宛陵也很重要。在这里，我围绕爰陵与宛陵，提出一些可能比较大胆的观点，以求教于宣城的文史专家。

首先，我认为"爰陵"是个典型的楚语地名。安徽的江淮之间，至今还遗留着许多楚语地名，比如把村庄称为"郢"，合肥就有王大郢、舒大郢、春树郢，而"郢"本是楚人都邑的泛称，至于把水边的高地称为"陵"，也是楚语地名的特征，比如南京在差不多的时候，称为"金陵"。爰陵的爰是什么意思，今天已经难以考证，按照《尔雅》的解释，"爰爰，缓也"，可能有水流缓慢的意思。

其次，西汉改爰陵为宛陵，而直到隋开皇九年（589），才又改宛陵为宣城，同时把故址在今南陵县东弋江镇、汉代设置的宣城县废了。也就是说，宛陵作为宣城的旧称，存在了700多年，此后直到今天，宛陵仍然是宣城的雅称。有意思的是，宛陵其实应该读作"yuān"陵。东汉许慎的《说文解字》中说："宛，屈草自覆……於阮切。"於的声母加阮的韵母，就是"於阮切"，"切"是中国古代的拼音法，而"宛"拼出来的读音，就是"yuān"，比如《史记》中记载的西域国家"大宛"，正确的读法是大"yuān"，不是大"wǎn"。所以"爰陵"改为"宛陵"，是改字不改音。那么"宛"是什么意思呢？《说文解字》解释为"屈草自覆"，就是形容草茎弯曲、自相覆盖、郁郁葱葱，这反映了当时宣城一带自然环境的美好，所以"宛陵"是一个富有诗意的地名。

宣城由县邑而郡治，是在200多年后的汉武帝元狩二年（前121）。这一年，以宛陵为治所，设置了丹阳郡。这又是宣城发展史上一个重要的里程碑，其重要性起码体现在两个方面：

首先，从此以后直到今天，宣城基本都是管县的政区，而这个地位是公元前121年设丹阳郡时确定的。

其次，从公元前121年到公元220年，历时340多年，宣城是江南西部的行政中心。为什么这么说呢？汉代的郡是国家一级行政区，相当于现在的省；换言之，汉代丹阳"省"的"省会"就在宣城。宣城下辖十几个县，管辖的范围大致包括了今天的皖南、苏南西部、浙江西北一带，包括今天的南京，都在以宣城为

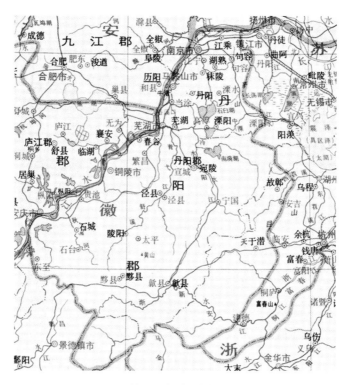

丹阳郡行政区划图

中心的丹阳郡的管辖之下。这实在是了不得的地位，它直接说明了宣城是汉代江南西部的行政中心，与江南东部的行政中心、会稽郡的治所吴县（也就是今天的苏州市），东西并立。

说到这里，也有两个相关问题需要说明，一是丹阳郡的本来写法，二是丹阳郡的设置时间。

关于丹阳郡的写法，现在普遍写成"丹阳郡"，汉唐时代历史文献中的写法则比较混乱，有"丹扬""丹杨""丹阳"三种写法，分别从手、从木、从邑。从考古资料看，正确的写法应该是"丹杨"，比如马鞍山朱然墓出土的名刺（也就是古代的名片）上面写的是"丹杨朱然再拜 问起居"，朱然是汉末三国人。另外一条重要证据是，唐人所修的《晋书・地理志》中，写作丹杨郡、丹杨县，而且专门解释"丹杨山多赤柳"，也就是说，"丹杨"这个地名是因赤柳得名的，丹就是赤，杨与柳古人往往不分，现在杨与柳还同属植物分类中的杨柳科。如此，汉代的宣城，郡称丹杨，意思是山上多柳树，县名宛陵，意思是到处是草地，而且是长得很高的草，可见当时的宣城，真是一个自然环境优美的地方。

关于丹阳郡的设置时间，从古至今的各种文献中，都说汉武帝元封二年（前109）设置丹阳郡，而据新中国第一位文科博士、复旦大学周振鹤先生在人民出版社1987年版的《西汉政区地理》中的精密考证，宣城置丹阳郡的时间还要早12年，即在汉武帝元狩二年（前121）。

　　宣城地位转变的第三步，是由江南中心转变为江南奥壤。其中的关键，一是东汉建安二十五年（220）孙权将丹阳郡治迁到了建业，也就是今天的南京，二是西晋太康元年（280）分丹阳郡置宣城郡，治所仍在宛陵，也就是今天的宣城。这两件事也具有一定的标志意义。

　　首先，宣城郡名出现了。宣城郡的设置时间，一般认为是281年，其实应该更早一年到280年。280年3月，司马氏的晋朝灭了孙吴，灭吴伊始，为了打压孙吴故都建业，不仅改名秣陵，而且同时分出丹阳郡西部设置了宣城郡。宣城的宣是什么意思？宣城的朋友说"宣"就是"显"，"显耀"的意思，我感觉有些勉强；我查了些材料，看到清朝学者吕吴调阳《汉书地理志详释》对宣城县的解释："宣，同援，水形，象人一手据地，有所援也。"这似乎有些道理，因为皖南的不少县如歙县、黟县也是以地理特征命名的，而且"宣"有疏导、疏通的意思，汉代的宣城县在今天南陵县弋江镇，也就是在青弋江的边上。

　　其次，孙权把丹阳郡治从宣城迁走，司马氏在宣城建立新的宣城郡，形象地说明了宣城地位起伏的一大特点，即在南北分裂的时候，在江南地区，因为南京地位上升，基本都是首都，所以宣城地位相对下降，而在国家统一的时候，"成也金陵王气，败也金陵王气"、不讨北方帝王喜欢的南京，总是受到打压乃至毁灭，于是宣城的地位又相对上升。就以两汉六朝隋唐时期来说，两汉、西晋、隋唐是统一时代，两汉的宣城管着南京，西晋的宣城与南京地位不相上下，隋唐的宣城地位又要高过南京；而在六朝也就是孙吴、东晋、宋、齐、梁、陈的分裂时代，南京作为首都，地位当然远远高过宣城，而且大多数时候，治所设在南京的扬州管着宣城，少数时候如南齐、南陈，宣城郡归治所设在当涂的南豫州管辖。

首都南京的地位高过宣城，而且大多数时候治所设在南京的扬州管着宣城，其实对于宣城来说，不是坏事，而是机会，这就是我下面要说的"近畿要地"。

第二，近畿要地。

六朝时代，也就是 220 年到 589 年之间的 370 年，南京与宣城的关系可谓密切。

南京是首都，宣城是近畿要地，这仿佛今天的北京与天津；南京是扬州治所，宣城大多数时候是扬州辖郡，这仿佛今天的合肥与宣城；南京是丹阳郡治，宣城郡与丹阳郡是扬州治下距离最近的两个郡，这样的关系，又仿佛今天的南京与镇江。

更加重要的是，南京北据长江，宣城南靠群山，南京与宣城这样相互配合的区位特点，使得在分裂动荡的六朝时代尤其是东晋南朝时代，宣城成为首都南京的腹地、江南平原的沃壤。每当北方战乱，大批异族统治下的黄河流域以及江淮之间的官民迁徙江南。所以我们可以认为，北阻长江的江南，是中原汉族农耕文化的避难所；而江南平原汉族农耕文化再次的避难所，又在山水环护的西边的皖南与东边的浙东。皖南的门户是平原与山区结合

六朝时期人物塑像（南京六朝博物馆）

部位的宣城，浙东的腹地是相对闭塞的绍兴；换言之，南京、宣城、绍兴三地，在东晋南朝与十六国北朝的胡汉对峙时代，对于中原汉族正统文化的保存、传承、发扬与光大，都做出了独特的贡献。

具体说到宣城，正是因为这样的区位特点，促成了六朝时代的宣城，在民族面貌、人口迁移、经济开发、风俗转型等方面的迅速变化，从而为唐代宣城"既有山川之胜，又兼海陆之丰""六朝文物，萃于斯邑"奠定了坚实的基础。

为了说清楚这些方面的情况，有必要先看看六朝及其前后宣城的政区关系表：

朝代	今宣城市	隶　属	辖县	户　口
西汉	丹杨郡，治宛陵	扬州（监察区）	17县	107 541户，405 171口
东汉	丹杨郡，治宛陵	扬州（监察区）	16县	136 518户，630 545口
孙吴	宛陵县	扬州丹杨郡		
西晋	宣城郡，治宛陵	扬州	11县	23 500户
东晋	宣城郡，治宛陵	扬州	10县	
宋	宣城郡，治宛陵	扬州	10县	10 120户，47 992口
齐	宣城郡，治宛陵	扬州、南豫州	11县	
梁	宣城郡，治宛陵	南豫州、扬州	10县	
陈	宣城郡，治宛陵	南豫州	9县	
隋	宣城郡、治宣州，治宣城		6县	19 979户
唐	宣州，治宣城	江南西道	10县	贞观十三年22 537户，95 753口 天宝十二年载121 204户，884 985口

　　以下我们所说，基本以今天宣城一带为中心，往往并不包括辖县。

　　以言民族面貌，最富绩效的是孙吴的融越为汉。山越是居住在南方山地的越人，"好武习战，高尚气力，其升山赴险，抵突丛棘，若鱼之走渊，猿狖之腾木也。时观闲隙，出为寇盗，每致兵征伐，寻其窟藏，其战则蜂至，败则鸟窜。自前世以来，不能羁也"，也就是并不服从朝廷的统治。两汉时，宣城一带的山越势力很大。据《三国志·周泰传》记载，东汉末年，"（孙）策讨六县山贼，（孙）权住宣城……而山贼数千卒至。权始得上马，而贼锋刃已交于左右，或斫中马鞍，众莫能自定。惟（周）泰奋

孙权（182—252），三国时期吴国开国皇帝

激，投身卫权，胆气倍人，左右由泰并能就战。贼既解散，身被十二创，良久乃苏。是日无泰，权几危殆"。而经过40多年的征剿与围困，宣城境内的山越终于被弭平，并逐渐融入汉人之中，宣城的民族面貌得以改观。在这个过程中，最重要的大将是诸葛瑾（诸葛亮之兄）之子诸葛恪。《三国志·诸葛恪传》记载，诸葛恪"罗兵幽阻，但缮藩篱，不与交锋，候其谷稼将熟，辄纵兵芟刈，使无遗种。旧谷既尽，新田不收，平民屯居，略无所入，于是山民饥穷，渐出降首"。这些"渐出降首"的山越，"强者为兵，羸者补户"，既增强了孙吴军队的战斗力，也补充了孙吴的劳动力。

就人口迁移来说，最富绩效的是东晋南朝的化南为北。西晋后期，八王之乱，西晋中央朝廷崩溃，而司马睿、王导在建康重建晋朝，史称"东晋"，于是大批的北方官民渡过淮河、渡过长江，来到南方，按照《晋书·王导传》的说法，那是"中州士女避乱江左者十六七"。东晋南朝政府为了安置这些北方迁来人口，多设侨州郡县，大致就相当于流亡政府吧。今天宣城大市范围内的侨置政区，有侨在宣城的南豫州（河南淮阳），侨在广德的陈留郡（河南开封），侨在宣城北部的逡遒（安徽肥东）；至于进入宣城大市范围内的北方移民，还有许多的河南、安徽江北、江苏江北以及山西、山东的移民；又据宋明时代一些方志、宗谱的记载，北方的杨、刘、查、程、鲍、黄、谢、詹、胡、郑、余诸姓，在东晋南朝时迁居皖南，其中应该有不少就分布在宣城境

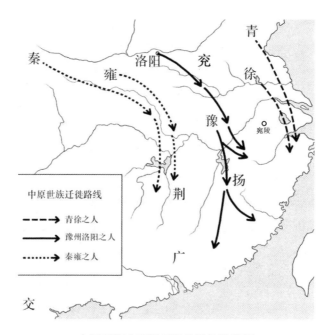

东晋时期中原地区世族迁徙路线图

内。保守估计，到了南朝后期，宣城境内的北方移民及其后裔的人数，应该在 10 万左右。如果说，孙吴的贡献是使宣城从山越之地变成汉人之地，那么东晋南朝的贡献，就是使宣城从南方汉人之地变成北方汉人之地。

以言经济开发与风俗转型，最为显著的时代是在南朝。先秦秦汉时代，宣城是以原始农业、渔猎采集为主的，"饭稻羹鱼"。孙吴及其后东晋南朝时期大量北方人口的迁入，不仅直接促进了宣城人口的增长，建立了大量新的聚落，而且给当地提供了劳动力，带来了北方先进的生产技术，宣城的经济因此迅速发展了起来。南朝齐谢朓的《宣城郡内登望诗》云，"溪流春谷泉""桑柘起寒烟"，可见其时宣城郡一带已是流水潺潺，农桑一片。又在先秦秦汉时代，宣城的越族"椎髻鸟语"，汉人"俗不好学""失巧而少信"。孙吴及其后东晋南朝时期大量北方人口的迁入，使得宣城的语言、风俗、信仰、饮食等各个方面，多方融汇，更加丰富多样，其造成的结果是"永嘉以后，衣冠避难，多来江左，六朝文物，萃于斯邑"。这里所谓的"文物"，指的是文人、文化、文明。

"江南奥壤"内涵之三，群贤络绎。

为什么"六朝文物，萃于斯邑"也就是汇聚于宣城？这有多方面的原因。一则宣城距离南京很近，成了六朝的近畿要地，各种公务出差本身就很频繁；二则六朝政局不稳，不仅改朝换代好

六朝时期出行陶俑图（南京六朝博物馆）

像家常便饭，330 多年中出了 40 位皇帝，政治斗争、相互倾轧严重，于是不少皇亲国戚、贵族名士、文臣武将主动要求外放到宣城，以求避祸；三则宣城山川秀美，适合游历与寓居，切合了六朝尤其是南朝游山玩水的社会风气。总之，各路人物或因做官，或因游历，或因避祸，或因寓居，络绎不绝。他们或政治地位高，或文化修养深，或社会影响大，大幅度地提升了宣城的文化地位。

就以六朝时代来到宣城担任太守或者内史的人物来说，即可见一斑。依据嘉庆《宁国府志》的记载，孙吴时代，在 220 年丹杨郡迁治建业之前，担任太守者，有孙坚吴夫人的弟弟吴景，有皇族孙翊、孙瑜，有大将徐琨、吕范。东晋南朝时代，宣城太守、内史可考者有 50 多位，其中皇族成员（即河内司马氏、彭城刘氏、兰陵萧氏、吴兴陈氏）就有 14 位，尤其是兰陵萧氏，竟然占了 8 位；东晋南朝排名第一、第二的两大家族，琅琊王氏出任宣城地方长官有 9 位，陈郡谢氏有 3 位（谢朓叔高祖谢尚，谢朓曾祖谢允，祖父谢述）。这样的数据，客观说明了宣城政治地位与文化地位的重要。其他诞生了宣城地方长官的东晋南朝著名家族，还有颍川庾氏、钟氏、谯国桓氏、夏侯氏、太原王氏、吴兴沈氏，荥阳毛氏，陈郡袁氏，琅琊诸葛氏，泰山羊氏等，他们大多是东晋南朝排名前 30 位的望族。

如果我们进一步分析六朝时代宣城地方长官的身份与作为，还能发现一些有趣的现象。东汉末年孙吴任命的宣城地方长官，

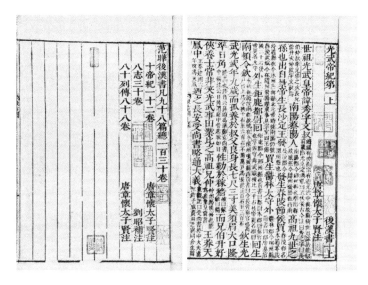

《后汉书》书影

具有明显的军事色彩，这与征剿山越的重大使命有关；东晋的特点是贵族而具有军事才能，这与东晋门阀政治、贵族领兵的特点以及宣城位居上下游之间的重要军事地位有关。而南朝的宣城地方长官，兴趣基本在游山玩水、吟诗作文，这既是由南朝回归粗鲁寒门、军人武将出身的皇权政治，世家大族已经失势而且被打击、压制、讨厌的大环境所决定的，也与当时"居官无官官之事，处事无事事之心"的社会风气有关。当时所谓"清官"，是动动嘴皮子、逛逛山水、写写诗文的官，而做事的官就是俗官了，贵族子弟当然追求做"清官"，而宣城地方长官又多为贵族子弟，所以我们看到，在宣城地方志书中，南朝时代除了泰山羊玄保、东海何远两位有些具体的政绩外，其他的所谓"名宦"，都是一些文化名人，其中最有名的三位，就是写《后汉书》的顺阳范晔，写山水诗的陈郡谢朓，以及留下"梦笔生花""江郎才尽"成语的济阳江淹，这三位都是河南人，其中尤以谢朓对宣城的影响最大。

谢朓是什么人？论其出身，是东晋南朝排名第二位的陈郡阳夏（今河南太康）谢氏，谢氏既以庄老心态、名士家风、描山摹水而被誉为华丽家族，谢氏的代表人物、风流宰相谢安又曾率领着谢氏子弟建立了不世的功勋，给后代留下了长久的光荣记忆；论其身份，谢朓的岳父是没有文化的、军人出身的南齐开国元勋王敬则，南齐23年（479—502），换了7个皇帝，政局的险恶可想而知，而谢朓（464—499）主要就生活在南齐；论其性格，谢朓"常恐鹰隼击"，胆小怕事、感情脆弱、不善言辞，也不善与人交往；而论其才华，谢朓诗文清丽，擅长草书隶书，还是开拓唐代律诗先路、讲究平上去入四声的"永明体"诗歌的重要成员之一，可谓声望极高，乃至清人沈德潜说"齐人寥寥，谢玄晖独有一代"。这些元素组合在一起，使得谢朓在政治上无所作为，比如《大清一统志》虽然把谢朓列为宁国府"名宦"，却只有一句"明帝时为宣城太守"，而无任何具体事迹；也使得谢朓在人品上的评价不仅不高，而且低下。谢朓的岳父王敬则有谋反之心，谢朓为了避祸，竟向朝廷告密，结果王敬则被杀，谢朓也从此不敢与妻子见面，怕妻子杀了他，为父兄报仇；谢朓的死，也是因为告密，权臣萧遥光、江祏拉拢谢朓参与废萧宝卷、立萧遥光的政变，谢朓却请人密告当朝皇帝萧宝卷，没想到那人密报给了谋主萧遥光、江祏，于是谢朓被下大狱，36 岁就死于非命。

谢朓就是这样一位人品不高、做官行政无所作为、诗文书法成就卓越的名家子。嘉庆《宁国府志》"名宦"是这样描述谢朓的：

> 谢朓字元晖，阳夏人。少好学，诗文清丽。齐明帝时以中书郎出为宣城太守。每视事高斋，吟啸自若，而郡亦治。尝言烟霞泉石，唯隐遁者得之，宦游而癖此者鲜矣。及领宣城，境中多佳山水，双旌五马，游历殆遍……至今称谢宣城祠祀。

这段记载，说明了几个事实：第一，谢朓是宦游宣城而且游历殆遍的第一人；第二，谢朓不仅游历，而且吟咏，留下了诸多清丽的诗文；第三，谢朓不仅因此得名"谢宣城"，而且受到了宣城历代官民的建祠祭祀。

总之，宣城因为范晔、谢朓、江淹这类文化名人的纷至沓来，成为六朝尤其是南朝的文化名邦，其影响及于唐朝，宣城之地乃至"闾巷之间，吟咏不辍"；进一步说，宣城更因为谢朓其人，在中国文学史上留下了传之不朽的盛名，这就是我下面要讨论的另外一个话题：山水诗都。

江淹梦笔图（元·黄公望）

江淹《醴陵集》书影

山水诗都

我们都知道，现在自称"山水诗都"的城市是马鞍山。马鞍山山明水秀，又是诗仙李白的钟情与终老之地，以"山水诗都"作为城市名片没有问题。只是我们需要注意，马鞍山市的历史很短，是1956年才成立的，而李白游历的当涂、采石矶，终老的青山，在唐朝时本来属于宣州管辖；另外，马鞍山的"山水诗都"，其实是"山水+诗都"，而这里所说的宣城更有资格称为"山水诗都"，是"山水诗+都"。

为什么称宣城是"山水诗+都"呢？理由如下。

第一，时空吻合。

王国维曾经说："一代有一代之文学。"比如先秦散文、汉赋、魏晋南北朝骈文、唐诗、宋词、元曲、明清小说；诗歌也是这样，"一代有一代之诗歌"，比如先秦的《诗经》《楚辞》，汉代的乐府，魏晋的咏怀诗，两晋的玄言诗。具体说到山水诗，《文心雕龙·明诗》说："江左篇制，溺乎玄风……宋初文咏，体有因革，庄老告退，而山水方滋。俪采百字之偶，争价一句之奇，情必极貌以写物，辞必穷力而追新。"也就是说，山水诗是对玄言诗的革命。玄言诗是以诗的形式宣讲庄老玄理，抽象玄奥，缺乏诗情画意。举个例子，中都（今山西平遥）孙绰《赠温峤》："大朴无象，钻之者鲜。玄风虽存，微言靡演。邈矣哲人，测深钩缅。谁谓道辽？得之无远。"这哪里像诗？分明就是枯燥无味而且难解的哲学论文！而取代玄言诗的山水诗，清新优美，明白晓畅，是自然的人化与人的自然化，是人对自然的深情投注。

山水诗早期的代表人物，是前后辉映、族伯与族侄关系的谢灵运与谢朓。晋宋之间的谢灵运（385—433），游走吟咏在浙东的山水之间，使得山水诗独立成派，所以谢灵运被称为山水诗的鼻祖；南朝宋齐之间的谢朓在宣城的创作，使得山水诗走向成熟，后世都公认他是整个南朝最有成就、最为杰出的山水诗家，清人叶燮曾经说："六朝诗家，惟陶潜、谢灵运、谢朓三人最杰出，可以鼎立。"

山水诗出现于晋宋之间，而成熟于南朝的宣城，所以宣城作为山水诗都，在时间与空间两方面都是吻合的。

第二，作品典型。

什么是山水诗？以表现山水之美、抒发观赏山水时的心境与感受为主题的诗。比较谢灵运与谢朓这对伯侄的作品，谢灵运的山水诗一般是三段式结构，即"叙事—写景—谈玄"，其中谈玄一段，是由观赏山水而悟出的人生哲理，几乎全是老庄的玄理，比如《登池上楼》在"池塘生春草，园柳变鸣禽"之后，就是一条玄言的尾巴，"祁祁伤豳歌，萋萋感楚吟。索居易永久，离群难处心。持操岂独古，无闷征在今"。这些诗句不仅难以理解，而且缺乏形象，淡乎寡味。所以人们常说，谢灵运的山水诗是"带玄言的山水诗"，这样的山水诗往往"有句无篇"，就是有极

篷舟游溪图（明·梅朗三）

好的写景的句子，但缺乏情景交融的整体。

到了比谢灵运晚生 80 年的谢朓，以身体进入山水，以心灵拥抱山水，使得山水诗有了长足的进步。比如谢朓在出任宣城太守路上所写的《之宣城出新林浦向板桥》诗，其中有"既欢怀禄情，复协沧州趣。嚣尘自兹隔，赏心于此遇"——出任宣城太守，既有俸禄可拿，值得欢喜，又有山水可玩，意趣无穷，从此远离喧嚣的尘俗，投入令人赏心悦目的山水——"赏心于此遇"，遇见的就是宣城。宣城是谢朓山水诗的重要源泉。谢朓存世的诗大约140多首,其中近50首山水诗,大多是他任宣城太守时或者在往返途中所作的。

我们看看谢朓的山水诗。"余霞散成绮,澄江静如练。喧鸟覆春洲,杂英满芳甸。""江路西南永,归流东北骛。天际识归舟,云中辨江树。""远树暖阡阡,生烟纷漠漠。鱼戏新荷动,鸟散余花落。"这些诗句,风格清丽协调,境界圆融流美,难怪齐梁文人领袖沈约说:"二百年来无此诗也。"梁武帝则说:"三日不读谢诗,便觉口臭!"

说起山水诗,人们总要举例,而所举的例子,总离不开谢朓在宣城创作的山水诗,所以宣城作为山水诗都,贡献出来的作品最为典型。

第三,影响深远。

山水诗不仅属于宣城,也属于全国;不仅属于南朝,也属于唐朝。而说起唐诗中的山水诗,影响最为深远的,仍然是谢朓。明朝的胡应麟在《诗薮》中说,"唐人鲜为康乐""多法宣城",康乐指谢灵运,宣城指谢朓。胡应麟还具体举例道:"余霞散成绮,澄江静如练,初唐也。金波丽鳷鹊,玉绳低建章,盛唐也。天际识归舟,云中辨江树,中唐也。鱼戏新荷动,鸟散余花落,晚唐也。俱谢玄晖诗也。"胡应麟所举诗句,竟然全部出自谢朓的山水诗,这不是偶然的巧合,而是客观事实的反映。比如,除了胡应麟,宋朝诗人赵师秀说,"玄晖诗变有唐风",清人吴淇更说，谢朓诗"开唐人一代之先"。由此可知，有唐一代的诗人，在写作技巧、格律运用、描述对象等方面，都受益于谢朓颇多。

我们不妨举个例子，看看谢朓对于李白的影响。桀骜不驯、自视甚高的李白，是天才绝伦的"诗仙"，却如清人王士祯所说"青莲才笔九州横……一生低首谢宣城"。李白不仅缅怀谢朓，如"谁念北楼上，临风怀谢公"，而且化用谢朓的诗句，如"我吟谢朓诗上语，朔风飒飒吹飞雨"；李白不仅生前长忆谢朓，如"解道澄江静如练，令人长忆谢玄晖"，而且遗言葬在谢朓曾经建有别墅的宣州谢公山，也就是今天的马鞍山当涂青山，于是太白诗魂与玄晖故迹，得以相映成趣，马鞍山这座山水诗都，竟然也离不开谢朓。

山水诗在中国文学史上绵延了上千年，而说起影响最为显著、最为深远的人物与作品，还是谢朓及其宣城山水诗，所以立足中国文学史，宣城也是山水诗都。

第四，敬亭诗山。

宣城作为山水诗都，不仅因为谢朓的山水诗极言宣城之美，还因为宣城拥有一座独一无二的江南诗山——敬亭山。

敬亭山原名昭亭山，为避司马昭的名讳而改名。说起敬亭山，最为世人熟知的是李白的《独坐敬亭山》。其实，最早使敬亭山成名的，是谢朓的《游敬亭山》，诗云：

兹山亘百里，合沓与云齐。隐沦既已托，灵异居然栖。

上干蔽白日，下属带回溪。交藤荒且蔓，樛枝耸复低。

独鹤方朝唳，饥鼯此夜啼。泄云已漫漫，夕雨亦凄凄。

我行虽纤组，兼得寻幽蹊。缘源殊未极，归径窅如迷。

要欲追奇趣，即此陵丹梯。皇恩既已矣，兹理庶无暌。

仿米云山图册（清·梅翀）

这首诗写出了敬亭山高与幽的特点，技法娴熟。唐人刘禹锡说"宣城谢守一首诗，遂使名声齐五岳"，也就是说，敬亭山是因为这首诗而与五岳齐名的。至于后世文人写敬亭山的诗歌，意境也大多与谢朓的这首诗相同或者相近。就以李白的《独坐敬亭山》来说，也是如此："众鸟高飞尽，孤云独去闲。相看两不厌，只有敬亭山。"因为"高"，才有"云"，因为有"云"，才显出"高"的缥缈空灵。而据不完全统计，谢朓以后，及至清朝，吟咏敬亭山的诗歌，今天可以见到的，就达到了600多首。

宣城城边的敬亭山，好像一块磁石，把谢朓、李白以及古往今来的许多山水诗人吸引到了一块儿，不仅敬亭山由此成为闻名遐迩的江南诗山，敬亭山水诗也成了中国山水诗的重要组成部分。这就是山水诗都宣城山水的魅力。

第五，文化符号。

相对于宣城城边的敬亭山，宣城城中最著名的人文景观就是谢朓楼了。这座楼是唐初宣城士民为了怀念谢朓，而在谢朓理事起居的高斋旧址上建立的，存在了1 000多年，历代登楼观赏者络绎不绝，赋诗题咏者难以计数。谢朓楼与宣城的关系，正如李白在《秋登宣城谢朓北楼》诗中所描绘的，登楼而望，"江城如画里，山晚望晴空。两水夹明镜，双桥落彩虹"。1937年，谢朓楼被日军飞机炸毁。现在重建的谢朓楼，仍然雄踞闹市中心。谢朓楼对于宣城的符号意义，大概就相当于武汉的黄鹤楼、南京的阅江楼、山西永济的鹳雀楼、湖南岳阳的岳阳楼吧。不同的是，上面这些楼都是因为诗文而出名的，唯有宣城的谢朓楼，直接以人为名。

谢朓楼以人为名的特殊现象，显示了谢朓对于宣城的特殊意义。谢朓是宣城名头最响的历史人物，有点仿佛南京的孙中山。谢朓的官职并不止于宣城太守，而且谢朓担任宣城太守只有短短的一年多时间（495年初夏到496年暮秋），既没有做什么具体的事情，谢朓的人品也实在不怎么样，但后人仍然习称谢朓为"谢宣城"，原因何在呢？在于谢朓在宣城太守任上，创作了一生中最好的作品；在于宣城的山水已经与谢朓的山水诗连在了一起，宣城最早就是因为谢朓的妙笔华章而名扬天下的；在于宣城的许多名胜古迹，化用了谢朓的诗句（如"合沓与云齐"与云齐阁，"余霞散成绮，澄江静如练"与绮霞阁、澄江亭）；在于宣城竟然有了谢朓城、谢公城、小谢城等别称。换言之，宣城官民祭祀谢朓、中国文学纪念谢朓，不是根据谢朓的权势与人品。谢朓没有什么权势，即便有权有势，权势也是短命的，谢朓的人品可谓不堪，但相对于谢朓的文学，人们已经淡忘了他的人品。人们祭祀谢朓、纪念谢朓，是因为谢朓的文学成就，是因为谢朓的山水诗与诗中的宣城山水，同归不朽。

宣城城中有山水诗家谢朓楼，宣城城边又有江南诗山敬亭山。我们可以说，已经辞世1 500余年的谢朓，已经辞世1 200多

携友攀山图册（清·梅蔚）

年的李白，并没有离我们远去，他们仍然是"活"在今天宣城的文化符号。宣城的山水，因为谢朓、李白等名家的山水诗篇，鲜活灵动了起来，所以宣城成为"山水诗都"，真是名副其实！

总结今天的讨论主题，"江南奥壤"显示了六朝宣城作为江南腹地的政治地位、作为江南沃壤的经济实力，"山水诗都"则反映了六朝宣城的文化特色。回到现实中来，我想借此机会，再提两点建议。

首先，在中国这样的诗歌国度，敢称"山水诗都"是需要有底气与实力的。而依据上面的讨论，宣城被称为"山水诗都"，可谓名副其实。我想，今天的宣城，如果能够做好"山水诗都"这篇文章，那无疑是提升城市文化品位、丰富山水旅游内容的很好的着力点。就城市景观与自然风景而言，宣城并无特别的优势，然而，宣城的城、宣城的山、宣城的水与对话自然、天人合一的山水诗的独特联系，却是许多的城市、许多的山水都不具备的。就拿南京的山水为例，紫金山、玄武湖作为自然的山水，没什么好看的，人们看的是紫金山的历史与建筑，品的是玄武湖的文学与风水。同样，"山水诗都"也是宣城人无我有、人有我优、人优而我独特、人独特而我唯一的文化符号，当然值得大力宣传。

其次，如果宣城把谢朓的历史文化资源放大、延伸，倡导甚至推出"中国第一华丽家族陈郡谢氏之旅"，那也是极有意思的。谢氏的影响，真是至今不歇。当年谢晋导演、前不久谢铁骊导演去世，都有媒体电话采访我，问谢晋、谢铁骊、谢霆锋、谢安是不是一家的。这条旅游路线，包括了中古谢氏起源地河南太康，谢氏崛起江南的发祥地江西南昌，谢氏家族聚居地南京乌衣巷，谢氏置产兴业地浙江绍兴，谢氏编练北府兵的江苏扬州，谢安前后两次隐居东山的浙江上虞、南京江宁，谢氏建立不世功勋的淝水之战故地安徽淮南八公山，大谢、小谢开创山水文学的浙江温州和上虞、江西临川、安徽宣城，等等。通过这条谢氏之旅的踏访，能够让今天的人们明白，什么叫贵族做派、名士家风、言传身教、庄老心态、雅道相传、芝兰玉树、风流逍遥，理解如何审时度势、出入进退、建功立业、隐遁山水、融入自然。这些，我想对浮躁功利的当今社会，应该是有意义的。

第三，接着谢氏之旅说下去，与谢氏有关的这些地方之间，学者与政府层面，可以考虑建立起多方面的联系。这方面的成功例子，是我所熟悉的围绕韩愈展开的合作。比如韩愈故里河南孟州、韩愈发配过的广东潮州与阳山，都非常看重韩愈的研究以及相关资源的开发、利用与弘扬，也都取得了非常明显的社会效应。中国韩愈研究会自从1992年成立以来，以上三地轮流坐庄，召开会议，往往一年之内，就有几次韩愈会议。于是，这些地方不仅学术研究氛围更加浓厚、学术联系更加广泛、旅游形象更加鲜明，地方政府之间也建立起了常规的交流互访和友好关系。也就是说，因为韩愈，汇聚了一大批学人，密切了三地政府间的文化交流。我很欣喜地看到，2013年，韩愈曾经担任过刺史的袁州，也就是江西宜春，加入了这支"韩愈队伍"，而 2015 年 10 月，"韩愈国际学术研讨会"在宣城召开，于是，"韩愈队伍"里，又加入了宣城。我想，这样的成功经验，完全可以复制到陈郡谢氏的身上。

　　这次来到宣城两天多的时间里，我踏访了绩溪、泾县的许多地方，收获很多，感想也很多。而行走下来，我对六朝宣城作为"江南奥壤"的地理位置的判断，作为"山水诗都"的文化特征的定位，也更加自信了。

客从何处渡江来（清·梅清）

从池上楼到谢朓楼

中国山水诗的成熟

鲍鹏山

上海开放大学人文学院

教授 文学博士

山水诗首先有山水，然后才有诗，这是人类精神世界和大自然之间经过一个漫长的从对峙到融合的过程，是人和自然不断升华的历史，这个升华到最后落脚在宣城。

从谢朓开始，宣城就能够让失意之人到山水中去寻找安慰。

宣城这个地方待着很舒服，山水十分美，在不少的地方，皖南的山水一直是想象中的最美好的山水的样子。

　　在中国古代诗歌里，有一个特别重要的题材就是"山水诗"，中国古代的诗歌在世界诗歌史中都是最具特色的。中国是诗歌的大国，中华民族是诗歌的民族。中国文学的叙事文学不发达，可能没有像古希腊那种悲剧的作品，甚至也没有像西方那种长篇叙事诗。中国文学更多的是短篇的抒情诗歌，但凭借这一点就在世界的诗歌史上有着至尊的地位。

　　那么在至尊地位里面有一个题材最为杰出，就是山水诗。我在大学的时候读过美籍华人叶维廉先生的一篇论文，那篇文章里面他提到一种观点，直到今天我认为都是最对的，那就是他说西方的诗歌有西方的特色，中国的诗歌也有中国的特色，但是有一种类型的诗歌是可以拿到一起作比较的，一比较就知道西方比中国晚一个级别，那就是山水诗。比如像西方的湖畔派诗人华兹华斯已经代表了西方山水诗的最高阶段了，但是，西方山水诗的最高阶段只能和中国的谢灵运相比，也就是同中国山水诗刚刚开始的那个阶段相比，西方诗歌远远没有达到谢朓的高度，谢朓的高度是唐代宋代山水诗的高度，是世界级的高度，且至今没有人能

谢灵运（385—433），山水诗派鼻祖

超越，而谢朓创造这样高度的地方就在宣城。所以我能理解为什么有朋友愿意一直留在宣城不离开，在宣城这样美丽的山水之中缠绵，甚至养老，都是很好的选择。

此篇题目《从池上楼到谢朓楼》，"池上楼"指的就是谢灵运。谢灵运在永嘉做太守，谢朓在宣城做太守，二人来自一个家族，称为"大谢""小谢"。谢灵运是山水诗的开山鼻祖，他在永嘉写了一首非常有名的山水诗开山之作《登池上楼》，这首诗是中国古代山水诗的一张名片。而永嘉和宣城都是山水诗所在的地方。宣城除了是个行政地名之外，一般大家都会知道这里有两张文化名片——一个是敬亭山，另一个就是谢朓楼。敬亭山是一座自然景观，但是我认为任何一个一流的自然景观，由于人文荟萃，最后也会变成自然和文化景观。而谢朓楼，它本来就是一个人文的建筑，也是因为有这样一些伟大的人物，包括从谢朓到之后的李白等，所以这个地方成为人人向往的地方。《池上楼到谢朓楼》之所以没有直接写谢朓楼，是因为要客观地认识到它的地位，认识到它的影响，可能还需要追溯历史。

池上楼

因为从历史的角度，我们才能够对一个事物的性质做出更好的判断和评价。

山水诗首先有山水，然后才有诗，这是人类精神世界和大自然之间经过一个漫长的从对峙到融合的过程，是人和自然不断升华的历史，这个升华最后落脚在宣城。

有山水才有山水诗，有人类的对山水的关注依赖，才有对山水的感受、感觉、感知，甚至感激和感恩。山水诗与人类有两个基本的对接点：一个是伦理学的对接点；另一个是美学的对接点。我们面对山水的时候并不是把它看成一个死的、一个完全外在于我们的、一个客观的没有感情的、对人类的精神和感情没有启示的冷冰冰的存在。人类看山水总归有美感，山水总会给人类启发，这也是人类和动物看山水不一样的地方。而从伦理学角度来看山水，则是更早的，孔子首先在山水里看到了人间的伦理。普通人看到的山就是山，树就是树，水就是水，看到的是物理的东西，还可以做化学的分析，而孔子从山水中看到了宇宙的和谐，宇宙中包含着人类的秩序，包含着伦理学的原理。这就是思想家和普通人看自然的不同，是他们超越普通人的地方。子曰："知者乐水，仁者乐山；知者动，仁者静；知者乐，仁者寿。"智慧的人心中对水有一份感情，仁德的人心中对山有一份感情，有一份认同和皈依之情。这里将山水和人类的智慧和仁德结合在一起。这里用互文的方式表达，意思是智慧和仁德的人是喜欢山水的，分开说是为了有节奏感，这种

松径听涛图（清·梅清）

话表达的是一种体验，不是一种分析。尤其是古代最初的这种哲学，比如说苏格拉底、孔子、耶稣这样的人，他们所说的话里是有一种包容的东西，读起来很美，甚至能感觉到里面有人类的道德情感、人类的认知能力，人类和大自然直接有某种隐秘的联系。这时候看到的就不是冷冰冰的山水，看到的是山水在我们的心中有温度了。

在中国，讲山水、讲山水诗是越不开孔子的。孔子虽然不是诗人，但是他是个非常有诗人气质的思想家，话语里包含着很多艺术的本质，研究包括山水在内的很多东西都必经孔子。比如《论语》被称为"超文本"，几乎包含着后面所有问题的起点。因为它最早阐述了人类和自然之间的关系，这是和谐的关系，是认同的关系，不是对立的关系，这奠定了中国人和山水的起点。而西方对山水更多的是一种征服欲，比如将地中海看作一个狂暴的野兽需要将之驯服，所以西方人具有冒险精神。而孔子看山水并不觉得这是一己之物，并不会给人类造成威胁，山水能让人皈依、让人品鉴。孔子说"登东山而小鲁，登泰山而小天下"，当他登上东山的时候，他就把整个东鲁尽收眼底，到了泰山，他把天下尽收眼底。东山和泰山在托着孔子，山水是人类的依托，使人类提升，不是对我们的约束，不会对我们造成危险和威胁，而是我们人生重要的依赖。也就是说孔子奠定了中国人对山水最初的感情认同，这也是中国山水诗的起点。

直至今日，中国山水诗在整个世界文学史中的层级仍是最高

抚筇探梅图（清·梅清）

的。达到"情景交融""有我之境""无我之境"的境界，而在西方至今没有达到这样的境界的文体。在西方著名的山水诗人华兹华斯，他比王维出现晚很多年，但是直到今天王维的境界也未能被超越。这和孔子最初确立中国人和山水之间的感情认同有很大的关系。

我们生活在宣城，我们对这里的山水有一种爱和自豪。我们身边的敬亭山，让我们在感情上无比地依恋它。如果有人提出搬走敬亭山，那么宣城人民哪怕豁出性命也不会任由敬亭山被搬走吧。"靠山吃山，靠水吃水"，这就是我们感情的认同，这与孔子也有很大的关系。山水和智慧有关，和仁德有关，和人的生命状态有关，还和我们的心理状态有关，因此山水能使我们快乐和长寿。

子曰："岁寒，然后知松柏之后凋也。"用松柏凛风霜而不倒来对应人格精神，表达出君子"富贵不淫，贫贱不移，威武不屈"的人格精神。"大雪压青松，青松挺且直。"青松在给人类启示。"岁寒三友"，不只是单一讲松、竹、梅，而是在松、竹、梅中提炼出一种人格精神。

子曰："为政以德，譬如北辰，居其所而众星共之。"这句话会让我们想起康德的那句话——"世界上唯有两样东西能让我们的内心受到深深的震撼，一是我们头顶上灿烂的星空，一是我们内心崇高的道德法则。"孔子认为，当一个国家的政治是合乎道义的，当一个国家的政治运作和管理是立足于为人民服务的，那么就会像天上的北辰星那样，安然处在自己的位置上，众星拱之。这是用宇宙中和谐的秩序来比喻人间和谐的秩序。孔子在感叹生活和生命中某些美好在流逝的时候，用"逝者如斯夫，不舍昼夜"来表达，感叹理想在流逝，情怀在流逝，身边美好的人在一天天流逝，美好的生活也在一天天流逝，这是深沉的人生感叹。这是诗歌的表达不是哲学的表达，当用比喻和象征的方式来表达某种观点的时候，这就不再是科学，而是诗歌。而这种表达最重要的一个特点就是山水。

我们再看这句话："苗而不秀者有矣夫，秀而不实者有矣夫。"这是孔子写他的学生颜回。孔子一生寄予最高希望的就是他的弟子颜回，他说颜回的悟性特别高，甚至自谦地说他都比不上颜回了，他更是打算将自己的衣钵传给颜回，但是没想到颜回居然先他一步去世了。因而孔子非常痛苦，他也有直抒胸臆的时候："天丧予，天丧予。"而像"苗而不秀者有矣夫，秀而不实者有矣夫"这样的感叹，就特别有诗意。这样诗意的表述，不仅仅在讲孔子与颜回之间，实际上也在暗示我们，人间总有美好的东西是留不住的，人有很多美好的愿望眼看着就能实现，但是到最后又落空了。一颗很好的苗子就是不能够开花这种情况是有的，

孔子讲学图

开花以后没等到结果就被摧残了这种情况也是有的啊！孔子失去颜回，用这样一种比喻来描述人生，可以看出他在自然中看到了人生。自然是物理科学研究的对象，而人生是人文科学探索的对象，孔子将自然和人生二者结合在了一起。《荀子·宥坐》有载：

> 孔子观于东流之水。子贡问于孔子曰："君子之所以见大水必观焉者，是何？"孔子曰："夫水大，遍与诸生而无为也，似德；其流也埤下，裾拘必循其理，似义；其洸洸乎不淈尽，似道；若有决行之，其应佚若声响，其赴百仞之谷不惧，似勇；主量必平，似法；盈不求概，似正；淖约微达，似察；以出以入，以就鲜洁，似善化；其万折也必东，似志。是故君子见大水必观焉。"

喜欢看奔腾的山水是人类的本质，是普遍现象，而子贡想要从普遍中找出本质。这里的"君子"就是指有人格的人，有悟性的人，当他看到一片汪洋无际的江河，是一定要停下来看一看的。这是为什么呢？孔子的回答就将水和人间的美德一一加以对应：因为"夫水大，遍与诸生而不为也"，为什么"遍与诸生而无为也"，滋润万物却从来不居功自傲？没有水，花不能开；没有水，苗不能长；没有水，果实不能成熟。但是当花开的时候，当果实成熟的时候，当一棵大树长成的时候，你看到水了吗？没人看到！这就是它滋润万物却从不居功自傲的依据。它将一切都成就，然后隐藏在背后，这是德。

谢朓为什么会被称作"谢宣城"？谢朓大概只活了36岁，在宣城做太守，任职只有两年的时间。宣城历来有多少人在此任职太守啊，在宣城历任太守中，有好太守也有坏太守，甚至有为人很糟糕的太守。唐代诗人白居易的《红线毯》中有这样两句诗："宣城太守知不知，一丈毯，千两丝。地不知寒人要暖，少夺人衣作地衣。"这里描写的那就是很糟糕的太守。而谢朓在这宣城只任职了两年，直到今天我们宣城人还在享受着他给我们留下的德政，给我们留下的文化遗产。

"功成不必在我"，这就是水的德性。水滋润着万物，然后万物都长成苗了，开花了，结果了，但是在开花结果的时候是看不到水的存在的，这是一种大德性。

回到之前写到的，"其流也埠下，裾拘必循其理，似义"，意指水流总往下面流，但是它曲曲折折地流淌一定是有规律的，一定是有选择的，这叫义。"其洸洸乎不溷尽，似道"，意指像道一样永恒存在，无穷无尽是道。"若有决行之，其应佚若声响，其赴百仞之谷不惧，似勇"，意指水流到悬崖之上像瀑布一样直冲而下绝不会停止，绝不会在悬崖之上畏惧，这叫勇。"主量必平，似法"，意指杯子里装水一定是平的，水才能平，水是公平的象征，这就叫法。"盈不求概，似正"，意指水装满了不用概抹平，自己就会平，不需要依靠外来东西，不需要管不需要约束，自身就很公平，这叫正。"淖约微达，似察"，意指把水放在一个地方，任何细微的地方水都能流到，这叫明察秋毫，不会有遗漏。"其万折也必东，似志"，意指水发源一定往东边走，哪怕再曲曲折折，有再多的阻拦和阻挠，它最终一定要往东走，百折不挠，志在必达，绝不改变人生的方向，这叫志。"以出以入，以就鲜洁，似善化"，意指把东西放在水里再拿出来就干净了，直到今天，世界上最好的清洁的东西是水，把脏东西放在水里，它就干净了，这叫善化，善能对别人进行教化。坏人到这儿能变好，脏人到这儿能变干净了，变纯洁了。"是故见大水必观焉"，水有这么多个德性，所以君子看到水一定要看一看。

现在有个小问题，君子看水在孔子看来是在看什么？你如果去看一个浩瀚的大海，或者去看一个很漂亮的湖，我们会觉得湖好美，这是第一感觉，我们看到的是美，这是一般人。但孔子看到的是什么呢？他看到的是道德。

所以说山水和人之间第一个最早的对接点是什么？是伦理学的对接点，这是孔子给我们开拓出来的。除了孔子，老子也给了我们启发，在老子眼中，"上善若水，水善利万物而不争"，与孔子的"夫水大，遍与诸生而无为也"是一样的哲理，水只给万物帮助而不求万物别的东西。水在滋养花的时候对花有要求吗？没有要求。"处众人之所恶，故几于道"，意思是人总是往高处走，水总是往低处流，人总是要占便宜要占优势，而水总是处于劣势。所以老子讲不仅是人要向水学习要处于下游，大国都要处下游，不要欺负别的小国，国家要善于处下游，国与国之间要处下

泛舟响潭图（清·梅清）

游，要履行更多的国际义务。我们现在对国际上有很多的支持，我们是大国，我们中华民族一直都有帮助别人的好习惯，这是大国的胸怀和风度。而官家和人民之间应该怎么样？官家要处于弱势，人民要处于强势，如果双方有争论，官家要让一点。用老子的话来说，官家要"藏污纳垢"，这是智慧，这叫"道"。

"天下莫柔弱于水，而攻坚强者莫之能胜，以其无以易之。"老子从水里面看到了什么，看到了一种柔弱的力量，我们都知道刚强的力量，但是老子看到了柔弱的力量，所以老子有一句名言："柔弱胜刚强。"柔弱东西总是战胜刚强的东西。一个人老了，牙齿掉光了，舌头总是在，牙齿是坚强的，但是没有了，舌头是柔软的，还在。这就是柔弱胜刚强，柔弱的东西是长久的。不要总是想着占强。比如我们今天，我们中国强大了，我们是世界第二大经济体，我们是联合国安理会五个常任理事国之一。我们以前总是受欺负，现在没人敢欺负我们了，但是那也不能因此理解为我们现在可以欺负别人了。大国要有大国的胸怀，真正的力量是包容的力量，真正的力量是容忍的力量、柔软的力量。这是一种持久的恒久的力量。老子很早以前就在山水中发现了其中蕴含的道理。并且在老子这样的思想家心中，水中蕴含着人生的道理，蕴含着伦理学。

而庄子眼中的山水，更能凸显出道家对山水的喜欢，因为在整个道家学派中，尤其是庄子，他的一生大多数时间都生活在山水之中。庄子描写的人类的生活和自然是完全融为一体的，是一

南华秋水图（明·仇英）

个什么样的状态呢？老子讲"小国寡民"，国的概念，是指人们所生活的某一个区，也可以说是一个小城，可以是一个又一个房子组成，也可以是一个又一个山寨组成。"國"字四周是一个方框，方框就是城墙的意思，城墙里有人，还有兵器。但是到庄子的时候国都不要了，人干脆跟大自然生活在一起，并且他描写的状态真是特别有诗意。

《庄子·马蹄》中写道："故至德之世，其行填填，其视颠颠。"意指人走路时慢吞吞的，漫不经心。而我们今天走路，太快太着急。细心观察就可以观察到一个现象，就是我们的电梯里，关门的按键总是最先被按坏的。因为人们一上电梯，总是会赶紧关门，赶紧上行，十分着急。本来电梯它有一个反应的时间，上了电梯以后，可以先等一下电梯自动关门，但是人们往往会来不及等待，以至于到最后电梯里面按得最多的那个键就是关门键。还可以观察到另一个现象，过马路的时候，车辆会忽略礼让行人，行人也会不让车辆，一起争抢着过马路。曾经在 20 世纪 80 年代的后期，90 年代初，有一个口号叫"时间就是金钱，效率就是生命"，致使人们会很着急。但是我觉得今天人们的节奏实在太快了，太着急，所以生活没有诗意了。

那我们能不能在工作之余每天上敬亭山呢？我们身边有这么好的山，为什么不到山上去散散步？宣城那么美，我觉得宣城的街道上，每一处都很漂亮。宣城的街道有两个特点：第一，干净，真的很干净。如果正好赶上雨过天晴，天是那么蓝，往上看天是蓝的，往下看地是干净的。看不到一点垃圾，甚至没有一张废纸。我觉得真的是非常干净。他们很谦虚地说因为宣城是小城市，好治理。那不一定，小的地方也可能到处都是垃圾，这跟小没关系，关键是人们得有个"清洁"的观念。第二是整齐，这个城市的布局很整齐。说明我们政府的管理是有效的，并且是高效的。

　　这么好的环境，为什么还要天天急吼吼的呢？我们不妨学学庄子"其行填填"，走路慢一点。看一看周边的美好的景色，看一看我们如此干净的城区，看一看我们道路两边的树。稍微往前看一看，你就能看到敬亭山，心情多好啊！心情好了，工作效率就高了。脾气好了去工作，若你是领导，也就不骂下级了；若你是下级，你也就不对领导有抱怨了。心情好，也是一个生活质量的重要标准。不是光钱多，还有心情好，所以"其行填填"，这个状态是很好的。"其视颠颠"，眼睛不要直勾勾地看。如今在大街上看到每个人都急吼吼的，在大街上拼命地走着，就好像什么都赶不及了，去得晚了好像什么机会都没有了，天天竞争，到最后眼神都是毒辣辣的，抢啊争啊！咱们应该要像陶渊明一样"采菊东篱下，悠然见敬亭山"。这是我们的生活的状态，我们就在这个地方活出诗意来了。在中国最美好的山水之城宣城，要活出最美好的生命的状态。

　　不要羡慕那些急吼吼的地方，我们有我们自己的节奏。人们可以慢下脚步多关注身边的人和事，那就会多很多的美好。一个国家，一个民族，一个社区，如果太急了，不仅生活中没有的诗意，甚至到最后生活本身都没了。鲁迅先生曾经讲过一句话，大致意思是：一个民族，他的生活中没有余，生活状态里如果没有一点空闲，没有一点悠闲，这个民族就完了。所以我们要努力，我们要勤奋，这个都没问题，这是儒家给我们讲的，但是庄子讲的也很有道理，生活一定要有诗意，有诗意的生活才是真正的生活。

悠然见南山图（清·石涛）

生活的最高境界就是"漫不经心"，那真的是最好的状态。
庄子曰："山无蹊隧，泽无舟梁；万物群生，连属其乡；禽兽成
群，草木遂长。是故禽兽可系羁而游，鸟鹊之巢可攀援而窥。"
山上没有小路，水里没有船也没有桥，完全自然的状态。为什么
河上没有船也没有桥？他的意思是你过河干什么呢？如苏东坡的
《记游松风亭》，往山上爬累了，歇不歇？他说别歇，前面有个亭

子，爬到亭子再歇，然后就把自己走得很累，走着走着突然想一个道理："此间有甚么歇不得处？"为什么一定要爬到亭子再歇？他想通了这一点，就像挂在钩子上的鱼一样突然解脱了。人生何处不可以歇脚？所以爬敬亭山也只是一种状态而不是一种目标。不是每天一定要爬上去，爬得气喘吁吁了还要爬，爬到最后腿不行了，血压也高了，还爬，最后爬出问题了。那就是个目标，能爬就爬，爬不上随时停下来、退回来，它就在那个地方，它只是象征，它让我们有个方向就可以了。所以庄子讲的就是这个境界，他不是讲我们一定不过河，他说过河干什么？不过如果很好就可以不过。所以不一定要在河上架桥，在河面驶船，在山上开路。

"万物群生，连属其乡"，万物都在一起生活。"禽兽成群，草木遂长"，到处都是禽兽。听说宣城有些地方到处都是野鸡，我觉得咱们这地方生态这么好啊！还听说这地方有野猪，一个北京人听说这地方有野猪很害怕，可是有野猪更能说明生态好啊！以前的时候，家里没有吃的，实在不行了就扛个枪到山上打个野猪回来。不要觉得如今的人很富，古人很穷，那是不一定的。以前我到新西兰，在新西兰的山上经常看不到人，我曾去过一个地方，开车四小时一个人都没有碰到。我说怎么会没有人呢？据说这个山以前有几个本地的原住民，后来把原住民都迁走了，这方圆几百公里的地方以后就是无人区。就像庄子讲的一样，"万物群生，连属其乡"，到这个地方你才知道什么叫地大物博。不是把什么地方开发出来就好，我们今天把很多地方留一点给后人开发，不要都开发完了。

"是故禽兽可系羁而游，鸟鹊之巢可攀援而窥。"走路走不动了，正好看到一个老虎，和老虎招招手，让老虎过来，骑在虎背上让老虎驮下山去，那不是家养的，那是野生的，那老虎为什么这么听你的话呢？因为你天天和它在一起像亲兄弟一样，随时拉着他一起游一游。上山爬不动了怎么办，正好看到一头野猪野牛，你就骑在它的背上，它带着你游一游。你可以爬到树上看看鸟窝里面有几只小鸟、有几个蛋，你天天爬上去，鸟就知道了，亲戚来串门。所以说庄子写得真好，他把山水和人之间这种感觉写出来了。但是后来有变化、有曲折了。

中国的隐士出现得很早，孔子的时候就有隐士，《论语》上就记载了好多的隐士，但是后来隐士变成一种品德的象征，变成一种高贵的象征，这个主要出现在谢朓的时代、魏晋南北朝时期。这个时候的隐士一般都隐居到山上去，他们之所以隐居到山上，并不是说山上好、山上美，恰恰相反，他们认为山上很艰险，生活很艰辛。一个人选择到山上去过一种很艰苦的生活，表明他与人间富贵的决裂，表明他有毅力抛弃人间富贵的诱惑，能够显示出他道德的高尚。这些隐士的心态挺奇怪的，和孔子庄子都不一样，孔子庄子老子都认为山水是个好东西，但隐士借山水不好来说明自己的道德高尚。从晋代开始，我们举几个例子，像孙登，是嵇康和阮籍都见过的人。嵇康和阮籍到集云山上找这个隐士，找到隐士以后看到隐士的生活——"于汲郡北山土窟住"，意思是在山上挖一个洞，回到原始山顶洞人的时代；"夏则编草为裳，冬则披发自覆"，夏天就用草编的衣服穿在身上，冬天用自己很长的头发盖在身上来取暖，和动物一样靠毛发来取暖。

这个生活不仅没有诗意了，还没有人类基本的生活条件了，可是他们就是想要这样来体现道德高尚，有种苦行的味道。这就发现问题了，山水和人之间有了对立了。

还有一个叫董京的人，"常宿白社中，时乞于市，得残碎缯絮，结以自覆"，有时候他到市里面来讨饭，得到别人的碎布条把它编织起来当衣服，如果给他送整匹的他都不要，到最后他死了，人们到他住处发现只有一担竹子的果实，和自己写的两首诗。为什么隐士喜欢吃竹食？因为庄子曾经写过一首诗，说小鸟特别纯洁，在天上飞，只喝山泉水，只吃竹子的果实，休息的时候只在梧桐树上休息，所以这个鸟洁身自好。后来隐士们就效仿鸟，正常的食物都不吃了，吃竹食，这种生活是很苦的。

陶渊明晚年隐居，从42岁隐居到62岁去世，22年的隐居生活也过得很艰苦，就是因为在艰苦的生活中他不愿意再回去做官，所以我们觉得陶渊明是个道德很高尚的人。陶渊明的一首诗体现了他的晚年生活。"敝庐交悲风，荒草没前庭"，就是说很破的房子风都吹进来了，家中庭院里全都长满了荒草。"披褐守长夜，晨鸡不肯鸣"，指家里被子都没有，披着自己的短袍盖在身

陶渊明诗意图册（清·石涛）

上，就盼着天亮。陶渊明晚年的时候非常苦，由于他天天没饭吃，白天饿的时候盼着天黑，天黑了就可以睡觉了，可是发现睡着了又饿醒了，饿醒了又盼着天亮了总有办法的。可是天亮了又没有办法，又盼着天黑。整天这样度日，即使每天过着这样的日子陶渊明也绝不再回去做官。所以后来朱熹讲陶渊明是一个真的不愿意做官的人，他真的道德高尚。

　　在孔子心目中山水是好的，和人是和谐的，在庄子和老子的境界里山水和人的道德，和人类的生存环境是和谐的甚至统一的，但是为什么到了晋朝以后，到了谢灵运和谢朓的时代，山水变恶了呢？因为他们要用山水的恶来衬托人的善。

在山水诗出现之前还出现了一个历史的大逆转，山水变成了一个丑陋的存在。所以在谢灵运和谢朓之前的诗人，比如曹操和曹植写山水，在他们的笔下山水一点都不美，而是丑陋的。曹操的《苦寒行》："北上太行山，艰哉何巍巍！"太痛苦了！"羊肠坂诘屈，车轮为之摧"，有一条路就叫羊肠坂，从路名就知道这个路有多艰险，马车、战车上去，车轮都能够将其折断。你看谢朓写敬亭山，写树是美的象征。再看曹植的《赠白马王彪》，这个地方写到山水，"伊洛广且深，欲济川无梁"，伊水洛水又宽又深，想过去没有桥，"泛舟越洪涛，怨彼东路长"，乘舟翻过汹涌的大河，不是美好的，是怨。"顾瞻恋城阙，引领情内伤"，回过头看他不是在想着往前看山水，而是离不开生活的城市。城市和山水之间，一般的诗人都觉得城市好，山水不好。

山水很美，城里的生活滚滚红尘，这里面全是勾心斗角，全是人生倾轧，全是竞争，不好玩，要到山水里才好玩，这是一种价值取向。但是曹植在这里写的是另一个价值取向，我现在面对山水，觉得山水很苦，所以回过头看到城阙好想回去。山水变成了让我们引以为惧的东西。

在谢灵运、谢朓之前，山水出现在诗中是这样一种状态。当你明白这个状态你回头来看一看，就知道谢灵运有多了不起了。所以很多时候不了解历史是没办法评价一个东西的价值的。

　　如果直接读谢灵运的诗，你会觉得"不就是写山水吗？"你不知道，在这之前人们对山水的观念是不一样的。到了山水诗的开创人谢灵运这里，"昏旦变气候，山水含清晖。清晖能娱人，游子憺忘归。"早晚山间的气候会变化，晚上落日早晨升起，晚上有晚霾，早晨有晨雾，大自然每时每刻都在变换着景色。山水中有很清澈的阳光。"清晖能娱人"中的"娱"在两点上是历史的转折，第一这不是一个伦理学的概念，伦理学是讲山水映照着我们的品德，它是提升我们的品德的，这不是一个娱人的概念，娱人是让我快乐，山水此时此刻只是我娱乐的工具。山水在孔子庄子那只是道德的象征，是善的象征。"娱"没有伦理学的概念，是享乐的概念。第二个变化是和曹操曹植比，和晋朝的隐士比的。隐士之所以隐居在山水中，恰恰是因为山水让人不快乐。隐士是为向人们展示自己在山水里很不快乐，在这么艰苦的环境里面坚持下来说明隐士比其他人高尚。所以隐士要展示的是山水不能让他们快乐，而且正因为山水不能让他们快乐，能坚持下来证明了其品格高洁。

　　曹操曹植写山水对人严峻的生存考验，但是又写了人生的悲剧，但是到谢灵运这里，走近山水变成"我愿意，我喜欢"，"我来了，我享受，我占有"。我不想回去了，对山水的态度完全不一样。

　　白居易曾经写过《读谢灵运诗》，他对谢灵运很了解，白居易写谢灵运："吾闻达士道，穷通顺冥数。"一个人很通达靠什

宣城鸟瞰图（清·张宗苍）

么？无论是穷还是通都要顺应命数。"穷"是做官做了很多年升不上去，"达"是通达，官运亨通，一直往上走。"通乃朝廷来，穷即江湖去"，意思是如果我官运亨通，我就到朝廷去做官。朝廷相对的是江湖，江湖就是市井民间，山林泉下，如果我发展不好了，就回到江湖中隐居生活。中国传统读书人的智慧叫"穷则独善其身，达则兼济天下"，如果国家和人民信任我，我就把活做好，对得起国家还有人民。

"谢公才廓落，与世不相遇"，谢灵运很有才华、很有个性，但个性很糟糕，自私矫情，言不由衷，毛病很多。他与谁打交道都会发生冲突，把刘宋的三个皇帝都得罪了。这个人才华太满，个性太强，所以与这个世界不太相容，他的结果也很惨，是被杀的，但不冤枉，而谢朓被杀是很冤枉的。

　　"壮志郁不用，须有所泄处"，是说如果一个人的志向不能实现，一定要找一个发泄的地方，要找一个情感的通道宣泄出去，宣泄的方式就是山水诗。山水诗的出现和谢灵运的个性有关，和他的经历有关。谢灵运在朝廷上不得志，很痛苦，便在山水中寻找安慰，到哲学中寻找安慰。谢灵运一辈子的苦闷宣泄有两种，一是山水，一是玄言，"玄言"就是读书，读《老庄》《离骚》，讲《逍遥游》。

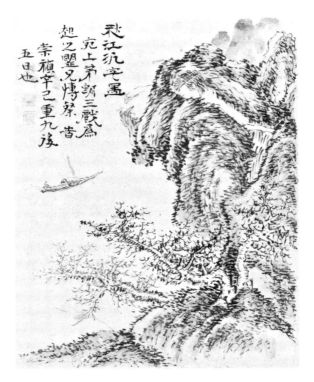

秋江独钓图册（明·梅朗三）

　　谢灵运的山水诗和谢朓的山水诗有什么区别？谢灵运的山水诗是草创时期的山水诗，是不成熟的山水诗。因为很明显的三段论，山水诗最低的标准是情景交融，最高的境界是有我之境无我之境，这几个谢灵运都没做到，他有情有景但是没有交融在一起，他只把它们拼在一起。古人讲"一切景语皆情语"，最高的境界是写的是山水，但是山水已经包含着感情了。但是谢灵运写山水是山水，他的感情用单独的一段来写，并没有融合起来，这就是初创时期比较粗糙的山水诗。

　　"潜虬媚幽姿，飞鸿响远音。薄霄愧云浮，栖川怍渊沉。""潜虬"就是潜龙，他用龙来表示自己不得志的时候窝在水里面藏着自我欣赏。这有种"穷则独善其身"的味道。"飞鸿"是说天上飞的大鸟，天上飞的大鸟表示自己很得志了，一旦得志，大鹏展翅威名远震，做一番大事业。这是两种不同的生命状态，得志的时候是飞鸿，不得志的时候是潜龙在深渊里潜伏，自得其乐、自我欣赏、独善其身。这两种状态谢灵运都做不到。"薄霄愧云浮"，不能像飞鸿一样干一番事业，自认为没有那个能力。"栖川怍渊沉"在不得志的时候不能像潜虬一样自我欣赏，独善其身，心中还有好多郁闷没想通。

　　人在一个什么样的境遇中就要有什么样的心态。在飞鸿的状态就要大有作为，在潜虬的状态就要沉得住气，但是谢灵运在两种状态中都做不好，要想平步青云没这机会，要想独善其身没这修养。这便是"进德智所拙，退耕力不任"。要修养自我的德性干一番大事业，智慧不够；要归隐田园，胜任不了。"晨兴理荒秽，带月荷锄归"，陶渊明可以归隐田园，但谢灵运贵族出身吃不了苦。所以往上走走不上去，往下走自己又不愿意，高不成低不就。在这样的尴尬之中，他来到了人生的关键点，去了永嘉（浙江温州）。"徇禄反穷海，卧疴对空林"，谢灵运来到温州，保

敬亭山水（清·石涛）

有一份俸禄，没有离开官场。那时的温州不像现今富有，而是偏僻、蛮荒的地方，所以穷则思变。谢灵运的心情不好，一去就生病了，躺了一个冬天没起床。"衾枕昧节候，褰开暂窥临"，他一个冬天都在被子里睡着，不知道外面气候的变化，偶然拉开窗帘才发现冬天已经过去，春天已经来临，就在这一瞬间，大自然美好的春天把内心里的阴霾一扫而空。"倾耳聆波澜，举目眺岖嵚"，温州临海，听着波浪的声音，看着山。春天来了，春日载阳，阳光把冬天的寒风一点点驱除了。"池塘生春草，园柳变鸣禽"，这是谢灵运描写山水最有名的两句诗。谢灵运的诗整体来说雕琢尤甚，常显繁复，乃至做作，而这两句诗写得很自然。

　　谢灵运一辈子靠山水和哲学来排解自己内心的痛苦。"祁祁伤豳歌，萋萋感楚吟"，这句诗就是写的哲学。豳歌讲的是诗经中的句子，楚吟讲的是楚辞中的句子，这两句都在说一个"归"字——"我"终于归隐山水林间了。"索居易永久，离群难处心"，一个人独居会感到时光的漫长，如果离开群体了就很难让自己内心平静。"持操岂独古，无闷征在今"，难道只有古人能有这样高尚的品格，在离群之际还能让自己内心安定吗？不仅古人能做到，谢灵运说如今他也能做到。"无闷"出自《易·乾》中的"遁世无闷"，指一个人只有隐居了才能保持心灵的平静，此诗作为山水诗真正写山水的不多，前面大段叙事，中间短暂的一两句写山水，接下来是很不真诚的议论。叙事、写景、议论，泾渭分明，没有做到山水诗的基本境界。

　　鲍照也认为谢诗"初发芙蓉，自然可爱"，实则他并不是自然可爱的。刘勰在《文心雕龙》里提到："故有志深轩冕，而泛咏皋壤。心缠几务，而虚述人外。真宰弗存，翩其反矣。"意指谢灵运一心想要戴官帽、坐官轿，却天天写山水诗，给人感觉他很超然物外。结论是他不真诚，因此读谢灵运的诗要反着看。后来萧涤非讲："山水不足以娱其情，名理不足以解其忧。"谢灵运一生沉潜往复在山水和名理之间，一辈子活得并不快乐，整天忧心忡忡，郁闷之极，最后把自己作死了。

　　最后来看看谢朓，谢朓代表着中国山水诗的成熟，从谢朓往下读，唐朝有山水田园诗派，代表性人物有王维、孟浩然、储光羲等，没有谢朓就没有这些人。然而没有宣城就没有谢朓，谢朓目前保存下来的诗有两百多首，明确可以考证为写在宣城的有至少三分之一，加上不可考据的可能有一大半以上。谢朓活到36岁，宣城只待了两年，从谢朓个人一生的角度看，可以说他的创作的高峰在宣城，创作的生命力最旺盛的时候也在宣城，中国山水诗的成熟也在宣城。没有宣城就没有谢朓，这也是诗人和一个地方的缘分。

　　再比如，苏东坡虽是四川眉山人，但他被贬到湖北赤壁，创作的最高成就在湖北。所以一个人和一个地方的山水在冥冥之中一定是有联系的。谢朓在湖北荆州也做过官，而大家都叫他"谢宣城"，他的诗集叫《谢宣城集》。谢朓在荆州待过两年做隋王的幕僚，很受重用，这两年是他过得最轻松快活的日子。然而他张

《谢宣城集》书影

扬的性格引起了别人的不满，所以有人在齐武帝面前说他坏话，谢朓就被调回来了。在荆州虽快活，但却没有在那里写过这么多好诗。他离开荆州回南京时写《暂使下都夜发新林至京邑赠西府同僚》：

大江流日夜，客心悲未央。徒念关山近，终知返路长。秋河曙耿耿，寒渚夜苍苍。引领见京室，宫雉正相望。金波丽鳷鹊，玉绳低建章。驱车鼎门外，思见昭丘阳。驰晖不可接，何况隔两乡？风云有鸟路，江汉限无梁。常恐鹰隼击，时菊委严霜。寄言罻罗者，寥廓已高翔。

从这首诗的前两句，就能看出在谢灵运的诗里看不到情景交融，"大江流日夜"写的是山水，"客心悲未央"写的是自己内心的情感，两句放到一起，"大江流日夜"就相当于外化了诗人内心看不见的伤痛。

李煜也写到"问君能有几多愁？恰似一江春水向东流"，然而谢朓的"大江流日夜，客心悲未央"有一种苍凉的情怀，这是李煜所没有的，这大丈夫的情怀是李煜所不具备的。"徒念关山近，终知返路长"，知道自己离建业越来越近了，但是要返回和你们重聚是不可能了。每句话都是一种叹息。好的文字是有节奏的，诗歌更要有好的节奏，这是在写情景交融，字面上没有一个字是在写情感，但是每一个字都在写自己内心的悲凉，这是有我之境。

齐明帝建武二年（495）的春天，谢朓出任宣城太守，从南京出发来宣城出新林浦是第一站，停下来稍作休整写下《之宣城郡出新林浦向板桥诗》：

> 江路西南永，归流东北骛。天际识归舟，云中辨江树。旅思倦摇摇，孤游昔已屡。既欢怀禄情，复协沧州趣。嚣尘自兹隔，赏心于此遇。虽无玄豹姿，终隐南山雾。

"江路西南永"，顺着江水往西南走很漫长，意指离开建业了回来没希望了。"归流东北骛"，我要往西南走，江水往东北去，然而谢朓用了"归"字，意指谢朓一开始来宣城是不愿意的，心情是不高兴的，很痛苦的，所以离开建业的时候一步三回头，舍不得，感叹我什么时候才能再回去啊？好在后来宣城给了他一个惊喜。"天际识归舟，云中辨江树"，体现出谢朓的灵心秀口，山水的美变成诗句的美也是从谢朓开始的。俨然看到一个人盼望着回来，谢朓一直往西南走，大江再往建业去，一边逆流而上一边想着回去，看到逆流的大江他很羡慕，一直看着大江上的船直到看不见天际线为止，他眼睛回看的地方才是他心里想要去的地方，此句看似写景，实际在写谢朓依依不舍之情，一种苍凉的离别之情。"旅思倦摇摇，孤游昔已屡"，感叹不断被改任各个地方的官。"既欢怀禄情，复协沧州趣"，心中也有矛盾，既离不开官场有一份俸禄，我也喜欢到山水之中。"嚣尘自兹隔，赏心于此遇"，那个喧嚣的滚滚红尘，我自今天开始和它断绝了，离开朝廷去江湖，离开城市去山水。到宣城来是谢朓人生的转折，从此他的生命和山水在一起了。"虽无玄豹姿，终隐南山雾"，这是用的典故，幺豹隐南山之上，我虽然不是玄豹一样但我要像玄豹一样隐居，到宣城来对谢朓来说是"亦官亦隐"，既是做官也是隐居。

新林浦是第一站，三山是第二站，写下《晚登三山还望京邑》：

> 灞涘望长安，河阳视京县。白日丽飞甍，参差皆可见。
> 余霞散成绮，澄江静如练。喧鸟覆春洲，杂英满芳甸。去矣

方滞淫，怀哉罢欢宴。佳期怅何许，泪下如流霰。有情知望
乡，谁能鬒不变？

"灞涘望长安，河阳视京县"，引用典故表达自己舍不得离开。
"白日丽飞甍，参差皆可见"，谢朓登到三山之上，看美丽的南京
城，太阳把南京城里的宫殿都照得十分明丽，参差可见。"余霞
散成绮，澄江静如练"，晚霞像丝绸一样散落，飘在空中，一道
澄澈的大江就像一道白练飘落在江南大地上，写出了长江的秀丽
明媚，这都是很开阔的描写。"喧鸟覆春洲，杂英满芳甸"，这是
小特写，喧嚣的鸟把春洲都覆盖了，各种各样的鲜花开满了芳
甸。丘迟的《与陈伯之书》"暮春三月，江南草长，杂花生树，
群莺乱飞"，写出了整个江南的景色，所以说山水诗一定是成熟
在江南的。"去矣方滞淫，怀哉罢欢宴"，写了南京的美，再美自
己也是要离开的，一步三回头，怀念，舍不得，以致喝酒都喝不
下去了。"佳期怅何许，泪下如流霰"，我什么时候才能再回来，
一想到这一点我眼泪就像雨珠一样落下。"有情知望乡，谁能鬒
不变？"有情之人离开故乡，谁的头发能不变白？

　　第三站，到达宣城。宣城是谢朓的转折点，往往一个诗人、
作家，他政治上的挫折和不幸，恰恰可能是艺术的高峰，是大
幸。苏东坡是这样，谢朓也是这样。如果谢朓一生很顺利，就不
会在历史上有这么大的名声。也许上天就是为了成全他。到了宣
城，他写下了《始之宣城郡诗》，在诗的后面的部分，他写下：

谢朓楼

"弃置宛洛游。多谢金门里。……江海虽未从。山林于此始。"宛城洛城指的是北方的大都市，意思是，我离开北方大城市也离开了钟鸣鼎食的大家族了，现在来到了宣城了。我还不敢说我现在已经到了江海之中了，但是我生命中与山水在一起的生活从此开始。最后一句"山林于此始"是最明显的信号，中国的山水诗从宣城揭开了一页新的篇章。

接下来看一看敬亭山，谢朓的《游敬亭山诗》开篇就说："兹山亘百里，合沓与云齐。"敬亭山连绵横亘百里，除了看到青山白云还能看到天际线，谢朓也发现这一点了，在某种程度上他不是在写这个山高而是在写蓝天白云和青山绿水交相辉映。然后，他紧接着就说："隐沦既已托，灵异居然栖。"高人隐士早就把敬亭山作为自己人生的寄托。除了隐士和高人，山上还有神仙。科学告诉你山上什么也没有，没有神仙，甚至连野猪都没有了，那山上还有什么意思呢？然而你要想象山上有野猪野鸡甚至还有神仙，你就会觉得这个山好美啊！所以在谢朓的笔下山上住着隐士高人，甚至还住着神仙，不仅仅有神仙，也许还有妖怪。比如，讲月亮，如今我们搞现代科学研究知道月球上什么也没有，只有环形山和沙漠，永远有一面背对着地球，太阳照射的一面温度很高，背对太阳的一面温度很低，然而在古人看来月亮上有桂树、有吴刚、有嫦娥、有玉兔，有广寒宫。古人中秋看月亮和如今的人们看月亮的时候看到的是不一样的，古人看到的月亮是一个美丽丰富的月亮、多么有想象力的月亮，孩子也可以想象月亮是一艘小船，可以划到外婆家。现代人看月亮就是沙漠。智慧真的不能用科学来代替，人类需要科学也需要诗意。敬亭山就在我们的身边，我们能不能赋予它更多的诗意，这是我们今天要做的事情。谢朓就这样，笔端饱含诗意，把景色一路写了下去。"上干蔽白日，下属带回溪"，谢朓那个时代的树木可能不同于现在，比现在的树木大得多，有很多可能是原始森林，茂盛得把太阳都挡住了，这是进山以后所看到的山上丰富的生态。"交藤荒且蔓，樛枝耸复低。独鹤方朝唳，饥鼯此夜啼。"前两句写植物，后两句写动物。"我行虽纡组，兼得寻幽蹊。"这是写自己，在山上走的时候可能碰到各种各样的险阻。如今我们把路修得很漂亮，车直接可以开到山顶上，方便是方便了，但是诗意减少了。

有的时候留一点险阻让人克服会更有诗意。这里写的是一步一景。《游敬亭山诗》以"皇恩竟已矣，兹理庶无睽"作结，诗人感叹，他和皇恩已经没关系了，和朝廷闹翻了也没有人缘了，但是和山水还是有关系有缘分的。李白写《独坐敬亭山》："众鸟高飞尽，孤云独去闲。相看两不厌，只有敬亭山。"很悲惨很伤心，"世人皆欲杀，吾意独怜才"，唐玄宗赶出李白时，天下的人都说李白不好，李白发现世人都恨他，只有敬亭山不恨他，对他友

彼岸云山图册（明·梅朗三）

好。然而现在的人们都很开心地享受这首诗，李白为敬亭山很直白地打了广告，只有敬亭山是最好的，所以现在的宣城人看到敬亭山时的开心是建立在当时李白不得志、不开心的基础之上的。

谢朓也是一样，来宣城时不开心，因为不开心所以谢朓要找山水，因为有山水让他觉得世间还有东西没有抛弃他，人世抛弃他了、朝廷抛弃他了、官场同僚抛弃他了，只有我们宣城的山水接纳了他，所以谢朓是有感恩之心的。

再举两个例子，谢朓的《游东田》："远树暖阡阡，生烟纷漠漠。鱼戏新荷动，鸟散余花落。不对芳春酒，还望青山郭。"好的诗句一读就明白，在没读之前就已经被它感动，在没有动用理性之前它已经俘获了你的感性了，你的理智还没有完全懂，你的感情已经被它俘获了。他就是写得很美。"远树暖阡阡，生烟纷漠漠。鱼戏新荷动，鸟散余花落"，鸟飞在花上面，飞走之前要使一下劲，树枝颤动花朵纷纷掉落。这里面有禅意。王维的诗中也有禅意，然而我们的谢朓才是最先诗中有禅意的。世间那么多的因果都在有形之中。流水无情，落花有意，这就是禅意。

接下来看评价，严羽《沧浪诗话》中说："谢朓之诗，已有全篇似唐人者。"谢朓的诗从山水的角度来说已经全篇都像唐诗了。胡应麟《诗薮·外编》卷二便指出："六朝句于唐人调不同而语相似。"举了四个例子："'余霞散成绮，澄江静如练'，初唐也；'金波丽鳷鹊，玉绳低建章'，盛唐也；'天际识归舟，云中辨江树'，中唐也；'鱼戏新荷动，鸟散余花落'，晚唐也。俱谢玄晖诗也。"

要找出李白最佩服的诗人，那首选谢朓。李白为人高傲，他一辈子最好的朋友是杜甫，但在李白的内心并不是很看得起杜甫，骨子里对杜甫还有一点轻蔑，李白和杜甫的友谊不似寻常，两人在山东见面，晚上睡一张床，早晨手拉手一起游山玩水。杜甫在和李白分别后一直想着李白，写了无数怀恋李白的诗，当李白面临"世人皆欲杀"的时候，杜甫仍然写了"世人皆欲杀，吾意独怜才""冠盖满京华，斯人独憔悴"。杜甫一直为李白抱不平。但是自从李白和杜甫"分手"后，李白一点都不想杜甫。"借问别来太瘦生，总为从前作诗苦。"李白问杜甫怎么分别后如此憔悴，大概是写诗写得太辛苦了吧？然而李白就可以"斗酒诗百篇"，意指杜甫和李白比才华差远了，但是李白一生低首谢宣城。只要讲到谢朓，他无话可说。这里说几句李白的诗"江城如画里"，这是讲谢朓楼，谢朓在宣城任职两年间，专务富民，一心想要让人民生活富足，他把宣城治理得很好。后来宣城人把谢朓称为"贤太守"，专门建造了谢朓楼。李白几次来宣城，几上谢朓楼，写《秋登宣城谢朓北楼》："江城如画里，山晚望晴空，两水夹明镜，双桥落彩虹。人烟寒橘柚，秋色老梧桐。谁念北楼上，临风怀谢公？"李白几次来宣城不仅仅是因为山川之美吸引他，还有一个人吸引着他。一个地方要有魅力，不仅要有山水，还要有文化底蕴，要有人文历史，要有故事可讲。大约在天宝十二载（753），李白秋天时来到宣城，客居不久，有位故人李云至此，很快又要离开，李白陪他登谢朓楼，设宴送行。他们在谢朓楼上喝酒，谢朓激发出李白写作的诗情来。于是，李白写下了千古名篇《宣州谢朓楼饯别校书叔云》：

　　弃我去者，昨日之日不可留；乱我心者，今日之日多烦忧。长风万里送秋雁，对此可以酣高楼。蓬莱文章建安骨，中间小谢又清发。俱怀逸兴壮思飞，欲上青天览明月。抽刀断水水更流，举杯销愁愁更愁。人生在世不称意，明朝散发弄扁舟。

李白诗《秋登宣城谢朓北楼》（当代·沈岩）

"弃我去者，昨日之日不可留；乱我心者，今日之日多烦忧。"这两句之中的"之日"都不可以删掉，因为是在强调感叹昨天的那个日子、今天的那个日子。"长风万里送秋雁，对此可以酣高楼。"这是在描写喜欢这儿的景色。"蓬莱文章建安骨，中间小谢

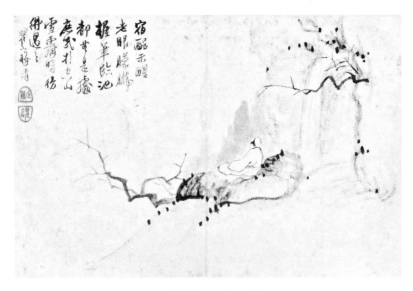

空山雪霁图册（清·梅清）

又清发。""清发"是李白对谢朓诗歌的评价，清新秀发很清丽。
这也是谢朓超越谢灵运的地方，谢灵运的诗是"繁复"，读起来
比较累，是在堆砌文字，他是在用诗来写他游历的过程，看到山
写一句，看到水也写一句，全部堆砌在一起，看起来很累，乱糟
糟的。

我们宣城的山水是明媚的，有明媚的山水才能出现阳光清丽
的谢朓的山水诗。这叫做"得山水之助"，没有山水之助写不出
这么好的山水诗。"俱怀逸兴壮思飞，欲上青天览明月。"李白来
到宣城眼界一下就放开了，宣城真是一个让人容易放得开的地
方，所以李白七次来宣城。"抽刀断水水更流，举杯销愁愁更愁。

人生在世不称意，明朝散发弄扁舟。"李白的人生过得不如意，想归隐。所以从谢朓开始，宣城就能够让失意之人到山水中去寻找安慰。李白为什么喜欢谢朓？因为谢朓之后就是李白，谢朓简洁流利，李白承谢朓遗风，诗的风格也流畅，他的诗没有不认识的字，也不用典故。"金陵夜寂凉风发，独上高楼望吴越。""白云映水摇空城，白露垂珠滴秋月。""峨眉山月半轮秋，影入平羌江水流。夜发清溪向三峡，思君不见下渝州。"四句诗写了五个地方，真是艺高人胆大。李白一生七入宣城。既有江山之诱惑，又有谢朓之追慕。《金陵城西楼月下吟》有云："月下沉吟久不归，古来相接眼中稀。解道澄江净如练。令人长忆谢玄晖。"所以有谢朓，李白就被引来了，因为有李白，宣城就更加有名了。李白一生低首谢宣城，一语双关，"谢宣城"是诗人谢朓也是地名宣城，所以既是低首谢朓也是低首宣城。

　　谢朓虽然只在宣城任太守两年，获名"谢宣城"这是一座城和一个人的缘分，也是中国文学的奇迹。山水与人的关系，从孔子一直到谢朓来到宣城，孔子是公元前479年去世的，谢朓来宣城是公元495年，这中间正好一千年。一千年，山水诗真正成熟了，宣城是中国文学的福地。

山水（清·梅清）

宣城岁月

山水诗人谢朓人生
的美好时光

石云涛

北京外国语大学中文学院

教授 博士生导师

宣城时期是谢朓山水诗成熟的时期，也是达到
高峰的时期。

宣城哺育了一位杰出的诗人，这位诗人又以其优秀的山水诗
作品冠冕一代，直接启发和引导了盛唐的诗人。盛唐是中国
古代诗歌史上辉煌的顶点和高峰的高峰，谢朓曾经为这个诗
歌高峰的形成做出了杰出贡献。

公元 495 年（南齐建武二年）春天的一天，三十二岁的谢朓离开京城建康（今南京），赴任宣城郡太守。当他登上江宁县北十二里的三山时，已是傍晚时分。三山得名于江边有三座小山相接，故名三山。遥望越来越远的繁华京师，俯视山下茫茫东去的大江，一种莫名的愁情涌上心头，于是吟出《晚登三山还望京邑》：

> 灞涘望长安，河阳视京县。白日丽飞甍，参差皆可见。余霞散成绮，澄江静如练。喧鸟覆春洲，杂英满芳甸。去矣方滞淫，怀哉罢欢宴。佳期怅何许，泪下如流霰。有情知望乡，谁能鬒不变？

我们不知道出任宣城太守是出于谢朓的请求，还是朝廷出于某种安排，但我们知道谢朓离开京城时心情非常复杂。开头两句云"灞涘望长安，河阳视京县"，把自己离开京城比作当年王粲离开长安和潘岳回望洛阳。东汉末年，遭董卓之乱，长安陷于战火之中，诗人王粲避乱南下荆州，离开长安城，来到灞上，在灞水河畔回望长安，既留恋难舍又无可奈何，其《七哀诗》云："南登灞陵岸，回首望长安。"西晋时的诗人潘岳离开京城洛阳，赴任

南齐宣城郡行政区域图

河阳县，留恋洛阳，其《河阳县》诗云："引领望京室，南路在伐柯。"谢朓的诗用这两位诗人的典故，让我们感到他赴任宣城有不得已之处，他和王粲、潘岳一样对京师充满留恋之情。

要了解谢朓离开京城赴任宣州的心情，就得了解当时的政治环境和他的仕途经历。

一

　　谢朓，字玄晖，祖籍陈郡阳夏（今河南省太康县），其祖上避西晋末年的战乱迁居江南。他出生于江南，出身衣冠仕族，家族世代为官，他的高祖是晋太傅谢安的二哥，曾祖谢允曾任宣城内史，祖父是吴兴太守谢述，祖母范氏是著名史学家范晔的姐姐，父亲谢纬是正员郎中、散骑常侍，母亲是宋文帝第五女长城公主。谢朓生于464年（宋孝武帝大明八年），"少好学，有美名，文章清丽"，"善草隶，长五言诗"（《南齐书·谢朓传》）。

高贵的门第和出众的才华，使他在齐武帝即位之初踏上仕途，一帆风顺。他先在豫章王萧嶷手下任太尉行参军，其年十九岁。行参军，官名，南朝齐置，公府及将军府僚佐，梁沿置，自三班至流外五班，陈自八品至九品。

　　永明四年（486）齐武帝第八子随王萧子隆迁东郎将、会稽太守，谢朓任其官属。不久转任卫将军王俭东阁祭酒。祭酒，战国时齐国稷下学官尊长称祭酒。

谢安（320—385），东晋时期政治家

汉魏以后官名，汉代有博士祭酒为博士之首，西晋改设国子祭酒，隋唐以后称国子监祭酒，为国子监的主管官。东阁，古代称宰相招致和款待宾客的地方。又转任文惠太子萧长懋舍人。舍人，古代官职名称，始见《周礼·地官》。《汉书·高帝纪》颜师古注："舍人，亲近左右之通称也。"秦汉到明代之间宫中都设有舍人，如秦汉置太子舍人，魏晋有中书舍人。《周礼·地官》云："舍人掌平宫中之政，分其财守，以法掌其出入者也。"本宫内人之意，后世以为亲近左右之官。

再入竟陵王萧子良西邸，为"竟陵八友"之一。竟陵八友是南齐永明年间围绕竟陵王萧子良形成的文人集团，包括萧衍、谢朓、沈约、王融、范云、萧琛、任昉、陆倕等八人。永明八年（490），随王萧子隆受命为镇西将军、荆州刺史，第二年赴任。谢朓被任为镇西功曹。汉代郡守有功曹史、县有主吏，功曹史简称功曹、主吏即为功曹。除掌人事，负责政绩考评外，得以参预

清·黄杨木竟陵八友图如意

一郡或县的政务。又转文学（文学，官名，秘书、助手之类），随萧子隆赴荆州。

在荆州，谢朓受到嫉妒，在人事关系上开始出现问题。谢朓少有文名和仕途通顺是他遭受嫉妒的根苗。萧子隆喜爱文学，"在荆州，好辞赋，数集僚友"。谢朓"以文才，尤被赏爱，流连晤对，不舍日夕"（《南齐书·谢朓传》）。这引起他的顶头上司镇西长史王秀之的嫉妒。长史是镇西将军府僚属长官，功曹、文学都是其属下。他的属下谢朓与将军亲近，这让他心里不舒服。王秀之身领荆州学府之"儒林祭酒"（《南齐书·王秀之传》），长于经学，与将军兴趣爱好不同，因此他担心长于文学的谢朓会占上风。

谢朓正受萧子隆赏识，他无法在萧子隆面前中伤谢朓，便直接打小报告给齐武帝，"以朓年少相动，密以启闻"（《南齐书·谢朓传》），诬告谢朓和一帮年轻人彼此呼应，结成了朋党。亲王出镇，属下结为朋党，又受亲王信重，这是最高统治者最担心的事情，齐武帝敕令谢朓还都，并把镇西将军萧子隆府中几位亲近的幕僚拆散，防患于未然。谢朓只好离开荆州还都。在荆州遭到猜忌，谢朓感到忧危恐惧，赴京途中写《暂使下都夜发新林至京邑赠西府同僚》一诗寄给镇西将军府的同事们，其中云："常恐鹰隼击，秋菊委严霜。寄言蔚罗者，寥廓已高翔。"（《谢宣城集》卷三）他把对手比成"鹰隼"，流露出强烈的畏祸心理；而自比"时菊"，说明他自信清白高洁。

从谢朓的诗题中"暂使下都"来看，谢朓还以为此行只是使职差遣性质，到京师办完事即可返镇西将军府。但来到京师，"迁新安王中军记室"。记室，官职名，东汉置，诸王、三公及大将军都设记室令史，掌章表书记文檄。职位虽有提升，却让谢朓感到意外，也感到身不由己，在《拜中军记室辞随王笺》中表达了这种感触：

> 故吏文学谢朓死罪死罪。即日被尚书召，以朓补中军新安王记室参军。朓闻潢汙之水，思朝宗而每竭；驽蹇之乘，希沃若而中疲。何则？皋壤摇落，对之惆怅；岐路东西，或以呜唈。况乃服义徒拥，归志莫从，邈若坠雨，飘似秋蒂。朓实庸流，行能无算，属天地休明，山川受纳，褒采一介，搜扬小善，舍耒场圃，奉笔菟园。东乱三江，西浮七泽，契阔戎旃，从容宴语。长裾日曳，后乘载脂，荣立府廷，恩加颜色。沐发晞阳，未测涯涘；抚臆论报，早誓肌骨。不悟沧溟未运，波臣自荡；渤澥方春，旅翩先谢。清切蕃房，寂寥旧苹。轻舟反溯，吊影独留，白云在天，龙门不见。去德滋永，思德滋深。唯待青江可望，候归舻于春渚；朱邸方开，效蓬心于秋实。如其簪履或存，衽席无改，虽复身填沟壑，犹望妻子知归。揽涕告辞，悲来横集，不任犬马之诚。

这段话的大意是说，您让我出差到京城，我却没有想到在这里被任命为中军新安王记室参军，不是我想离开您，而是身不由己。回想跟随您这些年，受到您的信任和重用，真是感恩不尽。只希望有朝一日能回到您身边，继续为您效劳，现在只是暂别吧。可见这个任命是谢朓回到京城后接到的，事先没有思想准备。但在京师，他很快受到重用，使他能够参谋机要，成为朝廷要职。

谢朓还都时，正遇上萧齐政权的一个动荡时期。齐武帝病殁，皇孙郁林王萧昭业即位，武帝堂弟萧鸾受遗命辅政。回都后谢朓先任新安王萧昭文中军记室，又兼尚书殿中郎。萧鸾为骠骑大将军、录尚书事，谢朓又担任骠骑谘议，领记室，管霸府文笔。这些显然都出于萧鸾的安排。萧鸾有野心，阴谋篡位，一年之内先后废除了昭业、昭文兄弟，自登皇位，改元建武，是为明帝。在这个过程中，谢朓参与了这场政治斗争，他为萧鸾所引用，站在萧鸾一边，为萧鸾篡权为帝立下了汗马功劳。《为齐明帝让封宣城公表》《为宣城公拜章》《为明帝拜录尚书表》《为录公拜扬州恩教》《为百官劝进齐明帝表》等大手笔文章皆出于谢朓之手。谢朓以杰出的文才效命萧鸾，也从萧鸾那里得到了报偿。

萧鸾即位，谢朓转任中书郎，掌中书诏诰。中书郎，三国吴、蜀有此官，相当于魏的通事郎。中书省下面的通事郎，后改名中书郎、中书侍郎。谢瞻《赴中书郎诗》云："大方信苞容。优渥遂不已。跃鳞龙凤池。挥翰紫宸里。"在萧齐统治阶级内部这一轮争权夺利的政治风浪中，谢朓始终受到萧鸾的信任和重

《秋登宣城谢朓北楼》（近现代·于右任）

用，官位不断升迁。对萧鸾的知遇之恩，谢朓感恩戴德，成为萧鸾政治集团的重要成员，这为他日后政治立场的选择和最终的悲剧埋下伏笔。

统治阶级内部残酷的政治斗争给谢朓心理造成浓重的阴影。好友王融以及他长期追随的竟陵王萧子良、萧子隆都在这场政治斗争中丧命。王融企图拥立萧子良，在昭业即位十多天后，"于狱赐死"。萧子良"以忧卒"，萧子隆"见杀"。这种风云变幻朝不保夕的心理阴影令谢朓惴惴不安。建武二年（495）春，他出任宣城太守，离开京师那个政治斗争漩涡中心，他感到松了一口气。

但京城毕竟是一位士人实现理想和抱负的最佳之地，离开京城让他惆怅莫名，他希望能有一天重返京城，但此时只能无可奈何。这就是他离开京师赴任途中登上三山时赋诗咏怀表达的心情。这首诗里有"白日丽飞甍，参差皆可见。余霞散成绮，澄江静如

练。喧鸟覆春洲，杂英满芳甸"，写其登所见，远处西沉的太阳
照耀在京城那高大的建筑飞檐挑角上，皇城中那宫殿楼阁益发壮
丽，历历在目；山麓下的江面上风平浪静，江水清澈，像一道白
练铺展在眼前。春天里江中绿洲草树萌发，原野上满眼上杂花生
树，五彩斑斓。这六句成为写景的名句，特别是"余霞散成绮，
澄江静如练"二句更是脍炙人口。李白曾写诗云："解道澄江静
如练，令人常忆谢玄晖。"这些优美的诗句，表达的却是心中莫
名的惆怅。古代诗论家曾云："以乐景写哀，以哀景写乐，一倍
增其哀乐。"意思是说，这种反衬的手法加重了诗人情感的浓度。
对于此时此刻的谢朓来说，这美好的京城和京畿之地是多么令人
留恋啊，但现在却渐行渐远。

二

　　但他对这个任命又是非常高兴和满足的，因为这使他离开了凶
险异常的政治斗争的漩涡，这种高兴和满足之情很快便压倒了愁苦
忧思，这在他的《之宣城郡出新林浦向板桥》一诗中可见端倪：

　　　　江路西南永，归流东北骛。天际识归舟，云中辨江树。
　　旅思倦摇摇，孤游昔已屡。既欢怀禄情，复协沧州趣。嚣尘
　　自兹隔，赏心于此遇。虽无玄豹姿，终隐南山雾。(《谢宣城
　　集》卷三)

新林浦、板桥浦都是谢朓赴宣城途经之地。《水经注》云："江水经三山，又湘浦出焉。水上南北结浮桥渡水，故曰板桥浦。江又北经新林浦。"《太平寰宇记》云："板桥浦，在昇州江宁县南四十里。"从建康往宣城是溯长江往西南方向，故云"江路西南永"。"永"是长的意思，其实两地之间的路途不算长，这是在写自己的心情，因为船行离京城越来越远。"归流东北骛"，字面是写江水，实际上还是在写心情，江水向东北流的方向就是京城的方向。"骛"是乱跑、疾行的意思。写船疾行，是感到离京城的时间越来越快了。"天际"两句写船上看到的江景。第一句写远景，是回望京城方向看到的景象，在江天相接的地方，渔船归晚。这是写诗人不断回望令人留恋的京城。第二句写近景，湛蓝的天空倒影入江，江岸成行的树木与江面上天空的倒影融为一体。此句极有意境，体现出谢朓善于写景的能力。接下来直接写心情。

这首诗对我们了解谢朓赴任宣城途中和他在宣城时的心态非常重要。他是在"旅思倦摇摇"的状况下出任宣城的，这里的"旅思"并不仅仅是东奔西走的旅程，而是包含着对仕途的倦意。当他出守宣城时，对京邑固然不无留恋，但也很庆幸自己能离开政治斗争的漩涡。此诗表现了这种复杂的情绪。在经历了朝廷一系列的变故、自己身心俱疲的情况下，他终于倦于奔波，希望有一个安顿身心的地方。要想远离政治斗争的漩涡，归隐是当时士人的选择。但对于谢朓来说，他做不到。一是君王恩遇不可辜负，二是离开官场则有衣食之忧。而赴任宣城则两全其美，一方面身在官场，一方面远离是非。

"既欢怀禄情，复协沧洲趣。""怀禄情"是做官的愿望，"沧洲趣"是归隐的情怀，两方面都得到兼顾，这正是谢朓此时所追求的。正像葛晓音所论："这话虽是指此去宣城既遂了做官的心愿，又合乎隐逸的幽趣，却也精炼地概括了诗人一生感激皇恩、安于荣仕和远隔嚣尘、畏祸全身这两种思想的矛盾。"谢朓厌恶尘嚣的感情是真挚的："嚣尘自兹隔，赏心于此遇。"末二句用了《列女传》中答子妻的典故，包含两层意思：一是说自己虽无玄豹之姿，不能深藏远害，但此去宣城，亦与隐于南山云雾相同；二是"玄豹姿"借喻自己身为一郡之守，虽无美政德行，未必能使一郡大治，但也深知爱惜名誉，绝不会做答子那样的贪官污吏。字面意义是借出仕外郡之机隐遁远祸，深层含义是指以淡泊心境处理政务。一典多用，囊括"既欢怀禄情，复协沧洲趣"的两重旨趣，更深一层地阐明了自己以仕为隐的处世之道和以隐为仕的治政之法。

谢朓就是带着这种心理之宣城赴任的，这是支配他在宣城任官施政和文学创作的思想基础。《始之宣城郡》诗云："宁希广平咏，聊慕华阴市。"（《谢宣城集校注》卷三）这是谢朓宣城任官时的理想，既向往郑袤的政绩，又羡慕张楷的隐逸。谢朓在宣城以仕为隐，虽在官却不忘游山玩水，欣赏大自然的美景，享受隐逸乐趣，"招招漾轻楫，行行趋岩趾。江海虽未从，山林从此

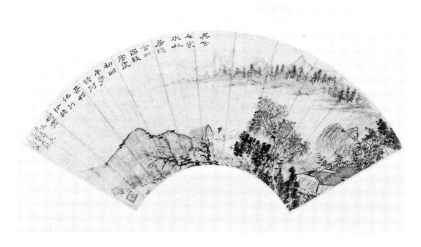

水竹清溪图（清·石涛）

始"。又以隐为仕，不贪不竞，无为而治，向往老子所说的"治大国若烹小鲜"，不生事扰民。"烹鲜止贪竞，共治厉廉耻。"关于谢朓在宣城的为官施政情况，史书上没有记载。《南齐书·谢朓传》只记载："出为宣城太守，以选复为中书郎。"谢朓在宣城的作为一字未提。明代万历初年重修《宣城郡志》中有《良吏列传》，谢朓以"良吏"入编，但关于谢朓的作为也没有多少记载：

　　谢朓，字玄晖，阳夏人。少好学，敷藻清丽。明帝时，以中书郎出为宣城内史。每视事高斋，吟啸自若，而郡亦告治。初，朓尝有言："烟霞泉石，惟隐遁者得之，宦游而癖此者鲜矣。"及领宣城，境中多佳山水，双旌五马，游历殆遍，风流文采，飚炳一时。诗曰："高阁常昼掩，荒阶少诤词。"又云："既欢怀禄情，复谐沧洲趣。"其标致可想见之。人至今称"谢宣城"云。

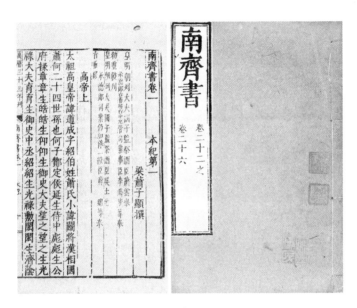

《南齐书》书影

关于他在宣城的治理，并无任何事迹记载，只说他在官厅上"吟啸自若"，但"郡亦告治"，完全是一派无为而治的景象，这或许正是古人治政的理想，所以受到当地的赞扬。因此，史书上关于谢朓在宣城的作为、心态并无多少记载，只能从他的诗里看出一些端倪。

　　据统计，谢朓在宣城期间作诗流传下来的有 21 首，谢朓宣城诗从思想情感来看主要表现为三个方面，一是在官而向往隐逸，二是出游赏山水之乐，三是勤政恤民之情。先看在官而向往隐逸的思想，如《宣城郡内登望》：

　　　　借问下车日，匪直望舒圆。寒城一以眺，平楚正苍然。山积陵阳阻，溪流春谷泉。威纡距遥甸，巉嵒带远天。切切阴风暮，桑柘起寒烟。怅望心已极，惝恍魂屡迁。结发倦为旅，平生早事边。谁规鼎食盛，宁要狐白鲜。方弃汝南诺，言税辽东田。（《谢宣城集》卷三）

这首诗表现出倦于宦途向往隐逸之思。一二句用西晋诗人张协的诗意，张协诗云："下车如昨日，望舒四五圆。""下车"指郡太守到任。张协曾任河间内史，相当于郡太守。"望舒"，传说中的月神，《离骚》王逸注云："望舒，月御也。"即月亮的驾御者，此代指月亮。谢朓在这里是说自己赴任已经很长时间了，已经不是用月缺月圆计算多久了。接下来写他登高远望所见景物。诗中有"溪流春谷泉"的句子，但并不是写春景，春谷是地名、水名，《汉书·地理志》记载："丹阳郡有春谷县。"《水经注》云："江连春谷县北，又合春谷水。"宣城郡是从丹阳郡分出的，当时春谷县在宣城郡。诗里有"寒城""寒烟"，古代诗词中形容深秋或冬景常用"寒"字，这首诗就是深秋或初冬景象。站在宣城郡

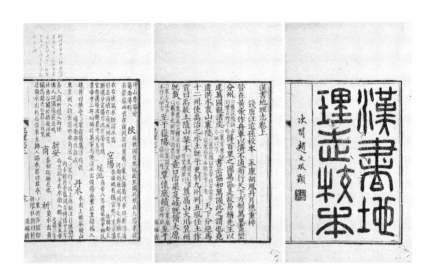

《汉书·地理志》书影

山水册·澄江（清·石涛）

城高处，一眼望去，树木如平地，一派萧瑟景象。明代诗论家杨慎《升庵诗话》云："楚，丛木也。登高望远，见木杪如平地，故云'平楚'，犹《诗》所谓'平林'也。"陵阳山峰峦簇拥，春谷水溪流淙淙，河水环绕郊野，山崖陡峭接天。傍晚时分寒风切切，桑柘树林烟霭缭绕。眼看着眼前景象，惆怅的心情已达极点，犹豫徘徊的精神状态起起伏伏。他回忆自己年轻时就倦于奔波，但却身不由己，弱冠之年仕宦于边远之州（指在荆州任从事）。他说自己从来不追求鼎食之盛，也不向往狐裘的新鲜。末二句用宗资和管宁的典故，说他想放弃汝南太守宗资那样的政治抱负，像管宁那归耕于乡野。方伯海评此诗"下方及归隐意"，王夫之评此诗："微有轩举之势。"又如《冬日晚郡事隙》云：

> 案牍时闲暇，偶坐观卉木。飒飒满池荷，翛翛荫窗竹。檐隙自周流，房栊闲且肃。苍翠望寒山，峥嵘瞰平陆。已惕慕归心，复伤千里目。风霜旦夕甚，蕙草无芬馥。云谁美笙簧，孰是厌蒍轴？愿言税逸驾，临潭饵秋菊。（《谢宣城集》卷三）

这首诗直接表达了归隐之思。前段写公务之暇，坐观周围的花草丛林，看到水池的荷花，窗前的修竹，一片静穆气氛，但却不能引起他的赏心悦目，想到归隐之心无法实现，远望只能使自己伤感。早晨和晚上的风霜更为寒冽，蕙草也失去了香气。结尾四句吐露胸怀："云谁美笙簧？孰是厌蒍轴？"《诗·小雅·鹿鸣》云：

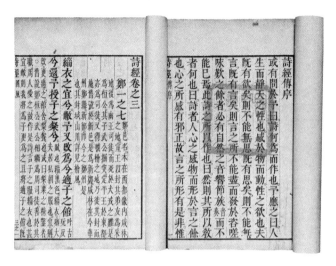

《诗经》书影

"吹笙鼓簧。"据孔颖达疏，是周天子召集臣下共行宴享之礼，要吹笙鼓簧以娱乐嘉宾。又《诗·卫风·考盘》有句云"硕人之薖""硕人之轴"。据郑玄笺："薖，饥意；轴，病也。"作者这里是化用经语，表达了自己既不羡慕作为王臣的种种享受、也不厌弃饥病交困的隐士生活的意愿。先用"云谁"，又用"孰是"，以反诘语表现了弃官从隐的意念的强烈。诗人把自己入仕比作乘上了奔逸失路的车驾，希望停车解驾，是时候去追随传说中菊潭旁的居民了。据应劭《风俗通义》记载："南阳郦县甘谷有菊潭水，其上有大菊落水中。谷中二十家，仰饮此水，上寿百三十，中百余，七八十为下。"诗人用此典故表达了寻求隐居长生的心愿。《后斋迥望》诗云：

嘉庆《宁国府志》所绘高斋遗址上建造的北楼

高轩瞰四野，临牖眺襟带。望山白云里，望水平原外。
夏木转成帷，秋荷渐如盖。巩洛常眷然，摇心似悬旆。(《谢
宣城集》卷三)

后两句中的"巩洛"，有人解释："巩，周畿内邑。洛，洛邑，东
周所都。全指京畿，此借指建康。"从谢朓宣城诗表达的思想倾
向看，这里解释谢朓思念京都不符合当时谢朓的心态。这里的
"巩洛"与《落日怅望》诗中的"洛阳社"都应该是思归意象。
洛阳社即白社，《晋书·隐逸传》记载："董京，字威辇，不知何
郡人也。初与陇西计吏俱至洛阳，被发而行，逍遥吟咏，常宿白

社中。"这两句表达的还是归隐之思。远望一派秋景，诗人心如悬旆，归思难收。《落日怅望》诗云：

　　昧旦多纷喧，日晏未遑舍。落日余清阴，高枕东窗下。寒槐渐如束，秋菊行当把。借问此何时，凉风怀朔马。已伤归暮客，复思离居者。情嗜幸非多，案牍偏为寡。既乏琅玡政，方憩洛阳社。(《谢宣城集》卷三)

在夏往秋来之际，政务闲暇之时，眼看着一派傍晚秋景，既为个人归隐不得而伤心，又思念离居的亲人。诗人幻想着像董京那样栖隐洛阳白社。诗的末二句用汉代朱博和晋代董京的典故。朱博任琅玡太守，打击豪强，颇有政绩，"视事数年，大改其俗"。晋代隐士董京"逍遥吟咏，常宿白社中"。谢朓说自己没有朱博的才能和政绩，很希望像董京那样过逍遥自在的日子。《高斋视事》云：

　　余雪映青山，寒雾开白日。暧暧江村见，离离海树出。披衣就清盥，凭轩方秉笔。列俎归单味，连驾止容膝。空为大国忧，纷诡谅非一。安得扫蓬径，销吾愁与疾。(《谢宣城集》卷三)

这是他在宣城任职时，抒写自己抱病工作的一首诗。太守勤于政务，并不追求个人的享受，但朝廷各种纷杂欺诈令他烦恼不已，身心两疲。他幻想归隐，认为除非离开这官场，不为世间纷争而烦扰，才能消除愁苦和疾病。

谢朓的宣城诗表现出他的勤政恤民之情。从施政方面看，史书上虽没有多少关于他的政绩的记载，他的诗歌却透露出他的勤政恤民、造福百姓之心。《赋贫民田》是代表作：

假遇非将迎，靖共延殊庆。中岁历三台，旬月典邦政。曾是共治情，敢忘恤贫病。将无富教礼，孰有知方性。敦本抑工商，均业省兼并。察壤见泉脉，觇星视农正。黍稷缘高殖，秔稌即卑盛。旧埒新塍分，青苗白水映。遥树匝

《谢宣城集·赋贫民田》书影

清阴，连山周远净。即此风云佳，孤觞聊可命。既微三载
道，庶藉两歧咏。俾尔仓廪实，余从谷口郑。（《谢宣城集》
卷三）

这篇作品可说是作者"农本"思想的揭示。前八句表达了"富
民""教民"的基本思想，这是对孔子"富之""教之"治民主
张的直接继承。"将无富教礼，孰有知方性。察壤见泉脉，觇星
视农正"是其施政措施。"曾是共治情，敢忘恤贫病"表现出他
高度的责任感。他认为作为一郡长官，恤贫病是应该时刻牢记在
心的事情。"敦本抑工商，均业省兼并"两句是实现治民主张的
具体经济措施，作者明确提出要敦本重农，平均、限制产业，减
少兼并，这对发展其时的农业生产无疑是极为重要的，体现出作
者的卓越识见。"察壤"以下的诗句描绘出一幅欣欣向荣的农业
生产画面，这既是作者重农理想的具体展现，也显示出作者的治
政取得了较好的效果。当农业生产呈现一派勃勃生机时，太守才
有心举杯饮酒，"即此风云佳，孤觞聊可命"。谢朓有归隐之念，
但其前提是"既微三载道，庶藉两歧咏。俾尔仓廪实，余从谷口
郑"。那就是等到百姓们丰衣足食时，他才像郑子真一样隐居不
仕。谷口郑，指谷口郑子真。郑子真，名朴，汉成帝时人，家居
谷口，隐居不仕，时人仰慕。扬雄《法言》记载："谷口郑子真
不屈其志，而耕乎岩石之下，名震于京师。"

在宣城任官期间，宣城社会太平，百姓安乐，与谢朓勤政恤

谢朓青山李白楼画轴（现代·吴湖帆）

民有关。当他离宣城奉命赴湘州时作诗告别宣城官民，有《忝役湘州与宣城吏民别》一诗，描写了宣城社会的太平景象：

> 弱龄倦簪履，薄晚忝华奥。闲沃尽地区，山泉谐所好。幸遇昌化穆，悖俗罕惊暴。四时从偃息，三省无侵冒。下车遽暄席，纤绂始黔灶。荣辱未遑敷，德礼何由导。（《谢宣城集》卷三）

诗写自己无意做官，赴任宣州，游山玩水，幸运的是国家政治清明，当地民风惇朴，因此社会太平。这是以自谦的口气自夸治理宣州的政绩。最后交代自己将赴任湘州，又自谦云："汩徂奉南岳，兼秩典邦号。疲马方云驱，铅刀安可操。遗惠良寂寞，恩灵亦匪报。桂水日悠悠。结言幸相劳。吐纳贻尔和，穷通勖所蹈。"在谢朓文集中，只有这两首诗直接写到百姓生活，这是因为在宣城谢朓亲身接触到了下层百姓，对他们的疾苦有深入了解。从这两首诗里，我们感受到了谢朓对百姓疾苦的关心和自己勤政恤民的情怀。

三是游赏山水之乐。谢朓出守宣城，是在经历了遭谗还都和京师一系列政局变幻之后，正想远离政治斗争漩涡寻求精神清净之地的时候。他把宣城称为"山水都"，为任官宣城感到幸运。他的《游山》诗云："幸莅山水都。""闲沃尽地区，山泉谐所好。"宣城的美好山水风物与他的精神需要特别契合，因此为政

山水册·敬亭山（清·石涛）

之暇，他尽情地游山玩水，领略大自然赐予的美景。玩赏山水赋诗吟咏成为他生活的重要内容，在宣城他写出一系列描写大自然之美的佳作，表现了他摆脱政治是非和风险后的内心愉悦和轻松。谢朓在文学史上以山水诗著称，实际上只有宣城写的几首诗才是典型的山水诗。因此可以说，宣城时期是谢朓山水诗成熟并达到高峰的时期，其中《宣城郡内登望》《冬日晚郡事隙》《落日帐望》《望三湖》《游山》《游敬亭山》《将游湘水寻句溪》等皆佳篇。其他诗中往往有写景佳句，如《郡内高斋闲望答吕法曹》《高斋视事》。这些诗在情感心态的总的倾向是醉心山水愉悦情性，由于摆脱了世俗间的各种尘扰，诗中一洗各种忧虑和杂念，山水描写显得特别清新明净，从而展示了大自然美妙无穷的方面，给人以强烈的美感。这就是后来诗论中一直称赞他的"清""清发"。李白《秋登宣城谢朓北楼饯别校书叔云》："蓬莱文章建安骨，中间小谢又清发。"《送储邕之武昌》："诺为楚人重，诗传谢朓清。"所谓"清"主要指谢朓诗的自然美。

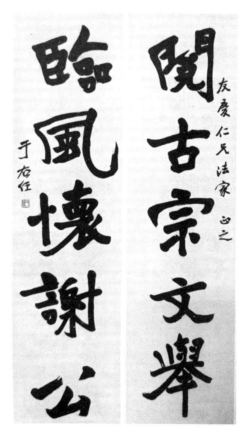

于右任楹联书法

　　宣城成就了谢朓的人生辉煌和文学业绩,从谢朓踏上宣州的土地那一天,人们便开始以"谢宣城"称呼谢朓,后来谢朓的文集也以《谢宣城集》命名,可知任官宣城的经历对谢朓多么重要。宣城任官的特殊心态是谢朓山水诗创作的思想基础,宣城的山水诗奠定了谢朓在文学史上的地位。曹融南说:"谢朓是继踪二人(谢灵运、鲍照)之后优秀的山水诗作者。他年轻时生活在建康,自幼受着那里山水景物的熏陶。弱冠以后,行踪渐远,'东乱三江,西浮七泽',更广泛地接触江南、荆楚的山水。三十二岁时出守宣城,因为仕途中的遭遇引起了内心出处仕隐的矛盾,更有意识地接近山水,而宣城又正是风景奥区,山水名都更多物态风姿可以供他搜罗笔底。他守宣时间不长,山水诗的写作却特多,而且名篇络绎,终以此奠定了他在我国诗歌史上的特有地位。"这说明了宣城对于谢朓山水诗创作而言的重要性。宣城哺育了一位杰出的诗人,这位诗人又以其优秀的山水诗作品冠冕一代,直接启发和引导了盛唐的诗人。盛唐是中国古代诗歌史上辉煌的顶点,谢朓曾经为这个诗歌高峰的形成做出了杰出贡献。

三

　　谢朓在宣城任职仅一年多,便又"以选复为中书郎"返京,不久出为镇北将军、晋安王萧宝义的谘议、南东海郡太守,行南徐州事。南徐州密迩京师。谢朓离开宣州，立刻被卷入政治斗争的漩涡。永泰元年（498），明帝病重，对会稽太守王敬则深怀猜忌，密加防范。王敬则是南齐开国元勋，辅助齐高帝代宋建齐，官至司空。会稽是江南重镇，王敬则手握重兵。他对明帝的用心有所察觉，准备起兵。谢朓是王敬则的女婿，王敬则第五子王幼隆派人密告谢朓，欲共商大计。谢朓面临人生的一大抉择，无论他倾向于任何一方，都是生死考验。

谢朓选择了朝廷，他把来人抓起来，把王敬则的阴谋驰报朝廷。王敬则阴谋暴露，提前发兵，兵败被杀。明帝嘉赏谢朓之功，升任他为尚书吏部郎，谢朓三次上表辞让，终不见许。谢朓告发岳丈之举，声誉方面付出了巨大代价。其妻痛恨入骨，"常怀刀欲报朓，朓不敢相见"（《南齐书·谢朓传》），同时人多不以为齿，后来的史家亦多所讥刺。有人认为，谢朓告发岳丈，是出于"懦怯畏葸，勉求避祸"，未必为确论。谢朓在关键时刻选择朝廷，其原因在于齐明帝一直器重赏识谢朓，谢朓是齐明帝政权核心人物，对明帝感恩戴德；跟从王敬则谋反是附逆，站在朝廷一边是效顺，逆顺之理对于一位士人来说涉及政治气节，谢朓自然选择效顺。另外，明帝乃"多虑""雄忍""严能"之主，善用"计数"，得位后时刻严防异己，对王敬则已有提防，他任命心腹张瑰担任吴郡太守，张瑰是一员猛将，"素著干略"，南可以阻挡王敬则，北可以拊南徐州之背。王敬则谋反胜算无多，且谢朓稍有动静，立刻会遭到朝廷和张瑰的夹击。谢朓放弃私情，

怀谢亭

国家利益至上，他的大义灭亲使南齐避免了一场动乱，于国于己，他的选择可能都是明智的。但王敬则毕竟是其岳父，在政治大节与人情伦理方面不可得兼时，他选择前者，既出于不得已，内心也充满矛盾与内疚。他临死时说："我不杀王公，王公由我而死。"（《南齐书·谢朓传》）

王敬则事件反映了摆在谢朓面前的现实是多么严酷，生死荣辱、忠孝难全之间，谢朓保持着对明帝的忠贞。接下来发生的事情再次证明了谢朓对明帝的感恩戴德和对皇室的忠贞。明帝病死，太子萧宝卷即位，即东昏侯。萧宝卷失德，明帝的表弟江祏、江祀兄弟欲废之，立明帝第三子江夏王萧宝玄。不久，又改主意欲立明帝之侄始安王萧遥光，他们把想法告诉了谢朓，希望得到谢朓的支持。萧遥光也派刘沨密见谢朓，笼络谢朓。谢朓再次遇到艰难的选择。史载："朓自以受恩高宗，非沨所言，不肯答。"（《南齐书·谢朓传》）高宗即齐明帝，说到底知恩思报的心理对谢朓出处抉择起着支配作用。在谢朓犹豫徘徊之际，萧遥光要以谢朓为心腹，并举荐谢朓兼知卫尉事。卫尉是非常重要而敏感的官职，为统率卫士守卫宫禁之官。江祏、萧遥光想谋夺帝位,宫禁侍卫官的立场非常关键。谢朓接受这个任命,就意味着他成为萧遥光集团的一员,他不敢接受这个任命。但拒绝这个任命便意味着不与萧遥光合作,必为萧遥光所不容。因此他决定告发江祏和萧遥光,他把他们的阴谋告诉辅国将军左兴盛,但左兴盛"不敢发言"。江祏闻说,告知萧遥光,萧遥光大怒,又急于杀谢朓以灭口,"乃称敕召朓,仍回车付廷尉,与徐孝嗣、祏、暄等联名,启诛朓"。同时指使御史中丞范岫上奏朝廷,"收朓,下狱死"(《南齐书·谢朓传》)。后来,江祏、萧遥光谋反失败,亦被杀。这场惊心动魄的政治斗争,一方面说明谢朓对明帝知恩思报的忠心矢志不渝,一方面说明无论做什么选择,对于他来说都意味着生死存亡。在那样一个变幻莫测的政治环境中,他的悲剧带有必然性。谢朓死得很冤,所以后来沈约《伤谢朓》诗云:"吏部信才杰,文锋振奇响。调与金石谐,思逐风云上。岂言陵霜质,忽随人事往。尺璧尔何冤,一旦同丘壤。"

关于谢朓的为人,争议和分歧很大。除了他的政敌对他的陷害诬蔑之外,对于谢朓出卖岳父和告发江祏等人之举,当时和后世都有人持贬议,认为谢朓人格有问题,为了保全个人性命,不惜出卖亲友。"在皇族内部的权力之争中本无一定的向背",因此被视为反覆小人而饱受讥议,"宣城死于畏祸,天下疑其反覆,即与吕布、许攸同类而共笑也"。也有人认为跟谢朓性格有关,"疏于世务","懦怯畏葸","昧乎明哲保身之诚"。有人认为谢眺贪恋禄位，甚至认为这是他最终遭受杀身之祸的原因之一。这就过多地把他的悲剧归结于他的个人原因。我不同意这些认识。把谢朓的行为放在具体的历史环境中，我们就会对他有一种同情的理解。谢朓的悲剧是政治立场问题，不是人格和性格问题。他的行为不能仅从人格和性格来解释，说到底是他不愿意背弃自己的政治立场，弃顺从逆。另外士人知恩思报和"士为知己者死"的传统观念也对他的人生抉择产生了支配作用。谢朓一直想摆脱统治阶级的矛盾斗争可能给自己带来的祸害，但未能如愿，最终还是死在这种矛盾斗争中，成为统治阶级权力斗争的牺牲品。

中国诗城，魅力唐诗

宣城对唐诗的贡献

康震

北京师范大学文学院

教授　博士生导师

宣城有着许多的好山川，这些好的山川既能让奔波在路上追求仕途而不得的、人生失意的、倒了霉的李白和其他的诗人略略地休息一下，收拾他们疲倦的心情，同时也能激发起他们对于未来的、未知的，但确实可能美好的向往，从而写出一系列"笔落惊风雨，诗成泣鬼神"的作品，这非常重要。

我们大体应该感觉到宣城是有魅力，是有诗意的，是有下雨的，是有云变龙的，是能让人宁静的，是能够让人休养生息的，同时，也能蓄积你的力量和诗意的想象力。

昨日宣城下了大雨，我去了一趟桃花潭，今天早上我又去了敬亭山。要想在四月天里碰到一场大雨天，去看李白看过的桃花潭和登过的敬亭山，那还真不是轻易可实现的。然后我又想一个问题：李白也罢，谢朓也罢，杜牧也罢，白居易也罢，这么多的诗人为什么这么喜欢皖南，为什么这么喜欢宣城？或者说为什么喜欢来到这片土地呢？我想了很多原因。

　　第一，从政治上来说，这儿不是长安，也不是洛阳，不属于政治中心，不会是为谋政治出路。

　　第二，从经济方面来看，当时比较富庶的地区长安、洛阳除外，唐代比较发达的是扬州，扬州在唐代就相当于我们现在的上海。另外比较富庶的地区是成都、潭州（今长沙）、兖州，金陵（今南京）等。显然，宣城在唐朝时不能算是一个经济中心。因此，文人们来到宣城不为发财。

　　第三，人情因素。宣城名家谢朓深受众多大家喜爱，如李白。但是这跟诗人本身关系不大，如果宣城没有谢朓，李白这些诗人就不来了吗？答案显然不是。如果仅仅是这些理由，那就大大减弱了宣城本身对于李白等文人的魅力。所以昨天在雨中，我看桃花潭和今天早上在小雨中我看敬亭山，觉得这地方确实值得

敬亭山居图（当代·沈岩）

人爱。李白来宣城、来皖南，我觉得最直接的原因就是他爱
这儿。

　　有些研究者找了很多来这儿的理由，但是都没说准。为什么
呢？因为你们没在下雨天来宣城。若是下雨天来宣城，会看到什
么呢？宣城的溪流、河流、湖泊都化为云气，云气又化为雨水，
雨水又落入溪流。在山间蔓延，在云端飘逸。在宣城，在皖南，
只要下一点点小雨，立刻烟雾迷蒙。这里有意境有仙气！李白
《梦游天姥吟留别》中说"海客谈瀛洲，烟涛微茫信难求。越人
语天姥，云霞明灭或可睹"，有仙气有仙人的地方总是烟雾迷蒙
的。所以李白喜欢宣城，且七度访宣城，因为宣城是有仙气有意
境之处，这里符合他的气质。李白是一个寻仙不辞远的人，"十
五好神仙，仙游未曾歇"，他来到宣城就是为了混神仙。腰上别

一把剑，表明自己既是个侠客，又是个神仙，既能长生不老，又能行侠仗义。这是中国文化里面一个很独特的形象，而宣城在一定程度上成就了他的这种形象。

我想，可能还没有什么人讲过宣城的仙气。李白为什么来宣城？就是来会神仙的。宣城可以说是"一城的文化，半城的神仙"。

宣城和当时的大城市长安、洛阳、兖州、杭州、成都、南京等距离不远。当年李白应该是从水路去泾县的。那要是坐牛车马车的话，那有得走了，得走很长时间。但是，不管怎么讲，应该说，宣城在地理上基本处在当时交通比较便利的位置，这是个很重要的条件。若李白喜欢的是西藏，当时没有青藏铁路、青藏公路、川藏线，想要到达西藏游历十分艰难。所以一方面是喜欢，另一方面也有一个现实的条件。

将地图放大，可以看到宣州、扬州、南京、杭州、兖州、洛阳、长安这些城市，尤其是现在我们认为的宁沪杭，那时的金陵、扬州、杭州、宣州，是一个经济的三角区。这非常重要，钱不是万能的，但没有钱是万万不能的。李白要来宣州，应该说宣州这个城市要有一定程度的富庶和繁华。因为李白这个人很厉害，他25岁的时候离开四川，到外面闯世界，混江湖，跑到扬州去，他自己给朋友的信里面说："曩昔东游维扬，不逾一年，散金三十余万，有落魄公子，悉皆济之。"他到扬州不到一年花了三十万，且没花在自己身上。当时李白的父亲是商人，他手头

李白诗五首（清·石涛）

有些积蓄，用现在的话来说，李白的消费水平是不低的。他七度来宣城，写了 70 多首诗。李白毕竟是个大诗人，名气大得可与唐玄宗相比，所以他到了哪个地方，他充满了浪漫的天真的诗人的眼睛，有时不免略过一些钞票的颜色，而是要看一看这地方到底怎么样，不一定非得是一流的城市，一流的经济条件，但交通要便利，经济要相对富庶。李白虽是一个诗人，但也要考虑物质方面。所以一方面是喜欢，另一方面也有现实考量。

宣城有着许多的好山川，这些好的山川既能让奔波在路上追求仕途而不得的、人生失意的、倒了霉的李白和其他的诗人略略地休息一下，收拾他们疲倦的心情，同时也能激发起他们对于未来的、未知的，但确实可能美好的向往，从而写出一系列"笔落惊风雨，诗成泣鬼神"的作品，这非常重要。宣城，为什么能够哺育催发这么多的诗人写出好诗？第一，文人们来到这个地方可以休息，暂时获得一点宁静。但这是大战来临之前的寂静，他不可能永远在这儿待下去。他们获得了休息之后，宣城浪漫的气息、像仙境一样的云蒸雾绕，又激发了他们对未来的灵性的想象。宣城这种不确定的宁静，和烟雾迷蒙的仙境般的熏洗，不可能使诗人的心情完全平静，激发了他们对未来灵性的想象。这种想象是多元的，既有文学上的想象力，同时也有对美好生活的向往。对于李白这种一直在路上、在仕途宦海中沉浮的人来说，这种激发的作用是巨大的。

我们大体应该感觉到宣城是有魅力，是有诗意的，是有雨的，是有云变龙的，是能让人宁静的，是能够让人休养生息的，同时，也能蓄积你的力量和诗意的想象力。这群诗人是靠诗吃饭的，对于处所的要求很高，他们无法待在采石场里，无法待在一个枯燥、不见山不见雨的地方，这难以激发他们的想象力创造力，于他们来说，想象力就是生产力。

我们知道李白见了汪伦，汪伦没多少钱，仍拿出了不少东西，白居易更厉害，他有个好朋友叫元稹，元稹的诗也非常有名，"曾经沧海难为水，除却巫山不是云"，感情描绘得登峰造极。白居易与之关系非常要好，后来元稹去世了，按照唐代当时的要求，不免是要写一篇墓志铭的，而写墓志铭是要有润笔费的。于是元稹的家属就找到了白居易要支付润笔费，白居易因为与元稹关系十分要好，并不愿意收取元家人的润笔费，但元家人

踏歌图（南宋·马远）

却坚持要给，最后白居易只好收下了价值六七十万文的财物。白居易尚且如此，李白的经济状况就更不用说了。由此可以看出，唐代人是按照才华来支付酬劳的。

现在，宣城也在尽心地接待敬亭山这边来自各地诗会的朋友，我就在想，宣城真是个好地方，像唐人的遗风一样，为诗人的创作提供优质的保障条件。唐朝当时是很重才的，李白多次来宣城，还有一个条件，无论是宣城的官员，还是一般的老百姓，都会支持他。这也是李白来到宣城的一大原因。

唐代大概有102位诗人写过宣城，与宣城有关的作品约400多篇，这些诗人可分为几种类型：本地及寓居宣城者、任职宣城者、游历宣城者、未至宣城而诗作涉及宣城者。唐代诗人偏爱宣城，有关宣城诗作有5首以上者约20人：李白76首、吕从庆41首、杜牧36首、许浑33首、许棠19首、张乔13首、赵嘏13首、白居易10首、罗隐9首、李咸用9首、徐铉7首、史凤7首、刘禹锡6首、刘长卿6首、皎然6首、鲍溶6首、钱起5首、韦应物5首、李频5首、韩翃5首。

102位诗人写到宣城，400多首诗篇。你想想，我们现在研究者从康熙年间一直到现在搜罗的全部唐诗才不过五万首，诗人也才不过两万多人，宣城在这五万多首诗里面就占400多首。不要觉得这个比例很小，从政治上看，当时重点要写都城长安，第二是要写洛阳，第三要写扬州，第四要写襄阳，第五要写荆州，第六要写成都，还有一些重要的地方，例如写边塞，要写幽州，要写范阳，要写北庭都护府、安西都护府，安西四镇碎叶城。还有哪儿呢？长江黄河不要写吗？只写桃花潭，那太偏心了，南漪湖恨不得写上二十多篇三十多篇，不带这样的。所以从这个意义上来讲，写宣城最多的就是李白，李白歌咏宣城最多，诗中写到：敬亭山 13 次、宛溪 11 次、琴溪 6 次、谢公楼 3 次、谢公亭 5 次、水西寺 3 次。杜牧的诗中写到：开元寺 6 次、宛溪 6 次、谢公楼 3 次、水西寺 2 次。

下面介绍一下这诸多的诗里涉及宣城的有名的比较好的句子。

王维《送宇文太守赴宣城》："时赛敬亭神，复解罟师网。何处寄相思，南风吹五两。"

孟浩然《夜泊宣城界》："石逢罗刹碛，山泊敬亭幽。"

王昌龄《至南陵答皇甫岳》："与君同病复漂沦，昨夜宣城别故人。明主恩深非岁久，长江还共五溪滨。"

李白《赠崔侍郎》："长剑一杯酒，男儿方寸心。但仰山岳秀，不知江海深。"

耿湋《咏宣州笔》："落纸惊风起，摇空见露浓。丹青与文事，舍此复何从。"

韩愈《示爽》："宣城去京国，里数逾三千。"

刘禹锡《九华山歌》："君不见，敬亭之山黄索漠，兀如断岸无棱角。宣城谢守一首诗，遂使声名齐五岳。"

白居易《送刘郎中赴任苏州》："宣城独咏窗中岫，柳恽单题汀上蘋。"

许浑《送僧归敬亭山寺》："晓月下黔峡，秋风归敬亭。遥想论禅处，松阴水一瓶。"

杜牧《宣州开元寺南楼》："小楼才受一床横，终日看山酒满倾。可惜和风夜来雨，醉中虚度打窗声。"

唐人的宣城诗篇，题材广泛。而关于其他地区的诗句，题材比较集中。例如，很多唐诗描写扬州，重点就写"烟花三月下扬州""十年一觉扬州梦"，这个诗读完脑子里有一个概念，扬州这个地方很浪漫，主题比较集中。写到西域，"忽如一夜春风来，千树万树梨花开"，写的是边关冷月、边塞战士的那种艰难。写这些地区的题材都比较集中，面比较窄，而写宣城的这些诗的题材却非常广泛。诗人到了宣城之后，写景、送别、咏物、怀古，他既写豪侠也写儿女情长，他既感伤失意也修禅访道，他既写农事也关心民众。换句话说，不是因为宣城像仙境一样，我就只写仙境，而是宣城可以唤起他们广泛书写社会生活的开阔的胸怀，这是宣城对诗人自身的成就。宣城当然风光好，人情美，交通便利，经济富庶，这都是很好的条件，但是我们要探究如此多的诗人来到宣城是否完成了由风光氛围到诗兴的转换。根据这题材广泛的诗篇，我们可以看出，诗人眼中的宣城并不是只局限于敬亭山、谢朓楼，而是写了宣城乃至宣城以外的方方面面。这就说明宣城有一个很大的功能，就是我刚才讲到的，不仅能让我们的诗人得以休息，得以储存能量，同时还能激发起他对未来的更美好

雪中太白独坐楼

的想象，令诗人跨越地域上的障碍，放眼所有的题材，即使离开宣城，他们也会带着寓居宣城时的记忆继续歌咏宣城，这就成了一种记忆，这种记忆也会留在唐诗里。经过一千多年到现代就变成民族文化，而挖掘民族文化，它是一个追溯的过程，像《诗经》里说的，要溯流而上寻找民族的根。宣城起码在唐诗里边也是民族根的一部分。

从玄宗天宝十二载（753）到代宗乾元二年（759），李白的美好时光基本消失，为什么呢？从天宝十四载开始，安史之乱就爆发了。换句话说，李白跟宣城打交道是在他已经45岁、50岁以后的事情。这段时间正是他在仕途上不大顺利，其实都不能讲不大顺利，他其实跟仕途就没关系，而且又赶上安史之乱，了解这个背景非常重要，我们就知道李白为什么一而再、再而三地来宣城，他来宣城是要修复他的心灵。像李白这样理想主义大于天的人，他的心灵需要不断地得到修复，才能使它更加完整地汲取力量。那宣城就是非常重要的一个地方，为什么来宣城修复呢？天宝六载（747），李白47岁。春在扬州，旋至金陵，南下途经丹阳（今江苏省镇江市）、吴郡（今江苏省苏州市）秋到越中，往会稽吊贺知章。登天台山（今浙江省天台）。冬又返金陵。《金陵城西楼月下吟》云："金陵夜寂凉风发，独上高楼望吴越。白云映水摇空城，白露垂珠滴秋月。月下沉吟久不归，古来相接眼中稀。解道澄江净如练，令人长忆谢玄晖。"当时身在扬州的李白看到眼前的景象不由地想到谢朓，想到宣城，想到汪伦，想到桃花潭，想起来很多事情。我们在一生中最困难的时候，当然会想起爸妈，这是自然的；但是当你最困顿、最忧伤、最无助的时候，你会首先想起哪个城市呢？李白这位中国古代历史上最显赫、最耀眼的诗人，不管别人想起什么，会想起"澄江净如练，长忆谢玄晖"。

　　谢朓为什么这么令他难忘呢？因为谢朓也是个有骨气的人。谢朓是一个很高傲的贵族，"旧时王谢堂前燕，飞入寻常百姓家"。东晋时代南朝时代的王谢家族，诗人风光已经不再，但风骨仍存，"大谢小谢"都是这样，他们都不得善终。其原因就是才华太盛，傲骨太盛，据《南史·列传第九》记载："先是，朓常轻祐为人，常诣朓。朓因言有一诗，呼左右取，既而便停。裕问其故，云：'定复不急。'祐以为轻己。后及弟祀、刘汎、刘晏俱候朓，朓谓祐曰：'可谓带二江之双流。'以嘲弄之。"江祐经常来拜会谢朓，而谢朓不喜欢江祐的为人，一次，江祐请谢朓看一首诗，谢朓说回头再说吧，江祐问为什么回头再说，谢朓说："对你而言，这事情不急。"之后，江祐带着他弟弟还有另外两个人来拜会谢朓，谢朓说："可谓带二江之双流。""二江"指的是成都的两条江，旁边有两条支流，借此嘲讽江祐等人。

　　李白推崇谢朓的原因，之一是：江左名士，风流蕴藉。对李白来讲，谢朓来到宣城肯定也是江左名士风流的做派，南朝时期魏晋的风流雅士十分爱美、爱化妆，当时晋元帝手下有一位大臣，长得非常白。一次，二人在讨论问题时，晋元帝问这位大臣是不是抹粉了，大臣说没有，他是天生丽质。晋元帝不信，便让他喝下一碗热汤，看他流汗后脸上是否会有抹粉的痕迹。结果确实没有抹粉，大臣流过汗脸转成了粉红色。

　　谢朓也是这种风流雅士。那么是怎么雅法呢？当时风流雅士都崇尚吃丹药以求长生不老。但事实证明丹药不但不能长生不老还会导致短寿。鲁迅先生和北京大学王瑶教授都考证过这个问题，吃过丹药后药性发作皮肤会发痒，不能坐着，要走路，不能穿新衣，要穿旧长袍。所以什么叫风流呢？就是穿着旧衣服、拖着长袍在城墙边走来走去，远远看去飘飘若仙也。魏晋时期凡是穿着旧衣服，拖着长长的袍子，在城墙边上踱步的一定是富人，

李白诗《宣城谢朓楼饯别校书叔云》（当代·沈岩）

因为丹药十分昂贵，一般人家根本负担不起。江左风流像王羲之那些人的风气深深地影响了李白，李白十分好神仙，自然也喜爱这般打扮。李白在诗中写道："仰天大笑出门去，我辈岂是蓬蒿人。""天子呼来不上船，自称臣是酒中仙。"这样的高傲性格特征与谢朓这位清高孤傲的有学之士何其相似。

魏颢是李白的粉丝，非常崇拜李白，在长沙追随到了李白。魏颢的《李翰林集序》中记载了李白的外貌："眸子炯然，哆如饿虎，或时束带，风流蕴藉。"即李白的眼睛炯炯有神，像饿虎一样，有时候头扎束带，腰缠玉巾，也是一副飘然傲骨，倜傥模样。但李白个子不高，他自己在诗文中说："身不满七尺，而心雄万夫"，身不满七尺，在今天看来，就是一米七左右，但他的心气高洁，傲视群雄。这也暗示了李白是个多元性格。

李白这一辈子从来没参加过科举考试，没有考中过进士。李白的出身有许多疑点。唐朝的科举考试，会对科考资格进行严格审理。比如，你这个人有前科，那没戏；你家族里面有前科，那也没戏；你长得歪瓜裂枣，也没戏了。李白的祖上可能有着说不明白的某一种罪过，非常严重，或者是李白的家族内部有从事商业活动的，因为资料的缺乏，我们不能轻易下结论，但肯定李白再高傲也

李白吟行图（南宋·梁楷）

没有高傲到藐视科举制度的地步，因为科举制度对每个中国古代知识分子来讲太重要了。总之，他没参加过科举考试，这就给他造成了一个巨大的障碍，放到今天等于连大学本科生都不是，就想要做省政府的厅长，这怎么可能呢？而且李白的志向还不是做厅长，他说自己的志向是"寰区大定，海县青一"，是要让天下太平，要做宰相，但现在连大学本科生都不是。如果从学历上来讲可能就是个初中生，那你怎么做宰相？换句话说，李白是个体制外的人，体制外的人想要进入体制内难度很大。因此，无功名在身的李白顺应时代的潮流不断变化自身的角色，扮演过很多时尚的角色。

　　他擅长诗词歌赋，这是最大的资本。唐人喜欢诗，甚至将诗定为科举考试的内容。

　　他做一名侠客，"十步杀一人，千里不留行"。唐朝的法律很严格，这不是说真的杀人，就是写自己很猛，是个猛男，是个酷哥儿。时尚这个东西，一千年前是这样，一千年以后还是这样，你不酷，没人理你。若你跟这个时代的时尚距离太远，你就被人遗忘。唐代人喜欢什么？侠士的精神，不管会不会耍剑，都要在腰上配一把剑，逢人就亮一下。李白是个高级剑客，李白跟当时唐代的著名的剑客裴旻在山东习过剑。他还在诗里面把自己装扮成一个高级的侠客，非常讲义气。

　　李白也好神仙，神仙跟道教紧密联系，李白是个正宗道士。举行了七七四十九天的仪式以后，接受道箓，即文凭，他成了职业道士。唐玄宗的庙号叫玄宗，唐玄宗的妹妹玉真公主和金仙公主，特别是玉真公主就是个道士。玉真公主在李白的仕途道路上扮演非常重要的角色，因为玉真公主与元丹丘是师兄妹的关系，而元丹丘跟李白有三十多年交情。可见道士这个角色在唐代太重要，在唐代，道士相当于现代的微博博主。这有时候跟信仰有关，有时候是一种社会时尚。李白炼过丹，上过山，隐过居，演习过纵横术，也做过剑客。李白还想做苏秦、张仪的角色，施展纵横家的游说之术。所有唐代知识分子喜欢的时尚，李白全都尝试过一遍，当时得亏没有杂志，没有网络，要不然他每天的曝光率很高的。既然在体制内不能通过科举考试，实现自己的梦想，那就只能通过提高曝光率。

　　"李白乘舟将欲行，忽闻岸上踏歌声。桃花潭水深千尺，不及汪伦送我情。"这首诗当然写得很好，但绝对算不上很精致；是一首名作，但不是精品。精品诗作如"抽刀断水水更流，举杯销愁愁更愁"，这个厉害。李白写诗是脱口而出的，但是要注意，"李白乘舟将欲行"这种诗最大的优点在于流传广，一个注释都不需要有。"中间小谢又清发"中的"小谢"宣城人都知道，但是其他地区的人就不知道了，那曝光率就下降了。"李白乘舟将欲行"小学六年级的孩子都知道什么意思。"忽闻岸上踏歌声"好多人说"踏歌"是什么东西，不用管那么多，反正是在唱歌。至于是踏着唱的还是坐着唱的都没关系。"桃花潭水深千尺"小学一年级都知道是什么意思，一写出来，人人都会翻唱，这就叫曝光率，在民间的传播力强，流传范围广。

　　但李白的才华并不局限于此，他见什么样的人便写什么样的诗，如见了皇上，他写的诗便是"灞涘望长安，河阳视京县"，其中"灞涘"指的是灞水边，"白日丽飞甍"中的"甍"指的是瓦，"喧鸟覆春洲，杂英满芳甸"中的"芳甸"指的是山坡，这种诗是给中高层的知识分子读的。像《赠汪伦》这种诗是给民间百姓读的，能够迎合不同的受众群体。他的诗在民间受欢迎，在上流士族当中同样受欢迎。高明的诗传到皇宫里面去了，唐玄宗看完后说民间有好诗，唐玄宗知识程度很高了。民间的诗传到别的省份去，大家都请他去宣传，上面重视，民间也重视，但只有

李白诗《赠汪伦》（明·徐渭）

在唐朝这些诗人的作品才能换来真金白银的款待，这是很重要的。

李白在宣城多么嚣张，因为这个地方让他感到自由，他什么真话都敢讲，他到了唐玄宗身边只能写《清平乐》三首，写得很拘谨。所以宣城还有一大功能，就是诗人在别处需曲意迎合，但到了宣城可以畅所欲言，抒发真情。"长风万里送秋雁，对此可以酣高楼。"意为万里长风吹送南归的鸿雁，面对此景，正可以登上高楼开怀畅饮，不怕醉酒，不怕失言，不担心宣城人民将他的话传到朝廷，他在宣城是如此自由真诚。"蓬莱文章建安骨，中间小谢又清发"，这里的才子是实在太多了，有建安七子、曹氏父子、又有谢朓，读了他们的文章和诗"俱怀逸兴壮思飞，欲上青天览明月"，在宣城读着如此美好的文章，人就有一种飞翔的感觉，可以挣脱所有的枷锁，获得心灵的自由。但是这种自由太难了，现实情况不允许，所以在这种无比激愤和渴望自由

太白醉酒图（清·苏六朋）

的纠结矛盾中，诗人像电光火石一样发表了惊为天人的名句"抽刀断水水更流，举杯消愁愁更愁"，这样的名句的灵感是不可能再现。

伟大的诗人必然来自一个伟大、充满真善美的城市。"人生在世不称意，明朝散发弄扁舟"，人生在世，不如意者十有八九，那就披散头发，乘一叶扁舟，游五湖四海吧，去到那无穷无尽自由的境界，这就让他想起了宣城。这是一座神仙之城，也是一座自由之城。李白在宣城露出了真相，《宣州九日闻崔四侍御与宇文太守游敬亭余时登响山不同此赏醉后寄崔侍御》："九日茱萸熟，插鬓伤早白。登高望山海，满目悲古昔。远访投沙人，因为逃名客。故交竟谁在，独有崔亭伯。"九月九日登山的时候，看见山和海，想起了古代的伤心事，想起了屈原，还有谁是老朋友呢？老崔跟我是老朋友。后面发飙了，为什么发飙呢？天宝十二载跟那首诗写的同时，李白在政治上不得志，"重阳不相知，载酒任所适"，重阳节到了，带着一壶酒，走到哪算哪。"手持一枝菊，调笑二千石。日暮岸帻归，传呼隘阡陌。彤襟双白鹿，宾从何辉赫。夫子在其间，遂成云霄隔。良辰与美景，两地方虚掷。"这什么意思呢？"二千石"这是汉代的说法，相当于宰相，重阳节"我"拿着一朵菊花，就连宰相都不在眼里。宇文太守在登敬亭山，李白在登响山，他是拿宇文太守开涮：我在这儿拿着一壶酒，到处瞎逛，你那儿很热闹，到处传呼；你骑着白鹿，跟了很多的客人，我们两个是云霄之隔。你有什么了不起，态度决定行为，我就没瞧上你们，你们再高明跟我没关系，我玩我的，你玩你的。所以我们就能理解这首诗为什么会那样写了。"众鸟高飞尽，孤云独去闲。相看两不厌，只有敬亭山。"李白不把人放在眼里，只把山放眼里。"我见青山多妩媚，料青山见我应如是"，这是辛弃疾写的，其实是模仿李白的。李白把人家都不放在眼里，只把美好的景色放眼里，实际上侧面是讲他看不起这些人。为什么看不起呢？不是真的看不起，是他坐不到这个位置，心里难受。

我们中学时候，都学过《梦游天姥吟留别》这篇文章。当时李白在长安待了不到三年时间，起初皇上还挺喜欢他，后来就相看两厌了，李白个人主义比较突出，缺乏合作精神，尽管唐玄宗对他还是比较器重的，赐金放还，但李白是很失意的，所以他就满怀愤懑，漫游了十几年。当然，唐玄宗召见他这件事情对他来讲也算是一件比较光荣的事情。李白心里不痛快便去南方转一转，"海客谈瀛洲，烟涛微茫信难求……一夜飞度镜湖月。湖月照我影，送我至剡溪。谢公宿处今尚在，渌水荡漾清猿啼。脚著谢公屐，身登青云梯"，像个小飞仙一样，飞过一片湖水，飞过一片高山，又登上一片山。"半壁见海日，空中闻天鸡"，什么都看见了，变成了神仙了，神仙来了，老虎也来了，什么都来了，李白本就是游仙的，梦中游仙写得那么好。大家想李白这次终于把一颗心放下了，不再计较这件事情，也不再纠结了，从此变成一个自由的飞仙，这是最好的，专心专意的做一个侠客，结果最

敬亭霁色图（清·梅清）

后写了一句"安能摧眉折腰事权贵，使我不得开心颜"——愤懑一下爆发出来。"怎么能够让我去伺候你们这帮官老爷，让我自己不高兴？"这是埋怨唐玄宗：都过去十几年了，我这么优秀，宣城人这么爱我，我写了这么多诗，你瞎了眼睛认不清我这么优秀吗？李白很着急，年龄不等人，过了提拔的年龄就来不及了。虽然唐代的退休年龄是70多岁，但李白当时已经快60岁了，时不我待。宣城对他很重要，他在这里放了很多狂话。一方面，这些狂话让他的诗很有风采，另一方面这也是一种疗伤。

李白还写了一些修道的诗，"敬亭一回首，目尽天南端"，显示出诗人的浪漫。敬亭山实际上并没有那么高，诗人用夸张的手法表达对敬亭山的喜爱，与敬亭山的实际高度关系不大。例如诗人描写天姥山，"天姥连天向天横，势拔五岳掩赤城"，而天姥山实际上也没有那么高，"桃花潭水深千尺"中桃花潭水深并没有千尺。"敬亭一回首，目尽天南端。仙者五六人，常闻此游盘。溪流琴高水，石耸麻姑坛。白龙降陵阳，黄鹤呼子安。羽化骑日月，云行翼鸳鸾。下视宇宙间，四溟皆波澜"。诗人到了敬亭山，看见了白龙、黄鹤、鸾凤，他还能骑上日月，看到了宇宙，看到了四海波澜。"百岁落半途，前期浩漫漫。强食不成味，清晨起长叹。愿随子明去，炼火烧金丹。"写得太好了！宣城在李白的眼里真是完美的城市，到了这里一切都可以想象，一切都可以实现，一切都可以成为自己走向未来的阶梯。

"我来采菖蒲，服食可延年"，这首诗是李白在嵩山写的。菖蒲和艾草是古代用来辟邪的一种草，九月九日或者是端午的时候，人们喜欢把菖蒲和艾草插在门上。据说食用菖蒲十天可以有助于消化——注意这是中医的范畴——两个月以后不会得冷疾，如拉肚子，三个月以后百病痊愈，四年以后精神充沛，五年以后骨髓充盈，六年以后面色光泽犹如童子，七年以后白发变黑，八年以后长出新的牙齿，九年以后皮肤细腻光滑，十年以后面若桃花，然后长生不老。总之，人们活一辈子，总是要有点精神。我们现在工作这么累、这么忙，也还是要有点精神，没有精神也强打精神。宣城这个地方，就是给了人们一点精神力量。我觉得这个蛮重要，要不然这么多诗人为什么写它呢？

白居易虽然不是宣城人，但和这里有是有缘分的。他的叔父在宣州的溧水做过县令，白居易来到叔父白季康（时任宣州溧水县令）府上。当时的宣歙池观察使是崔衍，崔衍和白居易的大哥是很好的朋友。崔衍很赏识他，就让他在宣城读书，而且让他参加当年宣州的乡贡考试。

白居易为什么到宣州来呢？不是因为宣州的风光好、宣州的神仙多，而是因为他在这个地方有熟悉的人。宣州的领导和他的大哥很熟悉，他的叔父又是宣州的一个小官，所以呢，他来这里参加乡贡考试，有点类似于我们现在的考试移民。

白居易确实是一个天才，他后来说自己"昼课赋，夜课书，间又课诗"。白天晚上都看书，也登敬亭山、游宛溪，看了很多地方。白居易是一个不简单的人，乡贡考试的时候，出的考题就

出自谢朓的诗。《郡内高斋闲望答吕法曹诗》中选出"窗中列远
岫，庭际俯乔林"，要求就"窗中列远岫"这句诗自己再作一首。
白居易就写下这样的诗篇："天静秋山好，窗开晓翠通。遥怜峰
窈窕，不隔竹朦胧。万点当虚室，千重叠远空。列檐攒秀气，缘
隙助清风。碧爱新晴后，明宜反照中。宣城郡斋在，望与古时
同。"这首诗写得很规矩，因为乡贡考试是不能乱来的，要严格
地按照五言律诗的格律来写。白居易在这方面是个天才，他考试
时的作文是唐代时的范文。他顺利通过了乡贡考试之后，就获得
了去长安参加省试的资格。

贞元十六年秋，白居易中进士第后又来宣城，拜谢崔衍，在
给崔衍的诗里他写道："身忝乡人荐，名因国士推。提携增善价，
拂试长妍姿。"意思说就是因为您推荐了我，所以我才能得到现
在的这一切。此外，他还写了《吊李白墓》等等。

宣城是白居易一生的重要转折地，所以他步入仕途以后，
仍对宣城念念不忘。后来即便他人不在宣城，仍然在他的许多
诗作中都有所表现，比方说："郎署回翔何水部，江湖留滞谢宣
城"（《和梦得》）"履道凄凉新第宅，宣城零落旧笙歌"（《与
梦得偶同到敦诗宅，感而题壁》）"宣城独咏窗中岫，柳恽单
题汀上蘋"（《送刘郎中赴任苏州》）"再喜宣城章句动，飞觞
遥贺敬亭山"（《宣州崔大夫阁老忽以近诗数十首见示吟讽之
下……郡斋》）等等。

他有很多诗写到宣城，白居易和李白不一样，李白是多次来

白居易诗《琵琶行》局部（明·董其昌）

到宣城，而白居易后来做了官以后就很少再来到宣城，但诗中仍很多次写到了宣城。白居易非常厉害，在唐朝，在国际上的影响力，白居易要远远超过李白。

白居易中了进士以后，就在长安的一个郊区的盩厔任县尉，相当于今天公安局长。他当时也就才三十一岁左右，就是在这里他写了著名的《长恨歌》。张爱玲说得好"出名要趁早"。白居易就是出名出得很早，现在看唐诗，大部分诗人如果到三十岁还写不出一首名满天下的诗，就该改行干别的了。而他就是在三十岁出头写了这样一首《长恨歌》，名声大噪。到了三十四五岁的时候就被皇帝召到宫中做了翰林学士。他在任翰林学士的时候写了哪些诗呢？我们知道其中非常有名的《卖炭翁》《新乐府五十首》。后来我们都知道他得罪了权贵被贬到江州，他当时已经四十岁左右了，写了著名的《琵琶行》，后来又去杭州做刺史，修筑了著名的白堤。

白居易是个非常自负的人，他给好朋友元稹写了一封信《与元九书》。他说，作为一个官员，写诗要有助于圣化、王化、有助于服务国家，服务朝廷。他认为从这个标准来衡量的话，只有一个作品符合标准，那就是《诗经》。然后他一个一个分析，如屈原的诗埋怨太多、牢骚太多，司马迁更不算，再往下，李白的诗虽写得好，但不符合标准，杜甫揭露太多阴暗面，也不算，最后说到只有他自己是符合标准的。信中还说道："仆始生六七月时，乳母抱弄于书屏下，有指'之'字、'无'字示仆者，仆口未能言，心已默识。后有问此二字者，虽百十其试，而指之不差"。意思就是自己自小便天赋异禀，六七个月就能听清大人的话。

白居易说这些也是为了佐证自己很厉害，但这还不是最主要的，最主要的是他到了一岁的时候，就会认字，两三岁的时候，就通声律，到了四五岁开始写诗，十几岁的时候开始参加童子试，到二十多岁的时候，就考中进士。他说二十多岁考中进士不算什么。但实际上，唐代有说法叫"三十老明经，五十少进士"，科举考试有很多科目，明经科、进士科是当官的，还有道科是当道士，还有算科、律科。进士科的考题类似于"论李白诗歌艺术的成就"，明经科的题目类似于完形填空，"李白乘舟将欲行"再填上下面的空。所以三十岁考取明经科是年龄比较大的了，而五十岁考取了进士都算年龄小的。唐朝的进士科非常难考。唐朝290年的历史，人口保守算有五六千万，考中进士科的不到一万人。到了宋代，考中进士的人数达到十万人，但是宋代的人口是一个亿，而且经过了320年的时间。每届唐代的科举进士科就录取那么三五个人，最多不过二三十人，全部都是凤毛麟角最精英的人才。唐朝之所以考进士的这么少，还是因为经济还是不够发达，做官除了扣除一点个人所得税以外，意味着不用种地、不用服兵役、不用修水库，所以也能看出来唐朝当时的经济是不如宋朝的。

白居易在给元稹写的信里还说了自己的诗流传度很高，举了一个例子，有一个贵族要买歌姬，他比较困惑要选择哪一位歌姬，其中有一个歌姬就说"我会背白居易的《长恨歌》，我要求我的价格比别人的高三倍"。大家不要觉得奇怪，要知道唐代的时候还没有印刷品，当时虽有雕版印刷术，但只能用来印三样东西，用来印佛经、印立法、印一些官家的文书。所以在唐代，绝大部分的书都是抄出来的，因而一本书的价格很贵，有文化也就意味着一种垄断力。所以这位歌姬说自己会背《长恨歌》，意味着她有钱能够买来这本诗。当时朝鲜的宰相要买白居易的诗，一首诗一两黄金呢。

　　元稹到通州去做官，走到一个学校外面，看到很多小孩在背诗，就过去问："你们在背谁的诗呀？"孩子们回答："我们在背元微之和白乐天的诗。"元微之就是元稹，于是元稹就得意地给白居易写信说："他们还不知道，我就站在他们跟前。"据元稹回忆在那个年代，他和白居易的诗在墙上、柱子上、洗手间、宾馆、饭店等等一切有书写载体的地方都能看到，他自己说有诗以来，从来没有人的诗流传这么广。从这里大家就能看得出来，咱们宣城人对唐代诗歌普及作了多大贡献。

　　李白的诗是雅俗皆有，白居易是妇孺皆知。所以说一个人有才华，就一定是时代的骄子。白居易的《长恨歌》和《琵琶行》在后来影响非常大。虽然这两首诗的创作跟宣城没有关系，但是白居易的人生历程是在宣城的时候奠定的。

　　还有一位诗人——杜牧，人称小杜。他和宣城结缘最主要的一次是唐文宗大和四年（830），跟随当时的宣歙观察使沈传师来到宣州。

　　杜牧也是风流才子，但他最有名的诗篇大概就是我们都熟知的《阿房宫赋》。并且这是他二十三岁时候写的。写完之后，他的老师，时任太学博士的吴武陵，找到当年的主考官崔郾，说有件事情要找他。崔郾问老师有什么吩咐，吴武陵就把杜牧所写的《阿房宫赋》给他，崔郾看完非常高兴，赞叹这个作者很有才华。

　　这里要插一句，唐代的科举没有那么严格，总有很多插曲，专业术语叫温卷，也就是说科举考试之前，你可以带上你以前写

《张好好诗并序》局部（唐·杜牧）

得好的东西交给主考官，让他熟悉你的情况，不完全属于作弊。但是唐朝是一个门阀和贵族意识比较重的社会，因此往往在科举考试之前就内定了很多东西。吴武陵就说："怎么样，给他做个状元吧！"大家不要觉得这是作弊走后门，因为他不是拿着烟、拿着酒找关系，而是拿着自己的作品。没想到崔郾面露难色，说："状元已经有人选了。"吴武陵就说"算了"，说罢就要走。崔郾说："别别，作品很好，我还要细细品呢，有话好说嘛！"吴武陵就说："只能前五名，没得商量。"崔郾说："好，没问题。但我听说杜牧这个人虽然才华很高，但生活有点放浪。"吴武陵说："《阿房宫赋》在这儿放着，你自己看着办吧。"

　　崔郾很欣赏《阿房宫赋》，舍不得放弃，只好答应。崔郾回过头来处理这个事情的时候，旁边立刻有人说："你不应该答应他，听说杜牧这人，才华是有的，只是品德方面有点欠缺。"崔郾说："今天是君子一诺，而且我相信杜牧这个人是有才华的。"就这样，杜牧后来中了科举的进士。

　　杜牧和宣城还真是很有渊源，他在宣城期间，是做宣歙观察使的幕僚，做幕僚期间，他去了一趟湖州，遇见了一个非常美丽的女子，并定下了十年之约，为此他后来还写了一首《叹花》感怀此事。这是怎么回事呢？

　　他到湖州去和朋友游玩，在游人之中，他看到一个老太太带着一个小女孩，那个小女孩才十几岁，长得非常漂亮，他便叫来那对母女，对那个老妇人说你们家闺女长得太漂亮，我很想娶她。当时的杜牧年龄也不大，大概是三十六七岁。他又对老太太说："你放心，我不会在她这么小的时候娶她，我们有十年之约，

杜秋图卷局部（元·周朗）

十年之后，她长大了，我一定会来做湖州刺史的，到时候我来娶她。"老太太说没问题。

但是官场怎么会跟情场一样呢，官场又不是能自己左右的。在这之后，杜牧辗转于各种不同的城市，最后到他47岁的时候，他经过三次申请，到了湖州做了刺史，已经十四年过去，当年的小女孩早嫁人了，孩子都两岁了。为此，杜牧伤心欲绝，写下了一首著名的诗，叫《叹花》。从这件事里我们能看出，杜牧是一个多情的人，不过实事求是地说，他多次请求来湖州，肯定不是只为了这个女孩，而是有很多复杂的政治上的经济上的原因。

还有另外一件事，沈传师，大概可以说是杜牧的领导，他有个弟弟叫沈述师，沈述师和沈传师走的不是一个路径，弟弟是个文人，担任当时唐朝集贤殿的学士，类似于现在中科院的院士。沈述师和杜牧的关系很好，与李贺的关系也很好。

有一天晚上，还是在宣城，杜牧在值班，快睡觉的时候突然听到外面有人喊有"特快专递"，杜牧立刻点上灯，看到原来是沈述师给他写的一封信，信中说到一件很伤感的事。沈述师说："李贺和我是多年好友，我们曾经在一起吃饭、饮酒、游玩、作诗，无所不为，做了很多很有趣的事，但是李贺死得早，就把他的遗稿给我，让我为他编一个集子，但是我在多地做官，事务繁忙，就把这个稿子弄丢了。但是我昨晚喝完酒，突然想到这个遗稿，于是起来翻书架，找到了李贺的诗，于是我看着这些遗稿不免掉眼泪，想到我们当年在一起时的各种情景。想到朋友的遗愿还未实现，自己实在不配做人。我现在要整理这本集子，就需要有个名人来为它写个序，就想请你来写。"

第二天早上杜牧就给他回了一封信，说李贺可不是一般人，自己怎么能给他的遗作写序呢。过了几日，杜牧深思沈述师的话，就想：第一，自己很了解李贺；第二呢，自己也是个诗人，对李贺的长处和短处是很了解的，但是这个事还得再想一想。于是杜牧又给沈述师写信，说这个事他想来想去觉得做不得，但是沈直接回他："你要是不写就是看不起我。"

杜牧因此不敢推辞，最后洋洋洒洒地写了一大篇，写得非常棒，说李贺的诗是"骚之苗裔"，文采斐然，同时也指出他缺乏《离骚》那种"言及君臣理乱"的思路，内涵不足，但是在文采上超过了他。而内涵不足也是因为李贺太年轻，于是他又添了一句："世皆曰：使贺且未死，少加以理，奴仆命《骚》可也。"意

杜牧诗意图（清·吴穀祥）

思就是，如果李贺活得时间再长一点，他一定是超过屈原的。

这是杜牧和宣城的亲密接触，以这次事情最为典型。除此之外，他还写了很多诗，比如说《题宣城开元寺》，这个现象也很有趣，李白拼命地写谢脁楼，拼命地写敬亭山，而杜牧是写了很多的开元寺，而且写得特别好。

南朝谢脁城，东吴最深处。亡国去如鸿，遗寺茂烟坞。楼飞九十尺，廊环四百柱。高高下下中，风绕松桂树。青苔照朱阁，白鸟两相语。溪声入僧梦，月色晖粉堵。阅景无旦夕，凭阑有今古。留我酒一樽，前山看春雨。

再比如《题宣州开元寺水阁阁下宛溪夹溪居人》：

六朝文物草连空，天淡云闲今古同。鸟去鸟来山色里，人歌人哭水声中。深秋帘幕千家雨，落日楼台一笛风。惆怅无日见范蠡，参差烟树五湖东。

还有很多诗都写得很好，就不一一列举了。

唐宪宗元和七年，范传正曾任宣歙观察使，他是李白的超级粉丝，而且他的父亲和李白有过交集，这使得他对李白有特别的情感。他在这里任职时，做的第一件事就是找到李白的墓，并将李白的墓迁于青山，而且寻到李白的孙女，为他们改善生活，重

宣城开元景德寺塔

新树立了李白的墓碑。大家可以看到墓碑上的全文，我在这里摘录一点，用白话文的方式说给大家：

我和李白都是唐朝人，只是年代有先后，经常在我们家族前辈人的记录里，看到我的父祖辈曾与李白在浔阳（今九江）有晚上喝酒宴会的诗，知道我们家和李白是有世交的，所以早年曾经吟诵过李白的诗篇。承蒙圣上恩典，让我来到这里做官，所以我按照前人的记载，找到李白的坟墓，就在当涂县，就让当地的县令和官员准备打扫清理他的坟墓，而且拜访他的子孙，想要慰问，找了三四年，找到了他的两个孙女，一个嫁给了陈云，一个嫁给了刘劝，这两个人都是农民。我见到她们的打扮穿着都非常朴素，但是应答非常地闲雅，好像还有她们祖父的德行。她们说，李白的儿子伯禽在唐德宗贞元八年就去世了，一辈子没有做过官。她们还有个兄长，也就是李白的孙子，出去漫游十几年都不曾回来。因而她们也成了穷农民，生活没有保障。她们继续说："不是我们不懂得种田，也不是我们不懂得纺布，是我们没有生活资料的来源，没有办法我们只有嫁给农夫，无非是为了保一条性命而已。我们从来不会跟别人说我们是李白的孙女，因为害怕别人知道了，说我们有辱门风。今天是你们非要我们来，于是见了你把实情相告。"说着说着，她们就掉下眼泪。

范传正听了以后非常难过。这两个孙女又说："我们的爷爷的志向是向往青山，但是临死的时候出于有很多复杂的原因葬在了龙山的东边。地方虽然离得近，但并非我爷爷的本意，所以坟墓虽然有一米高，但是没有人看护，已经颓败了，希望政府能出面保护一下。范传正听了非常同情，立刻落实下去，命令当涂县令诸葛纵谋算这件事，恰好诸葛纵既是个热心的人也喜欢诗歌，他回去之后就勘察地形、看风水，选中地点，于元和十二年（817）迁了李白的墓，遂了他的心愿。新坟离旧坟六里路，离马路只有三百步，北边靠着青山。把这件事落实了以后，范传正又找到两个孙女，要改变她们的身份，让她们做士族，摆脱农民的身份。结果两个孙女说：夫妻在于缘分，我们在孤苦无依的时候嫁给这两个农民，仰仗着他们支撑我们的生活，如果我们现在要为了好一点的生活要离开他们，我们有什么脸面去地底下去见祖父呢？"范传正听了这话，感叹：不愧是李白的后人啊！于是就帮助她们减免赋税。因为现在士大夫去世都要在墓边立个碑，撰墓志，范传正说自己没有才华也缺乏力量，那么只好做两块新墓碑铭，一块立于坟前，一块立于道边，让天下所有读书人都到这里来，让李白的声名远播天下。

"文集二十卷，或得之于时之文士，或得之于宗族，编辑断简，以行于代。"因为这个碑文前面还要加一篇序，同时还要整理李白的文集。可以看出范传正一共做了三件事：第一件事是寻访李白的后人；第二件事是把李白的坟迁到青山；第三件事就是整理李白的诗集。这些都是他任宣歙观察使时，在宣州做的事情。

总结一下我们今天讲的。李白，是在宣城写诗最多的人，白居易是在读书期间寓居宣城，杜牧是在宣城做官，并为李贺写了一篇序。范传正是做了一件利在千秋、功德无量的事情。由此可以看出，宣城在唐朝发生了太多动人的故事。现在便成了一种非常深厚的、有神韵的传统。一个城市和人一样，它有自己独特的性格和气质，不管如今的宣城在经济上是不是能比得上上海，也不管这里的大学比北京少多少，最重要的是这个城市拥有什么样的传统、什么样的气质，只有拥有这些传统和气质才能拥有未来。

在这里列举的唐代的名人也很有意思，李白是盛唐的人，范传正和白居易是中唐的人，杜牧是晚唐的人。这一批著名的人，官员也罢，知识分子也罢，诗人也罢，他们都有共同点，就是都极富有才华。宣城的官员、老百姓对这些有才华的人都非常地善待，不仅善待他们，而且给他们展示才华的机会。另外这些人还都很有道德，都极富于情感，在他们那个时代，他们是在建设他们的当代文化，我们现在也要建设我们当代宣城的文化。

怎么建设呢？我们不能抛开传统，今天我们只说了唐代的文化，还有后面的很多文化都没有提，所以我觉得建设文化的宣城，或者说诗歌的宣城、人文的宣城，抑或是神仙的宣城——总之，一个有文化内涵的宣城应该成为宣城文化战略，也应该成为宣城走出安徽、走向全国，甚至扬名海外的一个非常重要的手段。我们今天讲宣城的文化，讲宣城的传统，是为了塑造，是为了弘扬，是为了走向未来的宣城。每个宣城人都应该为自己的文化传统和过去而感到骄傲自豪，我们也肯定会为宣城的未来和明天感到无上荣光！

山水佳作（清·梅清）

唐诗说宣城"岁贡"

蒙曼
中央民族大学历史学院
教授 博士生导师

我们从小就学李白的诗，"相看两不厌，只有敬亭山"，"桃花潭水深千尺，不及汪伦送我情"。我们对于宣城的认识，对于中国壮丽河山的认识，甚至对于中国优美人情的认识，都是从这些诗开始启蒙的。

宣城我想说这样两句话：第一，宣城是唐朝最富庶的地区之一；第二，宣城是唐朝最风雅的地区之一。

"朝圣之旅"——宣城

来宣城对于我来说是一次朝圣之旅。为什么叫朝圣？朝的是谁的圣呢？朝的是李白的圣，再借着李白朝一朝谢朓的圣。我们从小就学李白的诗，"相看两不厌，只有敬亭山"，"桃花潭水深千尺，不及汪伦送我情"。我们对于宣城的认识，对于中国壮丽河山的认识，甚至对于中国优美人情的认识，都是从这些诗开始的。

李白是唐代诗人的杰出代表，诗仙，第一号大诗人。大家都知道李白这个人非常傲岸，一辈子谁也不服气，傲岸到什么程度？传说"贵妃磨墨，力士脱靴"，他睥睨杨贵妃和高力士还不够，"天子呼来不上船，自称臣是酒中仙"，连唐玄宗这样大名鼎鼎的皇帝他也不放在眼里。但是我们都知道，李白是"一生低首谢宣城"，谢朓是李白的精神偶像。

谢朓的《游敬亭山诗》一出，敬亭山这样的一个小山，据说海拔300米，赢得了和五岳齐名的一种光彩。所以能看出山水的力量很强大，文化的力量更大。因为我们是人，人的第一属性是精神属性。所以到这儿来，首先是朝圣，来朝我们精神上的圣人。

另外，我觉得我跟宣城还有渊源，什么渊源呢？别看我是第一次到宣城来，我觉得这对我来说也算一个寻根之旅。寻什么根？我们姓蒙，现在是一个小姓，小到什么程度呢？据最近一次人口统计，我们一共是 64.5 万人，这 64.5 万人里头，历史上那真是跟张、王、李、赵没法比，人家出很多皇帝、大臣、文臣、武将，而姓蒙的，一说就是秦朝大将蒙恬，蒙恬偏偏跟宣城还有关系。据说蒙恬伐楚路过中山，然后因为中山老兔的紫毫产生灵感，发明毛笔，所以有了毛笔的绵延不绝的传承。现在的宣笔也是宣城的一个骄傲。所以我也算是追随先人的步伐来探访文房四宝的踪迹。文房四宝对于文人来讲，它的意义犹如战马之于良将，犹如坦克、航空母舰之于现代军事。

圣也罢，根也罢，对于中国人来讲，这是最重要的东西。根，那是我们的祖先，圣那是我们精神上的祖先。所以我说到宣城来，能把这两点找到，本身对我是一个特别荣幸的事。

释义"唐诗说宣城'岁贡'"

到宣城来跟大家说什么呢？协商之下，起的题目就是"唐诗说宣城'岁贡'"。

为什么从唐诗说起？因为宣城就是诗国，敬亭山就是江南诗山。从诗的角度来看，在所有的山山水水之中，应该说敬亭山得

敬亭秋图（近现代·傅抱石）

到的赞美是最多的。昨天我还在翻《江南诗山》这本书，而且以诗证史是中国研究历史的一个传统。所以与其从唐史说，不如借地方文化的力量，从唐诗说，从唐诗里我们就能看到一个特别多彩璀璨的宣城。

那说宣城的什么呢？说宣城的"岁贡"。"岁贡"是什么？"岁贡"就是"土贡"。我们知道中国古代有所谓"贡赋制度"，"赋"是什么？"赋"最早就是"军赋"，"军赋"是什么呢？你比方说西周分封各个诸侯国，诸侯国对西周有什么义务？首先就得有追随打仗的义务。比方说周文王也好，周武王也好，他想攻打什么地方，诸侯国要做什么样的贡献，出兵范围有多大，分到多少兵员，这个叫"军赋"。"军赋"之外是什么？"军赋"之外就是"土贡"。"土贡"是什么呢？土贡就是土特产。比方说北京如果现在还有"土贡制度"的话，给中央贡什么？贡京白梨，贡烤鸭，还贡什么呢？其实现在还可以贡一些高科技产品，把中关村的那些产品都可以贡上去。如果是宣城，今天贡什么？那肯定先贡宣纸，红星宣纸，文房四宝都可以贡上去。如果中央对更活泼的东西有兴趣的话，还可以贡扬子鳄，像古代贡麒麟一样，把扬子鳄和宣纸一块贡上去，这个东西很有意思。

虽然后来"贡赋制度"慢慢被"赋税制度"代替了。但是在中国古代，"贡"一直是存在的，哪怕你给中央交了各种税收之后，这个"贡"仍然一直存在。"贡"的意义在哪里？"贡"的意义除了他的经济意义之外，还能够让领导、让远在千里之外的君王了解一个地方的风土人情，了解一个地方独特的文化。

那我们今天讲这个"贡"也是首先从这个角度讲，我们来看看宣城最适宜出产什么东西？宣城本土的资源是什么？为什么我们今天还要了解过去

蝙蝠纹金饰（现藏宣城市博物馆）

土贡里所谈到的本土资源呢？因为史学有一个重要的功效叫做"鉴往知来"，鉴往为什么能够知来？我是做历史研究的，做隋唐史研究，他人对我的介绍的就是我的历史，所以大家因为我的介绍，对我的未来有了预期。即使大家今天都没有看到这个题目，也知道我还是跟大家讲历史的。如果换一个方式介绍，说蒙曼老师刚刚参加过星光大道，而且获得了季冠军，然后又经过奋力拼搏成为年度总冠军。大家想想，期望值是不是会变？即使我现在的题目仍然是《唐诗说宣城"岁贡"》，大家肯定希望我在讲课之余还要穿插劲歌一曲、热舞一支。为什么鉴往可以知来，看一个人的历史，对一个人的未来方向就有一种大略的猜测。而且个人也总是根据自己的历史情况对未来做一种大概方向性的规划的。

宣城的土特产意味着什么？首先就意味着我们摸清现在的热点之后，能够对未来的发展方向做一个预期。其次，为什么要说"土贡"？"土贡"，刚才我说是土特产，土特产里其实包含两种东西，一种是直接从土里长出来的东西，比方说江南宜茶，江南就贡茶，北方则很少有贡茶的，因为北方的水土不宜茶树的生长。但是还有一些不是从土里长出来的，是从人的头脑里长出来的。前面也提到这个事情，如果北京现在给中央做"岁贡"的话，除了贡北京烤鸭之外，还可以贡一贡中关村。中关村不是从北京的土里长出来的，是从北京人的头脑中长出来的。宣城岁贡也是一样，一定有从这里的土地长出来的东西，但也一定有不是土里长出来、要靠人的头脑才能长出来的东西。这两个哪个更重要？不好讲，至少是并重。一般我们看各地的"土贡"情况，如果直接从土里长出来的东西占绝大多数的话，那意味着什么？意味着这个地方还比较不发达。在中国古代也是这样，如果岁贡主体上都是土里能长出来的，就意味着这个地区比较不发达，人的精神创造力比较差一点。如果说这个地方的"土贡"是各种各样的工业品，当然传统都是手工业品，那就说明这个地方它的能量要高一些。后面我们也要看看宣城的"岁贡"是什么样的情况，看看宣城是更要靠头脑，还是更要靠土壤，还是说头脑和脚下的土壤本来就是并重的。

好，我这就是做一个小的开场。在进一步展开之前，我先说说为什么我要用唐诗说宣城岁贡。

地位、岁贡和未来

我想我分三个小的主题说。

第一个是宣城在唐朝的地位，宣城在唐朝到底是一个什么样的状况？地位是什么？它值得不值得说？这是第一个问题。第二个，宣城岁贡到底有什么？分门别类来看，宣城向朝廷在贡献些什么样的产品？这些产品到底在当时意味着什么？第三个问题就是鉴往知来，我们从这些岁贡里怎么样看宣城的未来？宣城在唐朝的地位和在唐朝的岁贡引领我们看到的宣城状况，在这个基础

唐宣州行政区域图

上起步，展望一下宣城的美好未来。

　　所以，一共就是三部分：地位、岁贡和未来。

　　我们先说地位，宣城在唐朝到底是什么地位呢？我想说这样两句话：第一，宣城是唐朝最富庶的地区之一；第二，宣城是唐朝最风雅的地区之一。

　　说富庶，我们今天讲富庶就讲总产值，讲 GDP。唐朝的时候不对 GDP 进行统计，整个中国古代都没有这样的统计。但是中国古代讲一个地方有钱没钱，其实最重要的是看两个指标，第一个是赋税的状况，第二个是人口的状况。一个地方如果人多，又是物阜民丰，这个地方一定承载力很好，怎么叫承载力好？能够养活起这么多人才会有人，所以人口是一个地方发达不发达的重要标志。还有一个就是直接看赋税，赋税如果在全国占的比重大，当然这个地方就有钱。

唐朝的时候，宣城赋税能有多少？赋税总量因为现在没有办法比，首先唐朝统计不清，另外当时的价值和现在的价值是没有办法比的。所以我们不看一个总量，我们看它当时的程度。按照《新唐书》的记载，安史之乱之后，宣城在唐朝的贡赋水准仅次于浙东浙西。浙东是苏南、浙江北部、上海，这都是属于当时的浙东道。浙江的南部即现在的宁波、温州、台州还有福建的一部分，这属于浙西。苏南、浙北、浙南毫无疑问是现在经济最发达的地方。安史之乱之后，这是不是唐朝经济最发达的地方？也是，号称东南八道，能够养活安史之乱之后残破的唐朝，主要靠的也是这部分地区。当时宣州的赋税数量是仅次于浙东浙西的，也就是说仅次于现在以苏州为中心的这块区域和以杭州为中心的这块区域，我们排了三个地位，这是经济一个很重要的指标。

再来看人口。宣州人口在《新唐书》的记载是 88 万人。88 万人是什么概念？肯定有朋友讲，还不如现在多，当然不如现在多，我们现在是 280 多万，但是现在过去 1 000 多年了，中国人口总量已经从唐朝的 5 000 万跃升到现在的 14 亿多了。宣州的人口没有那么大的发展。

用当时跟今天比，其实本来就没道理。因为今天宣城的行政范围和当时唐朝宣州的范围已经不一样了。所以你要这样讲，本身是不确切的。看跟当时比，当时宣州这 88 万人口意味着什么？我们跟两个地方比，第一个跟长安比，长安是首都，当时人口是 100 万。在人类进入近代社会以前，全世界范围内进入近代以前，唯一一个人口能够达到百万的城市就是长安。长安 100 万，宣州是 88 万，意味着什么？没差多少。现在一对比，差距就很大了。现在宣州是 200 多万，北京常住人口 2 200 多万，这是保守数字。社科院人口所曾经有这样的统计：北京实际上现在容纳的人口是 3 800 万。那显然现在已经没有办法和首都这样比了。

跟首都比也不公平，首都有很多优质的资源。拿一个地方城市和首都比本身是不公正的。那地方跟地方比，宣州人口是 88 万，跟谁比？跟扬州比，扬州当时是 46 万，差不多是宣州的一半。为什么跟扬州比？因为扬州厉害，唐朝的扬州地位是什么样？很多人都知道有个说法叫做"扬一益二"，天下要说富庶，扬州是第一车马繁华之地，"益"——成都——那是第二号。可是作为天下老大的扬州，"腰缠十万贯，骑鹤下扬州"的扬州才仅仅有 46 万人口，宣州人口就有 88 万，从这个人口数字也能看出来当时宣州的经济承载力。所以宣州的第一个定位，就是唐朝最富庶的地区之一。

宣州不仅仅是最富庶的地方，它还是最风雅的地区之一。怎么叫风雅？现在有研究者对现在的宣城，当年的宣州，进行统计。统计出来与宣州有关的唐诗是 298 首，298 首到底意味着什么？比一比才能知道，凡涉及数字必须要比，全唐诗一共有差不多是 42 800 首诗，唐朝稳定时期一共有 360 个州，如果按平均值的话，一个州应该摊上 100 多首诗。但是跟宣州有关的唐诗是 298 首，是平均数字乘以 2 还得多。这是从诗的数量上讲，那再从诗人的数量上考虑，全唐诗记载了差不多 2 800 多位诗人，2 800 多位诗人里头跟宣城有关的诗人有 163 位。

那大家一看这个比例就更突出了，非常非常多的诗人，比其他的州的平均数额多上十倍以上的诗人都跟宣城有关系。

除了拼数量之外，宣城一定要拼质量。宣城的诗和宣城诗人的质量在唐朝那绝对是首屈一指。什么叫首屈一指？有不少顶级诗人在宣城生活过而且创作过。顶级诗人——第一个就是李白，而且李白在宣城作诗是 78 首，居所有给宣城写过诗的诗人之冠。

李白（701—762），唐代伟大的浪漫主义诗人，被后人誉为"诗仙"

而且李白有相当多的名作是讲宣城的，"江城如画里""相看两不厌""弃我去者，昨日之日不可留"等等，这些好诗都是讲宣城的，宣城人都会背李白的诗，昨天我就领教过了，昨天敬亭山管委会的同志陪我一路聊，聊的全都是李白的诗，比我知道得多，比我背得也熟，所以我想李白不用多说。

韩愈也是宣城成长起来的鼎

青年韩愈塑像

鼎大名的人物。韩愈诗很好，但是文章更好。所谓"文起八代之衰，道济天下之溺"，古文运动的领军人物，唐宋八大家之首，跟宣城的关系是什么？韩愈的童年、少年时代就是在宣城度过的，现在韩家还有后人住在宣城而且当时韩愈虽然是文章不得了，但是家里人丁不旺，韩氏两世仅此二人——韩愈和他的侄子韩老成，两个人都由韩愈的嫂子抚养长大。孤儿寡妇在唐朝后期特别动荡的历史条件下，何处安身？韩愈的嫂子选择了到宣城来安身。就在这，韩愈初步观察了这个世界，初步观察了那个时代，然后得出了一个重要的结论——"文以载道"，写文章不是要单单吟风弄月，文人要担负起天下的责任来。而且韩愈深切领略到人伦的重要性。我们中国文化就是讲人伦的，我们是一个人情社会。不要一听人情社会，就觉得不太好，中国的人情是非常温暖的，韩愈是由嫂子抚养长大，跟侄子关系特别好。所以韩愈后来在他侄子去世之后写过一篇《祭十二郎文》，号称是中国祭文的首篇，而且在抒情性散文，包括叙事性散文之中占的分量很重，重到什么程度？

　　别人是这样讲的，一共有三篇散文在中国历史上非常有名气："读《出师表》而不落泪者不忠，读《陈情表》而不落泪者不孝，读《祭十二郎文》而不落泪者不慈"。谁要是看到诸葛亮的《出师表》"臣本布衣，躬耕于南阳"，然后没有什么感觉，读到"鞠躬尽瘁，死而后已"，还没有什么感觉，这个人你不要跟他讲忠了，他没有这样的一种潜质。李密由祖母抚养长大，所以要辞官侍奉祖母，读《陈情表》"茕茕孑立"，你还不感动的话，你这个人没有孝心，再也不要跟你谈孝道了。读韩愈的《祭十二郎文》，看他的嫂子，"抚汝指吾而言曰"，扶着韩老成的背，指着韩愈跟别人讲，"韩氏两世，惟此而已"，如果看到这样的东西你还不感动，那么人家也不要跟你讲慈了。如果你看到韩愈跟他的侄子之间的这种感情，还不感动，你一辈子也不会生出慈爱之心了。韩愈跟他侄子这样密切的关系是在宣城形成的，韩愈的"人民性"是在宣城形成的，韩愈的"文以载道"是在宣城形成的。

再讲一个人物。顶级诗人，前头李杜不用讲，后边就得讲元稹、白居易，白还在元之上。像东亚、日本、韩国，他们看唐诗重点还不是看李白杜甫，他是看白居易——人民诗人，号称"老妪能解"。白居易跟宣城的联系更密切，白居易是什么人？白居易就是中国的高考移民。我们今天讲，高考在哪儿更容易考，我猜安徽同学对北京都有意见，说在你们北京比在我们安徽可容易考多了，在北京考重点的成绩在我们安徽就考个二本，在北京考二本的成绩在我们安徽连个职业学校我们都读不上，好多人都是这样讲的。其实唐朝也一样，要讲哪里好考，唐朝也是长安及其周边地区最好考。长安第一好考，同州、华州（现在华山一带）第二好考。就像现在说北京第一好考，天津也不错。我老家河北，河北好多学生到天津去，白居易也是这样的状况，他也谋求到好考的地方去。那他原来出身在哪儿呢？白居易出身就说不清楚了。白居易最早应该算是山西人，后来他的先祖迁徙到陕西渭南去了，可是在那待了几代之后，也没有继续发展，到他祖父这一辈又到了河南，河南今天是高考大省，当时也是高考大省。所以白居易在河南也没有参加高考，后来他就游荡京城，大家都知道他跟顾况的关系。

唐朝高考跟今天不一样，唐朝高考是之前要有行卷制度的，什么意思呢？高考写诗，但是写诗有的时候一次性发挥不好，觉得整体水平更能够论证一个人真实的能力。所以在高考之前先找到前辈诗人，把自己前半生所作的诗都给前辈诗人看一看，看看整体能力，给自己做一个声誉上的宣扬。然后真正到高考的时候，就算是发挥得稍微失常一点，也可以用社会名声来做一个补充。白居易也是这样想的。所以到长安去见老诗人顾况，拿出了自己的平生得意之作——《赋得古原草送别》。"离离原上草，一岁一枯荣，野火烧不尽，春风吹又生。"老师一看到这高兴了，说我刚才跟你说你叫白居易，长安居大不易，现在我改了，你有这样的诗才，你在长安混下来，生活下来是很容易的，这事大家都知道，可是就算有老诗人这样的推荐，白居易后来还是没有能够在长安真正取得高考考生的一个身份，怎么办呢？这个时候他就又移民了，从家乡河南到了长安，又步行到宣城来了。

白居易跟宣城有什么关系？当时白居易的哥哥白幼文和他叔叔都在宣城做官，在官场上大家混得比较熟，跟宣州的观察使讲了讲，有一个弟弟挺聪明的，在长安也有点名气，可是还得参加科举考试，回原籍不太适合，能不能把乡贡的身份落在这儿。宣州观察使人很好，对白居易一家子也都很照应，说没问题，就落在我们这儿吧，以我们的乡贡身份送上去。"乡贡"是什么？前面说"土贡"，"土贡"贡的是物，"乡贡"贡的是人。宣城本地有一个少年才子叫白居易，当然还有其他少年才子，打算参加今年的"高考"。

考上没有？考上了。来看一看，这就是白居易当时写的诗，这首诗有点意思，有讲究，叫做《窗中列远岫》。宣城这个地方诗人多，大家看到这个题目，有没有什么感慨，这题目哪儿来的？谢朓的诗里出来的，谢朓有一句诗就是"窗中列远岫"。命

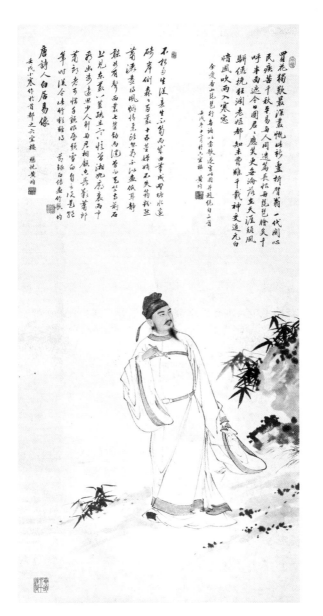

白居易像（现代·黄均）

题作文应该就叫"赋得窗中列远岫"。这个题目是什么意思呀？从窗户看外面的山，从谢朓楼看敬亭山，大体上就是这意思。你看人家白居易怎么写的，"天静秋山好，窗开晓翠通"，开始就点题了，要先吸引住读者。秋天，天地澄澈，所以秋天的山是别有一番风味的，打开窗子，一下子就看到这个翠色扑面而来了。

"遥怜峰窈窕，不隔竹朦胧"，远远地看去，山峰都具有窈窕之姿。窈窕，是唐朝的一个很重要的审美标准。有人说唐朝审美是以肥为美，杨贵妃要多胖有多胖？错。杨贵妃不是要多胖有多胖，杨贵妃是可以翻身上马，风驰电掣的。事实上唐朝的审美是洁白颀长，人要长得白，身材要高挑修长。山峰尤其是这样，窈窕之姿，有修长的神韵，不是一个土馒头样子的。"不隔竹朦胧"，山上还有竹子，竹子远远地看上去是朦胧翠色。

"万点当虚室，千重叠远空"，已经远远地看上去了，然后重新再加固一下遥望的意象。万点竹、万点树、千重山，进一步描述山和树给人的整体感觉。

"列檐攒秀气，缘隙助清风"，屋檐也是那么的秀气，而且清风徐来，就从窗户的缝隙吹进来了，吹到人身上，在窗中不仅仅看到远方的风景美了，同时感受到自身的意气也平和下来了，也爽快起来了。

什么样的景色最好？开始都是泛泛地讲，山是这个样子的，竹子是这个样子的，远看是这个样子的，回到自身来感觉很通透很舒爽。山和天光和宇宙，我到底最爱的是什么？"碧爱新晴后，明宜反照中", "新晴"之后的绿色才是我最爱的。这是一种什么样的审美? 这就叫小清新呐, 这是唐朝人的一个追求。什么样的翠色是最漂亮的? 刚刚雨过天晴之后的那个是最漂亮的。"明宜反照中", 我们小学课本都学过《鹿柴》, "返景入深林, 复照青苔上", 什么样的光是最强的? 是太阳快要落山的时候, 才感觉更明媚。最爱夕阳红, 其实呼应的是秋天, 对一年的四季轮回而言, 这也到傍晚了。如果说人生到了中年以后, 到了晚年了, 这也是人生的秋季, 就像反照一样, 还可以"老骥伏枥, 志在千里"。所以"碧爱新晴后, 明宜反照中", 我和别人不一样, 别人讲唯有牡丹真国色, 讲这个最漂亮的应该是最好的, 我说不, 最清新的应该是最好的。别人讴歌青春, 年轻是最好的, 我说反照夕阳同样是非常美丽的。

"宣城郡斋在, 望与古时同", 从自然一定要写到人文, 整天就写自然是不对的, 这叫作人文升华。前面讲了那么多的天、树、山, 最后讲回谢朓。"宣城郡斋"是谢朓读书的地方, 谢朓做官的地方, "望与古时同", 我今天看到的难道不是和古人是一样的吗? 我今天的心境难道不是跟古人一样的吗? 你看人家选的古人多好, 选的是谢朓。在唐朝, 你说我想的和谢朓一样, 没问题了, 政治和文艺都正确了。所以这高考作文要不要得分? 要。这是唐朝高考作文中非常不错的一篇呐。

宣城成了白居易的福地了, 在这儿做"高考移民"得力了, 而且终于高中进士了, 贞元十六年(800)的进士, 是进士第四名。有人说了怎没考个第一呢？现在也证明了，考第一的那个人往往不是后来建功立业最牛的那个人，第四很好，而且当时考第四很难呐。白居易考中那个第四一点都不沮丧，特别得意，得意之余写下一句诗，"慈恩塔下题名处，十七人中最少年"。

唐朝跟我们今天不一样，那时候"高考"录取的比例非常非常低，一年就几个或十几个、二十几个。那是人中龙凤，号称"白衣公卿"，虽然还穿着白衣服，是平民的衣服，但是以后是可以做到公卿级别的大官，所以对这些人特别看重，看中的表现是什么？让他们到慈恩寺下，到大雁塔去，把自己的名字写下来，那是一个多么隆重的仪式。除了把名字写下来还要写什么？还要写籍贯，年龄，你是哪的人。白居易写的时候发现了，在这些写名字的人里，在17个当年高中进士的人里，他原来是最年轻的。少年得志到什么程度？大家知道白居易当时多少岁吗？29岁，有人说垂垂老矣，现在大家对年龄太敏感了，都喜欢自己小。所以有些人觉得29岁很老，老不老？不老。唐朝考进士太难了，号称是"三十老明经，五十少进士"。明经科其实主要考背诵，你要是30岁还背不下来那些经典，以后就更难了，所以"三十老明经"，30岁你要考中了，算是很老了。"五十少进士"进士考写文章，你50岁能把文章写漂亮，那你也是少年得志。所以白居易用了50年中差不多前一半的时间，就能高中进士第四，当然是风流潇洒，"十七人中最少年"，但是追根溯源，他还得追到宣城。要不是宣城让他进行了一次有效的"高考移民"，他还真没有那样好的运气。

接下来说杜牧，为什么说他呢？"小李杜"首先这个没问题，主要是我特别遗憾，唐朝这些顶级诗人大多数都来过宣城，但是杜甫就没来过，所以我觉得杜家人一定得再给他一个代表，这个代表给杜牧了。冤枉不冤枉？不冤枉。李白写宣城的诗写了 78 首，杜牧写了 43 首，名列第二。而

杜牧（803—852），唐代杰出诗人，与李商隐并称"小李杜"

且杜牧一些非常优秀的诗也是在宣城写的，比方说"六朝文物草连空，天淡云闲今古同。鸟去鸟来山色里，人歌人哭水声中"。所以说，唐朝顶级的诗人都来过宣城，风雅不风雅？当然风雅。这不仅仅有众多的创作群体，多达 163 人，不仅仅有庞大的创作数量，多达 298 首，关键是质量还特别高，顶级诗人的顶级诗作献给了宣城。所以说这是唐朝最风雅的地区之一，差不多仅次于西安。

第一个问题我们说完了，宣城在唐朝的地位是什么？富而好礼，经济富庶人文鼎盛，又有钱又有文化，这也是我们现在最追求的一个境界。

进入第二个问题了，宣城这么好，又有文化，又有风景，什

么都好，又有经济产量。那我们往朝廷贡什么呢？

据《新唐书》卷四十五记载：宣城郡土贡银、铜器、绮、白纻、丝头、红毯、兔褐、簟、纸、笔、薯蓣、黄连、碌青。一看觉得太多了，记都记不住。没关系，我们分类。

第一类金属，银和铜，这属于金属及金属制品。宣城第一个给朝廷贡的就是金属及金属制品了。第二类纺织品，绮是唐朝丝织品里等级非常高的织物，白纻是什么？苎麻。这是布，有丝织品，有麻织品。丝头、红毯这个大家都知道，白居易写过"宣城太守知不知，一丈毯，千两丝。地不知寒人要暖，少夺人衣作地衣"。这是用丝绒仿成的地毯。兔褐也是一种布织品，簟是竹制品。第三类是文具，现在文房四宝非常重要的也都在宣城。第四类就是地里的出产物了，薯蓣是山药，黄连是药材，碌青是颜料。

金帔坠（现藏安徽博物院）

我们把这个做一个初步分类，现在用唐诗讲。第一类我们得说金属，这个金属铜也罢，银也罢，不仅出自《新唐书》的记载，诗人也关注到这件事了。比方说铜，孟浩然有一首诗叫作《夜泊宣城界》，他就讲到宣州著名的铜业生产，"西塞沿江岛，南陵问驿楼。湖平津济阔，风止客帆收。去去怀前浦，茫茫泛夕流。石逢罗刹碍，山泊敬亭幽。火炽梅根冶，烟迷杨叶洲。离家复水宿，相伴赖沙鸥"。唐朝是农业社会，我们现在已经到后工业社会了，唐朝的诗写得最多的还是田园，农民是怎么样生活的，或者是渔民是怎么样生活的。但是这首诗不一样，这首诗写到工业，这是唐朝时期非常重要的，写工业而且还写得特别好的一首诗。

　　工业在哪儿？在"火炽梅根冶，烟迷杨叶洲"，梅根冶在什么地方？梅根冶现在有争议，但是比较主流的一种说法是在贵池，贵池现在不属于宣城了，但在唐朝它属于宣州。"火炽梅根冶"，因为在冶炼铜，所以那个火熊熊燃烧，像把这个地方点亮了一样。"烟迷杨叶洲"，杨叶洲在哪儿？梅根冶在江南，杨叶洲在江北。炼铜的这个烟从江南一直飘到江北，让江北的杨叶洲都一片烟雾。好多人说这不犹如今天南京发展工业、宣城都出现了雾霾一样？是的，我们今天真讨厌这种事情，希望周围环境更干净一点。但是古代不一样，不仅古代不一样，在20世纪50年代的中国，大家对工业都有一种很正面的看法，"小燕子穿花衣"是不是都会唱？"年年春天到这里"看什么呀？我们这里盖起了大高楼，还塞满了新机器，然后小燕子都找不到落脚的地方了，但是我们热情欢迎小燕子来看看这个新局面。

　　唐朝没有雾霾，唐朝人对烟火持一种相当正面的评判。宣州这个地方在晚上不一样，我们到哪里看到都是"两三星火是瓜洲"，晚上在一般的地方都没有光亮，只有月亮和星星。有"两三点星火",我们就知道一个城市临近了。可是到宣州这个地界,看到的是"火炽梅根冶,烟迷杨叶洲",那是一种多么热烈的、蓬勃的景象,所以诗人把它写在诗里了,做非常正面的讴歌。

确实,你想一想,这个诗人当时很寂寞的啊,"石逢罗刹碛,山泊敬亭幽",这里很幽静啊,没有人,所以"离家复水宿,相伴赖沙鸥",只有水鸟在陪伴他,天上的星光是暗淡的,人的心情也是暗淡的。到了梅根冶,一看火点起来了,那个心都能够跟着亮起来。所以这就是当年歌颂工业生产的重要诗篇。

再看一首,这一定比那首更有名气,因为李白比孟浩然有名气。李白的《秋浦歌》,秋浦现在也在贵池了,但是唐朝时期还是属于宣州的,而且《秋浦歌》特别有名。这是中国第一首歌颂工人阶级的诗篇。前面说的那首诗是难得的讴歌工业的,这是第一首讴歌工人阶级,什么样的工人?炼铜工人。"炉火照天地,红星乱紫烟",这都不用解释,跟前面"火炽梅根冶"是一样的。关键是后面"赧郎明月夜,歌曲动寒川","赧郎"是红红脸膛的小伙子,这个炼铜的工人,因为靠近火,要用力气,所以脸都是红彤彤的,这是劳动者健康的颜色。他们在明月之夜,在炼铜的同时,唱起了劳动号子,整个山川都为之沸腾,都不冷了。这就是当时重要的炼铜工业。

为什么把炼铜放在第一位?首先《新唐书》就是那样记载的,把金属放在第一位。还有一个很重要的原因,炼铜意味着钱

唐朝宣城铸造的钱币

呐，有钱很重要。我们前面说，宣城当时是一个富庶繁华之地，铜当时最重要的一个用途就是铸钱，而且国家在这里是专门设立机构来监理这个制钱的。现在也是，钱不能随便印刷。唐朝虽然没有这么严格，但是也不许私铸。所以据《元和郡县图志》所载，"有利国山，在县西一百一十里。出铜，贡梅根监"，县就是南陵县（唐代属宣州），这个梅根监就是刚才说到的梅根冶，"梅根监并宛陵监，每岁铸钱五万贯"。宣州当时有两大铸铜机构，一个叫梅根，一个叫宛陵，每一年共铸钱五万贯。唐朝时五万贯到底意味着什么，我给大家做个比较。当时全国每年铸钱一共是32万贯，5万贯相当于多少？1/6左右。宣城每年铸钱的总量大约相当于全国铸币总量的1/6。要从机构设置来讲更厉害，当时全国一共是7个机构在铸钱，后来发展成为8个机构，宣城占其中2/7或者2/8，也就是1/4。从机构上来讲，宣城相当被看重了。

其实宣城铸钱是有传统的，往前追溯，战国七雄的时候，楚国铸钱就在这儿，楚国钱币现在很多人都收，"蚁鼻钱"也叫"郢爰"。宣城最早就叫"爰陵"，当时也在这里铸造钱币的。后来汉朝七王之乱的时候，吴王也在这儿铸过钱。再往唐朝讲，钱意味着什么？钱意味着造反的实力。钱从正面来讲意味着国家经济实力，要是被地方拿到或者被个人拿到，那就意味着造反的实力。大家都知道玄武门之变，唐太宗能够发迹，在于他搞了一场政变，把长子给消灭掉了，顺便把爸爸也给软禁了。玄武门之变为什么能够打起来？因为秦王有实力，李世民在跟太子较劲的过程中，他有谋略方面的实力，房玄龄、杜如晦都跟着他，有武装方面的实力，秦琼、敬德也倾向着他，但是他还有一个非常重要的经济实力，当时是"秦王齐王各三炉钱"，就是这期间天下一共是有 99 炉，他占其中的三炉。大家想想三炉意味着什么？1/33。如果现在国家每年铸币量的 1/33 都给某一个人的话，这个人的实力是不是超强？道理就在这。

我们知道玄武门之变是三个人在较劲，第一个是秦王李世民，第二个是齐王李元吉，第三个那当然是当朝太子李建成，齐王为什么也在那儿搅和？因为齐王手头也有钱，唐朝初年很重视这些打江山的儿子，所以秦王手头有三个炉的钱，齐王手头也有三个炉的钱，所以齐王也有野心。这是一个很有趣的话题，我们是从宣城炼铜说起的。

炼铜做铜钱，这是给一些达官贵人服务的，当然为老百姓服

唐·月宫纹镜（现藏宣城市博物馆）　唐·双鸾瑞兽葵花镜（现藏宣城市
博物馆）

务也行。铜为老百姓服务做什么？做铜镜，美人早晨起来梳洗的
时候要照照镜子。除了铜之外还有银，这是在《新唐书》里第一
位讲的，宣城土贡就是银。虽然没有关于在宣城铸银的诗，但是
这里介绍一个器物，这个器物相当值得一看。这个器物叫做鹿纹
鎏金银盘。是 1976 年在内蒙古赤峰市喀拉沁旗出土的，上面明
明白白写的是宣州刺史刘赞进，也就是说当时宣州地方官刘赞铸
了这样的一个银盘，孝敬给了中央政府。

　　中央政府可能是因为什么机缘，又赐给了一个身处于喀拉沁旗
的人，所以这个银盘留下来了，现在藏在陕西博物馆，这也是陕西
博物馆藏的重点文物之一。鹿纹鎏金银盘不光是银盘，它还有鎏金
工艺。鎏金工艺在当时是高科技，代表了先进生产力，相当于现在
的纳米、电子等技术。所以宣州不仅仅有铜的生产，还有银的生

唐·鎏金卧鹿纹银盘（1976年出土于内蒙古赤峰市喀拉沁旗）

产，铜能达到铸钱的水平，这个叫作高，银，能够达到铸造这个鎏金银盘的水平，这个也叫作高。

刘赞因为这个盘子在历史上留名了，现在有些学者说刘赞跟李白还有关系。李白一生多次来到宣城，后来在当涂去世了，当涂现在属于马鞍山，其实古代也属于宣州。当然还有一种说法，说李白是喝醉了捞月亮去世的，捞月亮一不小心捞到水里去了。那个地方在采石矶，当年仍然属于宣州的范围。有另一种说法，李白开始是在采石矶落水遇难的，后来也是草草葬在采石矶，然后把他从采石矶迁到当涂，谁干的？就是这个刘赞干的。当然这是说法之一。当时的地方官遇到李白这样的人物也是要三思的，那也是要做文物保护的。刘赞不仅仅要铸盘子，他也要铸造精神上的这个盘子。

这是我们说的第一种岁贡，金属。第二种岁贡，我们要说丝织品。

按着《新唐书》的顺序来，从金属说到丝织品，从硬的说到软的了。《新唐书》里讲还有白纻布，还有绮，其实这是一个发展历程，宣城由不怎么棒的状态到非常棒的状态的历程。白纻布那是安史之乱以前的状态。安史之乱以前中国经济重心在北方，特别是河北河南那片区域。如果说当时产丝织品第一位的是河南道，第二位就是河北道。宣城属于江南西道，当时不产丝织品或者说根本产不出朝廷能看得上的丝织品，只能产白纻布。

但是大家也知道，安史之乱使北方全部陷于战火之中，南方保住了平安，淮河以南没有受到骚扰。所以大批北方工人渡淮，包括渡过长江，在江南生息繁衍，把北方先进技术传到江南。从那个时候开始，整个江南包括宣州地区就发展起来了。

所以《元和郡县图志》说得非常清楚。开元年间的时候，宣州还是贡白纻布的，是只产麻，但是自安史之乱之后，从唐德宗开始就进五色线毯、绮等织物，就是宣州开始进高级丝织品了，压过了河南河北。这两个时代都有诗歌留下来。比方说贡白纻布的时代，李白写过《赠宣城宇文太守兼呈崔侍御》，"君从九卿来，水国有丰年。鱼盐满市井，布帛如云烟"，说您是从朝廷外派下来的大官，但是你看这个地方也是相当繁华的，繁华到什么程度？"鱼盐满市井"，中国古代的江南水乡，鱼米之乡，盐是人民生计的必需品。在中国古代盐和钱是可以共通的。"布帛如云烟"，这儿布的数量相当庞大，就像云朵一样堆积起来。

那另外我还想说一件事。"兼呈崔侍御"，崔侍御这个人在历史上也是有名头的。崔侍御是谁？崔侍御叫崔成甫。崔成甫在天宝年间有一件事让他留下大名了，天宝二载（743），唐玄宗觉得天下治理得已经非常棒了，而且当时江南地区就已经开发得挺漂亮的了，所以搞了一个"广运潭盛会"，在长安城的东边挖了一个广运潭。从大运河把江南的珍稀物品沿着运河一直送到天子脚下。

当时谁负责这件事？陕郡太守韦坚负责这件事，韦坚虽然能够负责整个的运输征集工作，但是他在这个宣传鼓动方面不太内行。当时帮他做宣传鼓动的这个人就是崔成甫。《全唐诗》里就有崔成甫的诗，但是他也擅长民歌，当时他就写了一首民歌叫《得宝歌》，现在很多人都会背。《旧唐书》《新唐书》都写下来过，"得宝弘农野，弘农得宝耶！潭里船车闹，扬州铜器多。三郎当殿坐，看唱《得宝歌》"。这个歌让所有的船夫所有的嫁娘都会唱，唱给谁听？唱给当殿的三郎唐玄宗听。这是一个很好的说法。在当时不叫唐玄宗圣人、陛下，而叫他三郎，唐玄宗一看大家都在唱《得宝歌》，而且把他小名都叫出来了，这本身也是让他特别开心的一种做法，与民同乐。这个宣传谁做出来的？就是这位崔成甫。崔成甫跟李白是好朋友，所以李白他不光把这个诗提献给当时宣城的宇文太守，还兼呈崔侍御，让崔成甫也看一看宣城的物产有多么的丰富。事实上当时的"广运潭盛会"，以现在的安徽省来划界，唯一能拿出贡品的就是宣城，这是非常值得骄傲的事情。整个广运潭盛会相当于唐朝的广交会、深交会、博鳌论坛。

这是布的时代。再看到安史之乱之后，宣城大发展进入了丝的时代，诗就更有名了。白居易大名鼎鼎的《红线毯》，"忧蚕桑之费也"。白居易是个好人。白居易刚才咱们说了，其实也是官二代，在宣城这走了宣城太守的后门，才作为宣城乡贡，贡到中央去参加高考，然后"十七人中最少年"的。

但是真正有了名气之后，他没有走上官官相护的老路，这体现了白居易的人格魅力、人民性。宣城是他的福地。他在意的是宣城的老百姓是不是真的过上好日子了；他怕老百姓过不上好日子。什么事情可能让老百姓过不上好日子呢？进贡就有可能让老百姓过不上好日子。你看他怎么讲的，"红线毯，择茧缫丝清水煮，拣丝练线红蓝染。染为红线红于蓝，织作披香殿上毯。披香殿广十丈余，红线织成可殿铺"。

我就解释两件事，什么叫做"染为红线红于蓝"？那蓝是什么？怎么染为红线红于蓝呢？那蓝是指红蓝花，红蓝花就可以提炼成红色的染料。说这个红线毯，它的颜色特别的正，比红蓝花本身的颜色还要更纯粹一些。

"织作披香殿上毯"，"披香殿"在中国历史上大名鼎鼎，当年汉成帝给赵飞燕跳舞的那个殿就是"披香殿"。所以"披香殿"借指淫靡的宫廷生活——这辛辛苦苦织的红线毯，到最后是给皇帝的美人去跳舞去了。那为什么皇帝的美人要用这个毯子作为跳舞的毯子呢？因为"彩丝茸茸香拂拂，线软花虚不胜物"，这个红线毯做得太好了，颜色也好，关键是触感好，它是用桑蚕丝做的，所以触感非常柔软，柔软到"不胜物"，物品放上去立刻就能把它压下去，非常柔软。所以"美人踏上歌舞来，罗袜绣鞋随

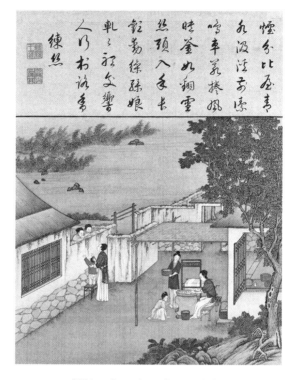

《耕织图》局部（南宋·楼璹）

步没"，美人在这个毯子上跳舞的时候，这个毯子的丝绒能够把
他的鞋都给没过去，你可以想象它有多厚，然后你就看到拿当时
第一流的地毯来跟它比较，第一流的地毯是什么？"太原毯涩毳
缕硬，蜀都褥薄锦花冷。"在宣城的红线毯出名之前，唐朝就有
两种地毯最知名。第一种是产自太原的，其实就是毡毯，毡毯有
什么问题？毡子现在大家也知道的，那是很硬的。另外一种是蜀
毯，四川成都的毯子，"蜀都褥薄锦花冷"，它是织锦，一种丝织

品做的毯子,它很华丽,但是又薄又冷。只有宣城红毯,因为是用丝绒做的,所以是"此毯温且柔",又暖和又软呐。

"年年十月来宣州",每年十月份的时候就从宣州进贡;"宣州太守加样织","加样"是一种特别的花样,他用一种特别的工艺来织造,"自谓为臣能竭力",织得越好,政绩越好啊。那么这个毯子厚到什么程度呢?"百夫同担进宫中,线厚丝多卷不得",这个毯厚得都卷不起来了,所以一百个挑夫就把它那么摊着挑进宫里去,然后才引发白居易的感慨,"宣城太守知不知,一丈毯,千两丝。地不知寒人要暖,少夺人衣作地衣"。人民性、伟大的人格体现在这里。但是我们借此也知道了唐朝后期宣城伟大的工艺,今天不一定把它"织作披香殿上毯"了,老百姓如果能够享受这样的地毯的话,也是一个非常有福气的事情,代表着当时高超的丝织水准。

龟纹净皮宣纸

第三类说说文房四宝。今天宣纸最出名，所以从纸讲起。宣纸什么时候出现的？宣纸第一次进入唐诗是在晚唐时期，晚唐有一个大诗人叫黄滔，全唐诗里有他的诗十几二十首。黄滔为什么写到宣纸？这是特别神奇的一件事，当年省试（指尚书省）在中央尚书省的礼部考，尚书省给他们出的考卷是用宣纸做的，宣城的纸在当时是非常出名的，而且看出来皇帝对科举非常的重视，所以考到省试（最高级别考试）的时候，是用宣纸来做试卷的。

黄滔参加这次科举考试，而且考中了，他非常感激自己用的这种纸，就写了这样一首诗，《省试内出白鹿宣示百官（乾宁二年）》；白鹿宣是宣纸的一种，白鹿宣好在哪儿？黄滔讲"形夺场驹洁，光交月兔寒。已驯瑶草别，孤立雪花团"。"场驹"是《诗经》的"白驹篇"，"皎皎白驹，食我场苗"，白颜色的马驹，把我苗圃里的苗都吃光了。所以"场驹"是形容白马，说它比一匹白马还要光洁。"光交月兔寒"月兔是指月亮，比月光的亮度还要强。"已驯瑶草别，孤立雪花团"，有人说瑶草就是仙草，但其实铺上雪的草也叫瑶草，撒上琼瑶的草。跟瑶草相比，跟撒上白雪的草相比，它更柔软，"孤立雪花团"，它像雪花一样白。你看宣纸的这些特征就出来了，它是白的，它是亮的，它是驯服的，但是它还是有一定的硬度和韧度的。这就是中国历史上第一首吟咏宣纸的诗。

纸之后说墨，本来墨不是宣城的，大家都知道墨是徽墨，但

清·胡开文地球墨

是行政区划改来改去也有好处，徽墨的产地（绩溪）现在划入宣城了，所以墨也是宣城的了。世界第一墨，也是中国第一墨。"文府"墨这个有争议，1978 年祁门出土的"文府"墨过了一千多年了，还光亮，还可以拿来写字。祁门离宣城也不太远，关键是唐诗写到的徽墨，现在也划到宣城了。韩偓的《横塘》写道，"秋寒洒背入帘霜，风胫灯清照洞房。蜀纸麝煤沾笔兴，越瓯犀液发茶香"，有人说一个字都没提到墨，墨在哪儿？他说蜀地的纸好，但是他也说宣城的墨好，墨加入麝香了。中国古代往往都是在名贵的墨里加入香料药材，所以经过几百年、几千年还能保持不变质。今天的墨里头也是加香料的，这个技术在唐朝就已经出现了，这就是徽墨。

笔，那就是马，武将的马，文士的笔。笔哪里的出名？宣笔非常非常棒，现在大家都说胡笔了，湖州制笔那是宋朝以后的事情，从唐朝一直到宋朝，宣笔都是第一号。

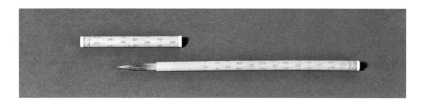

清·竹雕百寿字管紫毫笔（现藏故宫博物院）

　　宣笔为什么有名？刚才我说了跟我们家的祖先，传说中是有关系的。我们的祖先蒙恬在宣州地界"中山"这个地方看到了一种野兔，"江南石上有老兔"，这个兔子的脖子那有一丛毛，挑其中最粗最硬最好的做成笔，就是最优质的笔。可能今天有人觉得为什么要硬？为什么追求硬笔？今天都用胎毫笔了，胎儿的毛发做笔那是非常柔软的。为什么那时候要强调越硬越好？因为唐朝没椅子、没桌子，是拿着纸、拿着笔写字的，所以要求笔的毛尖的硬度要好，那样才能写出流畅的字来。所以唐代毛笔的毫是比现在要短、要硬、要尖的。

　　什么样的笔最好？还是白居易写得最棒，写实写得最漂亮，"紫毫笔，尖如锥兮利如刀，江南石上有老兔，吃竹饮泉生紫毫"，我们这个地方的兔子不一样，它是吃竹子的它是喝山泉水的。竹子就是硬的，所以他生的毛也是硬的。"宣城之人采为笔，千万毛中拣一毫"，就算是在我们这生的这种野兔，也不是每一根毛都能做成笔的，是要"千万毛中拣一毫"。紫毫非常难得，难得到什么程度？唐朝段公路的《北户录》说，"宣城岁贡青毫六两，紫毫三两"。宣城进贡的时候一共就能够进贡三两紫毫，是何等珍贵。所以白居易说，"毫虽轻，功甚重。管勒工名充岁贡"，岁贡贡给天子的要格外小心，每一管毛笔上都要写上制作者的名字。

中国古代"物勒工名"，要保证质量，一追到底。十年之后，若这毛笔坏了，便找当初刻上名字的那个人，所以"君兮臣兮勿轻用"，牺牲了这么多兔子生命得来的紫毫，工人这么小心翼翼做出来的，一定要慎重使用。"愿赐东西府御史，愿颁左右台起居。"给谁用这种最珍贵的毛笔？白居易的人民性还是体现在这里，给御史和起居用，御史台、侍御史是监察百官的，起居郎是监督天子的。

为什么他们就能够用这个笔呢？"搦管趋入黄金阙，抽毫立在白玉除"，让他们在天子面前用，"臣有奸邪正衔奏，君有动言直笔书"，写大臣是不是有问题，写皇帝是不是有缺失。"起居郎，侍御史，尔知紫毫不易致。每岁宣城进笔时，紫毫之价如金贵。慎勿空将弹失仪，慎勿空将录制词。"

紫毫渗透着宣城人民的辛劳，所以一定不要轻易使用。你要是做御史的人，绝不要整天拿紫毫笔，在上殿的时候失仪了，比方说皇帝在这排班，您今天感冒了，您突然打了个喷嚏。但是侍御史你千万别只记这种事情，你要记一些真正觉得官员有问题的事情。"慎勿空将录制词"，什么叫"制词"？就是皇帝发布的官文书，你不要只把皇帝的发布的命令记录下来，你要真正记载君主的得失，也就是说笔如此珍贵，请千万别用它只写官样文章，这就是人民性，这就是了不起的地方，这种了不起的地方，要用紫毫这种软中有硬的精神才能够承载起来。

讲了一个有硬度的、再讲一个有软度的，如果毛笔只用来写这么重大的政治事件，是不是今天人都用不到，一定是。所以再讲一个有软度的事情，我们刚才讲了白居易的《紫毫笔》，再讲一个薛涛的《笔离手》。薛涛是女教书，是一个才女，唐朝著名女诗人，当然也是一个很浪漫的女性。她在成都浣花溪居住，跟当时的地方官韦皋有过一段感情，后来据说因为性格太强硬跟韦皋分手了。分手之后她又觉得很后悔，所以写了《十离诗》。比方说笔离手、犬离主，说我离开你就像笔离开了手，就像小狗离开了主人，"越管宣毫始称情，红笺纸上撒花琼。都缘用久锋头尽，不得羲之手里擎"，意思是我本来就像这管笔一样是越地的，现在浙江的笔杆是宣州的笔锋，本来你是用得非常顺手的，"红笺纸上撒花琼"，你在我制成的薛涛笺上写下了那么多美丽的诗句。可是因为你用得太顺手了，终于有一天把笔锋用尽了，于是你就不要这支笔了，"不得羲之手里擎"，你就像王羲之把他用秃的笔扔掉一样，把我扔掉，你曾经跟我关系那么好，难道就因为时间久了就可以不爱我了吗？宣笔可以用来写最刚硬的谏诤之词，也可以用来写最柔软的儿女情怀。

最后说砚台，现在我们都说歙砚，其实宣城的砚当年也是非常有名的，李白的《草书歌行》，歌咏怀素，咱们都知道"颠张醉素",这个张旭草书很棒很疯狂,怀素更棒也更疯狂,喝醉了酒才能够写字,李白也好喝酒。李白对张旭的字和对他的酒风都很欣赏,所以给他写一首诗,"少年上人号怀素,草书天下称独步。墨池飞出北溟鱼,笔锋杀尽中山兔。八月九月天气凉,酒徒词客满高堂",天冷的时候喝酒更有兴致。"笺麻素绢排数厢,宣州石砚墨色光",麻和绢就是当时用来书写的工具,代替纸的作用。"宣州石砚墨色光"。要润笔磨墨了,用宣州的石砚才能托起墨色来。"吾师醉后倚绳床,须臾扫尽数千张",有靠背能端坐,腿能垂下去的,就叫做绳床了。怀素倚靠在这样的一把椅子上,一页一页一张一张地就写过去了。"飘风骤雨惊飒飒,落花飞雪何茫茫。起来向壁不停手,一行数字大如斗",开始用纸写,用绢写,写到后来兴致越来越高了,直接从绳床上起来到墙上去写。一旦写到墙上去的时候,一行就只有几个字,像斗那么大,

宋代砚台(现藏宣城市博物馆)

境界就出来了。"宣州石砚墨色光",有好笔好纸,还得有好砚台。

　　文房四宝说完了,它们今天仍然是宣城的重要品牌。

　　再说两个土特产:茶和酒。文人豪迈的时候喝酒,文人安静下来的时候喝茶。茶在唐朝跟现在不一样,现在茶是泡出来的,用水冲就可以了。唐朝的茶是煮出来的,而且又加姜又加葱,又加盐又加油,跟现在的油茶差不多。但是即便在那个时代,宣城的茶也是有名的。就像郑谷的《峡中尝茶》说的一样,"蔟蔟新英摘露光,小江园里火煎尝",趁着霞光把这茶摘下来了,挺嫩的。可惜方法今天看来是暴殄天物啊,用火又煮又熬啊。

　　"吴僧漫说鸦山好,蜀叟休夸鸟嘴香",郑谷是在三峡那儿尝的。他说当地好,好用什么来比?用宣州的鸦山茶来比,说你不要听吴地的人都说他们鸦山茶好,你也不要听蜀地的人都说他们的鸟嘴茶好,这都比不上这峡谷中的野茶。但是你看他拿鸦山茶比,你就知道了,鸦山茶就是现在宣州雅山茶,在当时就是第一号的茶叶。其实杜牧说的"山实东南秀,茶称瑞草魁",这"瑞草魁"就是

莲形鎏金银盏（现藏宁国市文物管理所）

鸦山茶，还有敬亭绿雪，也是宣州的好茶。

文人清雅的时候喝茶，文人奔放的时候喝酒。宣城有好茶，还有好酒。

什么好酒？老春！李白的《哭宣城善酿纪叟》中说："纪叟黄泉里，还应酿老春。夜台无晓日，沽酒与何人。"还有一个说法是"夜台无李白，沽酒与何人"，我更喜欢那个，因为李白这个人很自我，他觉得这么好的酒就我尝得出来，你酿了这么好的酒也就应该给我喝，好像人家纪叟就是他的私人酿酒师一样，跟他感情更深。

其实纪叟可能给一千个人、一万个人都酿过酒，可是李白觉得这酒就是给我酿的，所以"纪叟黄泉里，还应酿老春"，你即使过世了，到下一个世界你肯定还是酿酒，因为你这辈子酿酒那么好，可是"我"还活着，夜台里没有我，阴界里还没有我，你这个酒酿了给谁喝。知己，高山流水，这个感情就在这里了。

让历史告诉未来：三足鼎立兴宣城

让历史告诉未来，最后一个话题：三足鼎立兴宣城。我说三足鼎立，第一足我叫环境，宣城日后还是要靠环境起家。

为什么宣城有这么多的好诗，有这么多的好人？因为"江城如画里"，这就是《秋登宣城谢朓北楼》的第一句。李白为什么一次又一次来宣城？从精神上爱谢朓没有问题，从物质上他也爱如画的江城，这个地方漂亮在哪儿？标志性的名片似的，第一敬亭山，第二桃花潭。其实做名片必须是这样做，台湾就这样做阿里山配日月潭，宣城是敬亭山配桃花潭。每个人都对自己的家乡有情感，这就是名片。一个高的，一个低的；一个动的，一个静的。其实中国也是这样，有一首歌《我的中国心》，长江长城，黄山黄河，拿黄山配黄河。还有一首歌《我们是黄河泰山》，拿泰山来配黄河，都是一山一水，一动一静，一敬亭山一桃花潭，这就是千古不变的名片。

城在山水中，山水在城中，环境好是永远不过时的。现在也讲，看得见山，望得见水，留得住乡愁。山和水以后是一种人类争夺的重要资源。过去我们争工业，争大楼、汽车等等，越来越离开自己的本心了，争了汽车，变了雾霾，住了高楼，不接地气了，所以我们要回归自然，回到一山一水，一阴一阳，一动一静之间。

这是朝阳产业，旅游不靠环境，那还靠什么？第一个是环境，第二个是什么？我说是经济，其实我更想说的是地缘。可能好多朋友知道我，是从我在百家讲坛讲武则天开始的，我对武则天也确实有深厚感情，所以我用《宣州大云寺碑》的一句话来说事。武则天即位造势，就用《大云经》。所以各州建大云寺官方道场，官方道场在宣州也建了一座大云寺。大云寺有一块大云寺碑记述："物产珍奇，倾神州之韫椟"。宣城这个地方物产丰富，就好像整个中国大地的一个匣子一样。大家都知道"买椟还珠"，

"椟"是一个藏宝盒，宣州就像一个藏宝盒一样，藏着好多珍宝。接下来这句更有趣，"地横瑶皀，壤带金陵，廓巨镇于三吴，走通庄于百越"，物产珍奇是一回事，能够四面八方地走是更重要的一回事。这里有好东西有好人，还有好的地缘，三吴和百越相当于现在江苏和浙江。其实现在宣城的地缘优势也在这，处于长江三角地带的腰的部位。四通八达之地，而且通的都是经济发达地区，这些地方认可宣城了，到宣城来了，宣城的宝才能够展示出来，才能够走出去。

第三个是什么？是最重要的人文。我们的地缘很重要，我们的山水很重要，但是谁都知道刘禹锡的那句话，"山不在高，有仙则名。水不在深，有龙则灵"。敬亭山真的那么好吗？桃花潭真的那么好吗？好，但是没有好到现在人文上达到的那个高度。人文上敬亭山是名高五岳，因为有人在那儿说，有人在那儿看，有人在这儿留下了痕迹，我们的山我们的水才有它的魅力。到底是什么样的人呢？这里说三个方面。第一我们留得住文人，第二我们供得起仙人，第三我们招得来客人。江南诗山也是中华诗山——敬亭山，招来了多少文人？文人还要有文人的物质载体——文房四宝，文房四宝能够留得住多少文人？第一，人文特点在于我们这有文人。第二，我们这不仅有文人，我们还供得起仙人。韩愈是在宣州这长大的，韩愈的侄子韩老成应该也是在宣州出生的。韩老成的儿子叫韩湘，但是在八仙的故事里成了韩湘子。传说韩愈就像现在的虎妈虎爸一样，整天对着一个熊孩子发

韩湘子像

愁，说你这个人老大不小的了，韩湘你怎么就什么事都不肯做？韩湘说："我会做，你给我一个展现的机会。"韩愈说："你给我让牡丹花盛开。"韩湘说小意思，然后就连着七天开了七种颜色的牡丹花，据说每枝牡丹花上还都有一行字"雪拥蓝关马不前"。回到历史上来，韩愈在谏迎佛骨之后被贬到潮州，然后就给韩湘写了首诗，"云横秦岭家何在，雪拥蓝关马不前"。后来民间传说韩湘把这诗给它变到花上了，这就是韩湘子的传说。

宣城还有什么仙人？

敬亭山上有玉真公主和李白的故事，这也是传说。玉真公主是唐高宗的孙女、唐睿宗的女儿、唐玄宗的妹妹。玉真公主后来不慕荣利去修道了，而且道阶非常高，道阶高还不要紧，玉真公主是当时唐朝的国家乃至国际沙龙的真正女主人，特别热情好客，一干诗人都跟她有交往，如李白、王维、高适等等。交往来交往去，大家都夸她是神仙，李白也夸她是神仙，说她以后一定能够遇见王母娘娘。但是李白其实没遇到过她，没遇到没有关系。在宣城有一个很重要的传说，说不是李白在仰慕她，而是玉真公主放下了堂堂皇姑的架子来仰慕李白，仰慕到一路追随南下，就追随到宣城来了，然后也没追上，死葬宣城，留下皇姑坟。然后李白也很感动，所以"昔日横波目，今作流泪泉"。这传说是不是真的？当然不是。李白一直想见玉真公主，但是一直没机会。而且玉真公主比他大九岁，威望比他高不少，这个感情好像很难产生。玉真公主确实没有特别把李白放在眼里，但是情感是真实的，逻辑是真实的，宣城人民愿意成就这样的一番情怀，愿意成就李白的豪迈，公主算什么，皇帝都不放在眼里，

泾县桃花潭的踏歌古岸

走！我们愿意成就这个皇姑的柔情，身份算什么，为了爱情，走！这两个"走"，走出了浪漫，走出了一个很美丽的传说。

第三，我们留得住客人。李白写《赠汪伦》，"李白乘舟将欲行，忽闻岸上踏歌声，桃花潭水深千尺，不及汪伦送我情"。汪伦一介处士为什么要去送李白？传说汪伦仰慕李白很久，想表达感情，想把李白请到眼前来见一见。可是怎么样吸引李白呢？据说汪伦就想了一招，给李白写信："先生好游乎？此地有十里桃花，先生好饮乎？此地有万家酒店。"李白一听，心想：好地方啊，十里桃花多漂亮啊，万家酒店太疯狂了，我一个酒徒，可以一万家一家接一家地喝下去，喝好几十年啊。李白一听说就来了，可到了一看没有桃花。汪伦指了指脚下的潭水，说此地名桃花潭，潭方十里，这就是十里桃花。那就喝酒去吧，万家酒店在哪啊？汪伦指了指旁边的一个小酒店，讲老板姓万，这就是万家酒店。

这个信是假的，骗李白的，但感情是真的。我们宣城的民风是厚的，山水是美的，才能够引来客人。诗人杜牧在扬州也待过，在宣城也待过，在扬州待的时候他回忆说，"落魄江湖载酒行，楚腰纤细掌中轻。十年一觉扬州梦，赢得青楼薄幸名"。在扬州感觉是落魄，人落魄了做的事也有点龌龊。所以连那些歌妓都唾弃，歌妓都说薄幸之人呐，今生不要再见杜牧这骗子了。这十年是这个样子了，再看看在宣城怎么度过的。"潇洒江湖十过秋，酒杯无日不淹留。谢公城畔溪惊梦，苏小门前柳拂头"，在宣城过什么日子？不落魄。这里的美人也不说他薄幸，薄幸也罢，不薄幸也罢。"苏小门前柳拂头"，这儿美人的柔情就像杨柳一样，缠绕着杜牧的心。宣城的民风醇厚，让客人的心暖了，客人就留得住了。然后品品这儿的美酒，品品这儿的香茶，看看这儿的李白，看看这儿的谢朓，再想想白居易的家国天下。宣城应该是世内桃源，大家一般说世外桃源，我不喜欢，《桃花源记》的最后一句话，"南阳刘子骥，高尚士也，闻之，欣然规往。未果，寻病终。后遂无问津者"，世外桃源是一个逃避时代，逃避社会的地方，而且谁想找也找不着。我们的世内桃源其实就是人间仙境，应该是什么风范？我想用这三个东西来把它串起来。第一个扬子鳄，人与自然和谐。今天的人和恐龙时代就有的动物并存，人和自然得有多和谐。第二个敬亭山，这是人与文化和谐。我们看见这个山，心头涌现出100多位诗人，1 000多首诗，人与文化是如此和谐。第三，通往宣城的高铁于2020年7月1日开通，这就是人与外界的联络。宣城永远是和吴、楚和皖，和全国乃至世界联系在一起的。令世界的人都来了，宣城才能更加多彩。

山中幽居（清·梅清）

从古代宣城的辉煌
汲取发展的智慧

韩昇

复旦大学历史系

教授 博士生导师

宣城周围山地丘陵众多，物产特别丰富，商贸
交易兴盛。

在中国，从多种经营到专业经营的农户的转变，大概在唐宋
时期才出现。所以宣城这个地区很早就领风气之先，从农业
完全脱离出来。

我以前读唐诗，就喜欢读李白，"桃花潭水深千尺，不及汪伦送我情"。没想到今天就来到了这个地方。写字用宣纸，名扬世界的宣纸产于宣城。到宣城这个地方，我们一起来看历史上的宣城是怎么在这种自然环境下寻求突破和发展的。在这里和大家一起来探讨宣城，从古代宣城的辉煌汲取发展的智慧。

我们知道中国是一个泱泱大国，如果把它当成一种单一的文化，一种自然条件，一种模式，显然是不合适的，它的差距非常大，尤其是南北差距更大。比如说这个如诗如画的宣城，古人诗中描写的宣城：

> 江城如画里，山晚望晴空。
> 两水夹明镜，双桥落彩虹。
> 人烟寒橘柚，秋色老梧桐。
> 谁念北楼上，临风怀谢公。

当年谢朓在这里写下山水诗，这个山水如画的景色也只有南方才有，到了北方，我们就可以看到自然环境变化很大。我们看

李白诗《秋登宣城谢朓北楼》（现代·钱君匋）

到的南方是小桥流水、亭台楼榭。这里是丘陵地带，丘陵虽然没有高山的雄伟，但却非常的秀丽，有了这个秀丽的山，我们开发这个山，建成一些古代的庄园。北方的山和南方的有很大的区别。我们古诗里面说"仁者乐山，智者乐水"，北方的山雄浑，所以北方仁者喜欢山；南方多水，所以南方灵秀智慧，南方人也大都喜欢水，南方多竹林，这里生长了很多的竹子，人们把这些竹子做成笛和箫，便有了笛的清音、箫的幽咽，像画眉的歌声一样百转千回，万般柔美。

可是到了北方，景色就全然不同了。"大漠孤烟直，长河落日圆"它让我们看到的是一片雄浑、一望无边的大漠，在大漠中升起一股炊烟，我想这股炊烟化身在南方人的笔下，大概会形容成炊烟袅袅吧，可是北方诗人写的是"大漠孤烟直"，为什么直呢？是因为它必须与浩瀚的大漠去匹配，在这个大漠中升起一股浩然正气。所以北方人心目中的自然是苍茫的山地、万里的长风，它的乐器不是笛、不是箫，是锣、是鼓，我们听到的是锣的高亢、鼓的雷震，看到是骏马雄健的身影。尤其在大漠，千万匹骏马奔腾起来，烟尘遮天蔽日，震撼人心。

南方人跟北方人理解的世界有很大的不同，南方这里是丘陵，水网地带。中国的绿化，主要集中在南方，我们看到卫星航拍的中国地图，在周边这些国家里面，中国的绿化率是最低的，并且绿化大部分都在南方。因为自然环境的优势，所以南方的树木也更为丰润秀美。南方人喜欢非常柔美的树，像垂丝妙曼、斜影多姿，如繁花似锦、秀色可餐！看到这些垂丝曼妙的树，看到这些绿色，都可写作很美妙的诗文。可是我们再看北方，前两个月，大家都涌去内蒙古看胡杨林，当胡杨林凋谢以后，映入我们眼帘的是北方树木的苍劲雄健，或是枝叶紧密，或是耸立粗犷，它们冲天拔起，傲岸可敬。北方的树，让我们感受到一种倔强的、挺拔的个性。

说了这么多南北景色的差异，我们再看历史上中国的发展，在历史上，我们众所周知的都是由北方向南方的发展。当我们看到北方这种雄浑大漠的苍凉。不知道大家有没有注意到，全世界的古文明都出现在和中国北方，特别是山西到甘肃、河西走廊这一带相似的黄土地上，古埃及、两河流域、中华古文明、印度的恒河文明都是诞生在黄土地。为什么呢？因为黄土地它是地球几千几万年生物堆积下来的，非常的松软。再看现在的北方，特别在春秋两个季节，经常会出现扬尘、沙尘暴，因为它是黄土地带，土质很松，风一吹就把黄土地吹得到处漂移，而有风经过的

迁徙图（现代·吴镜汀）

地方，就为它带来了丰富的生物堆积，各式各样的种子以及肥料也带到了四面八方，这就是北方大自然的形态。因为土质松软，土地很容易开辟。

我们看最早古人类没有工具的时候，就用石器、木器来进行生产生活，读过历史的人都知道，人类历史的旧石器时代、新石器时代都是很简陋的。需要用石头开垦农田，撒下种子，长出庄稼。而这种生产方式在南方完成开垦是完全不可能的。只有在北方这种松软的土地上才能做到。按人类今天生物学的研究，人类最早是诞生在非洲，这是有名的人类起源之说。大概在 20 万年前，这一群人走出了非洲，走向世界各地，在全世界寻找适合人类居住的地方。结果他们不约而同地走到黄土地带，停留下来开垦发展，形成古文明。在中国也是，人类从亚洲低纬度地方一路北上，在南方基本没有停留。让人惊奇的是，古人甚至会走到西藏去，他们是怎么走去的呢？通过茶马古道非常险峻的山路，一直走到西藏，再往前走到北方的黄土地带，最终停下来开发，繁衍生息。

到中国的夏商周时期，全国开辟的主要有九个州，这九个州就是今天我们称中国为九州的典故所在。在那个时期，九州土地的肥沃程度、人口数量，是古人对这些州的一个评价标准，分为"上等、中等和下等"。就土地肥沃、物产富饶的条件来判断，最好的是雍州，雍州即今天的陕西，这就解释了为什么中国从西周到唐朝的都城一直就在西安。因为他的土地最肥沃，被化为上上等，南方勉强可以挤入中上等的城市就是徐州。钦州、豫州、济州都是北方的州。南方的土地就成了下等地。荆州、扬州，包括我们这一片统统都属于下等地，也就是最差的土地，它的整个收入不及北方的三分之一。所以西汉的贾谊会说南方就是穷乡僻壤，东汉陈番则称江南为"卑薄之域"，这个状况一直都没有改变。从中国文明形成到两汉兴盛，咱们这个地方都属于最差的土地，这个大家可能会不理解，南方怎么会最差呢？但在当时就是最差的。

　　通过这个大的背景我们就知道了南北文化的差异，古文明形成在黄土地带，因为这个开发使得中国的各个州土地肥沃的程度有了标准，以这个标准而言，南方可以说是最落后的地方。南方的特点和北方最大的不同就在于，南方是丘陵水网地带。这就造成了南方的土地粘性强，而在这种粘性很强，树很多，水网很密的自然条件下，就决定的南方的开发模式：点状开发。不同于面的开发，它是一个点一个点开发出来的。

　　我们知道，古代的南方人跟北方人是不太和睦的，互相都有一点看不上对方，一直到今天的南方人跟北方人都是如此。最典型的就是北京跟上海，北京人认为上海人小气、精明、计较，上海人觉得北京人粗鲁、说话不靠谱、拍着大腿喝酒等等。北京人和上海人或者说这两者背后所代表的北方人跟南方人，差异鲜明，但又其实都是一种人：中国人！同是中国人怎么会相差这么多呢，包括我们宣城这个地方的人基本上是归入南方系的。就安徽这个省来看，我当年追溯曹操基因的时候，遍寻整个安徽，从北方的亳州也就是曹操的家乡，一直到皖南。可是即使是安徽省内，皖南和皖北还是大相径庭，皖北的人更像外放的北方人，皖南的人就更有一种内秀的气质。所以即使都是安徽省内，差别也很大，那这是为什么呢？这里面就回到我们刚才说的点状开发。点状开发是很不易的，南方这种粘性的土地，你要想用石器和木器把它开垦出来，那是完全不可能的。因此南方的地是需要一点一点开发的，每一点投入的劳动力都很大，可是这个土地一旦开出来就很肥沃，产量很高。同时这个土地是来之不易的，南方人就要追求在这片土地上发挥这个土地的最大利用率，把它投入的成本收回来。而北方的黄土地，用木头石头一刨就刨出一片，种子一撒，就可以回家等着秋天庄稼长好的时候收割了。所以南方人经常骂北方人懒，不劳作也不去照顾庄稼，等到秋收来收割，如果他们的产量不太高，不够吃的话，与其让他去施肥浇水提高产量，那还不如再多刨一片地，因为刨地来得更快。人做事都有一个基本的特点，追求低成本和高效率，那么多刨一点地就很容易把产量提高上去。这种生产方式就决定南方人跟北方人的不同。所以说这个性格不是两种人的区别，而是生产方式决定的。长期的这种生产方式就决定了两个地方人的性格的差异。所以人的性格还有很多其他方面都是环境造成的，包括最初的人类走出非洲，走到全世界去，为什么后来就有了黑人、白人、黄种人呢？原因也很简单，是地理环境造成了我们的基因变化，逐步演化出与自然地理环境相匹配的一种肤色，我们的性格更是如此。所以，宣城它是一个丘陵水网地带，那么这里的人肯定也是属于精细的人。

《宣城县志·风俗》记载："金陵上游，山环而风萃，水曲而气结。是以士多四方志，而民鲜有百里之游，拥沃饶以为利，侈露积以为富，挟膏腴以傲刀锥。"这里出来的文化人士胸怀世界，但是老百姓并不太流动，依靠当地的生产和开发便可以自给自足，到唐朝已经引来很多文人墨客。我们看历史上有名的人到宣

《宣城县志》书影

城来留下很多诗篇。钱起的《路入宣城界》一诗中写到：

斜日片帆阴，春风孤客心。

山来指樵路，岸去惜花林。

海气蒸云黑，潮声隔雨深。

乡愁不可道，浦宿听猿吟。

这首诗描写了宣城地理环境的特点，是有山有水的丘陵地带，山水之间犹如听到江潮一般，这就形成了一个很典型的南方地貌特征。

宣城从历史上来说，最早称为宛陵县，古意爱陵，后改名为宛陵。以宛溪之滨，陵阳之麓，含山水首字定名，一山一水各取一字就成了它的地名。楚汉之交属于楚国，楚国是战国时期国土面积最大的国，基本上涵盖了整个南方。宛陵在汉初时，属荆、吴和江都王国郭郡，区域范围包括今天的宣州区、宁国市以及芜湖市东南地区，故城遗址位于今天宣城市宣州区东北部。王莽时期改名为无宛县，后又在《韩诗传》里面改名为宣，"宣"的意思就是显，显赫的意思。早在春秋战国时期，宣城就以吴楚的名义扬名于开发较晚的江南地区。前面我们看到扬州在九州里面属于土地最薄的下下州，在这最迟开发的江南里面，宣州是很早就出名的，所以是"宣"字的由来也和它的历史地位相匹配，非常的显赫。汉代宣城已置县，易名宣城，楚汉相争的时候，属于英布的九江国、庐江郡，

宛陵纪游图（现代·黄宾虹）

区域范围在今天的南陵县及周边地区。故城的遗址位于今天的南陵县青弋江镇。在地图上，我们看到，汉代的宣城在丹阳郡这里。

在南方的开发里，应该说整个南方最成功的地区是太湖流域，所以中国南方的重心一直在太湖流域。宣城属于长江支流，离太湖稍远一些。南方的点状开发是怎么开发呢？如何开发水多树多的地区？想要把它开发出来，第一步就是要把这些树木的问题解决掉。地球孕育了几十亿年，这些树木都是至少生长了几千年的参天大树，那么我们怎么把这些树拔掉而把土地空出来，就是当时遇到的第一个大问题。我最早研究中国经济史，这个问题我经常问我的学生们，南方这么多树木怎么开辟成田？学生就跟我讲："很容易，放火烧就可以。"是的，南方经常都是用火烧。我接着问，烧了以后这个地出来了没有呢？可能你眼前看到的是出来了，但是如果想种庄稼，就会发现这些树根是烧不掉的。既然是参天大树，那下面是盘根错节的树根，树根去不掉地还是空不出来，真正的难题就在这里，所以就去除树根而言没办法投机取巧，最终还是需要用金属工具去挖。所以南方开发一定要到金属工具出现以后才有可能真正进行。因此南方开发的一个很重要的因素，就是一定要有雄厚的资金、大量的人手。如果我想刨出1 000亩地，可能要三到五年才能做完。这三五年里可能需要成百上千的劳动力，我需要供他吃饭，吃三年才能将地刨出来。资金不雄厚的话，开了一年，资金链断了，那就没办法再继续开

谢灵运祖居庄园始宁墅（沙盘复原图）

发。资金雄厚、拥有很多劳动力，这就变成江南开发的第二个特点——庄园。

我们讲到宣城就会想到谢氏，谢氏就是一个大庄园。谢氏因为财力雄厚，人手丰富，所以可以定居在这里，不管多少年都能把地开发出来，所以我们看到这个点状以庄园为代表，其实就是南方这种开发形式决定的。如果你是一个穷人，没有雄厚的财力支撑，想在这里开发出一大片地来，是根本做不到的。不是没有地，而是没有经济能力。南方有的是地，但人很少。古代北方一个大的县，能有几万甚至十几万人，在南方一个县有一万人，就算很了不起的县城了。而宣城就是人少地多，而富不起来其实归根结底是地开不出来，南方的开发形式必须有大资本、多劳力集中的开发。因为很难做到，所以它是一个一个点的开发。那么谢氏庄园就很具有代表性了。始宁庄园为谢家几代经营所成，范围大体上北起今上虞上浦东山，当时又名旧山、北山，南达嵊县崄浦仙岩一带，南北绵延约 20 公里，中有曹娥江剡溪流贯，两岸河谷地带是积水沼泽区域，中间分布着汀州小丘，都是太康湖埋废后形成，当时又名大小巫湖。所以它的水资源很丰富，有山有水。别看始宁庄园开发的范围这么大，其实它可利用的土地并不多。范围大说明这个地区不缺地。嵊山在江东，嚼山在江西，两山相距不远，当时又泛称南山，盖与北山相对时而言。庄园东西的距离宽狭不一，大概 5—10 公里。今绍兴上虞区上浦乡东山有谢安（玄从叔）故居及墓葬，山顶有国庆院、谢公调马路、白云明月二堂。谢玄、谢琰在始宁有故宅及别墅。今嵊州东北江东乡、幸福乡之间有车骑山。"晋车骑将军谢玄为会稽内史，尝于此山立楼居止，后人因以为名"。所以这个范围拉的很宽，一个庄园，一个系，就形成一个大家族，这就是南方非常重要的特点。开发得慢，庄园培育的大家族，这大家族有多大，今天的人很难想象。

在古代，家族一旦扎根于此，实力雄厚以后，这个庄园的人是千家万户一个姓，所以谢家从这里一直到浙江跨县，北方大的家族甚至跨省，叫做跨郡连县，几个县跨几个郡一个家族，甚至有几万家。所以这个大家族的势力就能左右这个地方的政治，谁来当地方官，都得跟这些大家族搞好关系，没搞好关系这个地方你根本控制不住，这就形成了地方大姓。比如说在南北朝隋唐时期，北方一流的大姓：崔、卢、李、郑、王，南方有顾、陆、朱、张、谢，这些都是大家族，它背后其实是非常大的地方势力，支撑这个地方势力的就是一个一个的庄园。郦道元的《水经注》里面就记载了这个庄园的情况："崝山东北太康湖，晋车骑将军谢玄旧居所在。谢氏庄园右濒长江，左傍连山，平陵修道，澄湖远镜。于江曲起楼，"意思是在这个江水弯弯曲曲的地方盖楼，景色很美。楼的两旁都是梧桐和桑梓树，这些树都森耸可爱，可见都是大树，这样的大树今天被我们砍光了，我们看不到那种参天的古木了。"居民号为桐亭楼"，楼的两边可以看到江水，跑到楼上有深眺之趣，可以远望看到江上湖上有人打鱼，我们在湖中间修路，"东出趋山，路甚平直"，这个景色就像杭州西湖，在湖中间有路。"山有三精舍，高甍凌云，垂檐带空"，我们可以看到谢氏庄园有多美，傍山临水，高楼亭台烟雾缭绕，树木参天，像神仙的居所。这就是我们讲的南方庄园的开发特点。这个特点把它归纳起来就是高投入、长周期、高回报。因为人多所以谢家很自豪说，我家闭门成军几千口人，把门一关，里面就可以组成一支强大的军队。

　　人与人之间紧密的依赖，紧紧依靠在一起，南方自古讲亲缘义气关系。这种义气关系保存时间非常之长。明朝戚继光抗倭，

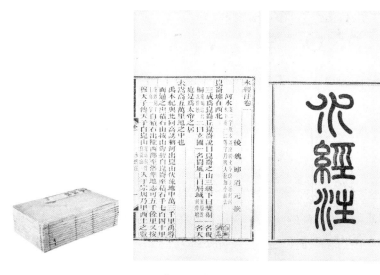

《水经注》书影

它在全国到处征兵训练军队，最后看中的还是浙江安徽这一带的，这一带的人特别讲义气，关系特别紧密，是很有战斗力的，所以他大量用南方兵。戚继光是山东人，北方战争多，特别是经过五胡十六国以后，来来往往大规模的征战，多少民族横扫北方，北方拉锯到最后都麻木了，不管谁来统治，反正好汉不吃眼前亏，先归顺了就是，已经对政权的变化习以为常。而且北方人有雄心壮志，一定要在这里拼出一个英雄最后来统一中国。

　　而中国历史上南方人完全不同。一直到明朝为止，南方人没有什么统一中国的雄心壮志，只想看不要有战乱，安宁度日。所以一旦动乱，南方跟北方完全不同：北方大打出手，不停地打仗。

南方马上分裂成很多国家，五代十国，北方五代，五个政权交替，同时南方分成十国，基本上跟今天的省界是差不多的，各省各自独立，你不侵犯我，我也不侵犯你，割地自保。等到北方战事尘埃落定，打出一个英雄来了，开始南下，如果这个北方政权是比较仁义的，南方能接受，南方十有八九投降归顺。但是不管什么政权到南方，都不能对这些南方的庄园随便动手，国家政权想渗透进去，马上就引起激烈反抗。这时，看似很温顺的南方人，战斗力就表现出来了。戚继光为什么要南方兵，道理就在这里。这种情况一直延续到抗日战争时期。那时中国出了很多汉奸部队，汉奸部队里面有几支是南方部队呢？基本没有。我们看电影里的南方部队四川兵、云南兵、双枪将，拿着一根鸟枪一根烟枪去和装备精良的日军作战，成建制被消灭，没有投降。所以南方因为这种几千年来的开发特点，形成真正的保家的那种观念。紧密的人际依赖关系，讲义气是南方的一个社会风情的特点。因为它的开发成本很大，所以我们就要追求高回报，要高产量，一个一个庄园，庄园和庄园之间相隔很远。

　　庄园在一个有钱的大姓的指挥下，产量提高以后，他自己消费不了。所以南方就必须靠交换，我们好不容易开辟出一块地，这片地是种水稻还是种水果，还是种桑麻，这就看哪一个经济价值更高。这就是南方很早形成的非常发达的商品交换，而且这种商品交换是靠长途贩运，无论是水运还是陆运，更多借助于一种密密麻麻的水网作为它的交通网，所以它是一种长途贩运商业，

清代光绪年间银锭（现藏宣城市博物馆）

这种商业发达就要求有一种货币。货币在今天看来很常见，但是在中国古代货币很长一段时间在南方非常发达，在北方非常落后。哪怕是唐朝盛世，前期北方还一直延续用商品交换的形式，我牵一只羊换你 200 斤米。而在南方，我想用一挂香蕉换你 10 斤荔枝，是不可能的事！所以我们就必须使用货币来做货物流通的度量衡，我们都用货币，带着钱，无论是商品交易还是携带方式都明显便捷了许多。南方的经济的是商品经济，南方的政府靠收商税存活，它的重点不是收农业税，而北方都是实物经济。我们看北方的政权，它在北方收税是严格以实物经济为依托的。到唐朝，一亩地收的食物交上来，每一家交一匹布。南方做不到，南方这里可能全是种水果的，没有粮食也没有布，那只能是用钱。但是这个钱怎么收又成了一大问题，政府跑到庄园去，庄园主不会让政府进去收的，政府也不知道这个庄园到底有多少人。谢家叫闭门成军，哪个官员敢进去点呢。但是南方的政权也很聪明，你的产品总要拿出来卖嘛，最后南方的政权来收商税、交通税。南方习以为常的货币以及商税支持着南方政府，这个政策如果拿到北方去，会被北方人骂死。直到唐朝，已经发展得相当好的时候，收商税还会被骂，说是恶税，所以两个地区在经济形态上差距很大。我们在南方看到的是一种地域的开发，通过商业的交换、开放性跟每个庄园的封闭性相结合，它是两个极端的结合。庄园是封闭，但是经济是开放的，它如果不开放不交换，这个庄园就存活不下去，所以开放性跟封闭性同时存在。在政治上，它是相对独立的，离政权比较远，这就是南方庄园经济的特点。

这样的庄园经济中，诞生了南方许许多多的世家。清朝很有名的宣城籍的学者施闰章，他在评论望族和大家族时说道："余闻之先人曰，'世家易，大家难'，俗所谓世家者，或位公卿世累。""世家"是什么呢？都是在官场上当大官的。"公卿世家缨笏相继，然而公卿贵人，咄嗟立尽，高门巍阀，吾见其生荆棘、穴狐兔也；其且堕其家声，为先人僇，族虽大无取焉"，这个家族虽然大，但是官场很容易起起落落，所以这个家族未必很稳定。随着官场的起落，有族人在官场上得意，这个家门就兴旺，但如果衰败了，整个家族就沉沦下去了。"大家"难，能够扎根长久的难，这个"大家"是什么呢？诗书传家。我们看江南的古代祠堂，这个门匾大都挂"诗书传家""耕读传家"这样的匾，为什么呢？有文化，有自己的经济，崇本务实，孝悌力田。这个

绩溪龙川古村落

家族的规定不是出什么高贵的人，但是要培养一个向善的孩子，没有做坏事给家族丢脸。"其贤者慕而颂且效之"，大家都仰慕这种有教养的家族，"贵至将相而不骄"，有家教的孩子将来他当了大官，当到将相都不会傲慢。没钱的时候，是匹夫的时候，也不会拍马溜须，保持家族家风。这就是能扎根于乡村，老老实实务农而获得一个比较厚实的经济基础，又善于把这个经济基础转化为文化，文化变成家族的教养，这个教养培养一代又一代善良的知书达理的子弟，这样的家族才能长期保持下去。这才是真正的大智慧。

历史上每一次改朝换代都有大批的能人崛起，因为立了大功，开国以后都当大官，元帅将军诸如此类。所以一次开国至少

泾县查济古村落

几千家崛起，甚至几万家崛起，连地方也算上去，但是历史你再读下去，你就看这些家族有几家能够保存到三代以后？很多两代就结束了，当然悲惨的也有一代就结束了——有政治企图、有野心，被灭了。这种是属于一代就结束了，有非分之想。二代则是孩子没教育好，到第二代出了败家子就结束了。孩子第二代教育的还可以，到第三大基本上是不会再存下去，长不过三代。所以这些高门大族，立下赫赫功绩的这些大家庭能够三代以后还持续下去，而且社会上还会去关注他，这个比例1%都不到，而这些能够保存下去的1%，为什么就他能保存呢？是不是他的运气特别好呢？我们信风水算命？风水算命都不要听，只有一条，那就是你懂不懂得把你手头的权力、钱转化为文化。能转化为文化的，不求孩子当大官大商，但是让孩子都能成才，知书达理，这个社会要谦卑才能存久。这一点我们今天需要特别注意的。我们现在觉得扬眉吐气，走路两个人迎面相逢，谁都不让谁，好像让了就不行，短了一口气，人家让你，你昂然而去，就是没有做到谦卑、知书达理。这其实是家教家风。

所以这个权力、金钱就要转换为文化，而文化不是知识，知识是文化理论最底层的东西，我们都搞错了，我们教育孩子两岁就学习知识，知识有什么用呢？古语说"不成才便成仁"，所以整个教育，它的核心是把人培养成人，如果我们没有受到这种家庭教育，很多事情的处理上都能看到家教的重要性。比方说会有一些人在过马路的时候横冲直撞，不管路上有没有车辆通过、是否安全，站在路中间，还豪横道："量你不敢撞我！"而如果有家教的人，家教的第一条，家长就会告诉你不立危墙。先不要摆横，说人家不敢撞你，万一撞了呢？所以说远离危险才是对自己好、对别人好，这些家教总结慢慢形成了一种文化的教养，教养就形成礼仪。"礼让谦和"，善待别人，"族不必皆贤，而向善者众"，大家都向善，没有那种给家族丢脸的人，大家都喜欢跟这种阳光的、大气的、亲和的、不计较的人交朋友，这就是家教。你孩子教育到这一点，你的朋友遍天下，后面还怕什么呢？古代这些家族能明白这一点的寥寥无几，我统计一下，百分之一都不到。都比横，好像让一步我就低你一头，两强相争后，最后就是这些谦卑的、有教养的就存活下去，江南的这些家族就是这样形成的。

泾县黄田古民居建筑群

　　那么在宣城，庄园的开发，点的开发，在中国南方的推进是很慢的。从历史来看，中国开发把点连成一条线，太湖、长江流域能够开发出来，要用1 000年，下一个1 000年我们可以推进到宣城到浙江温州的这一条线，从长江开到这一条线，整个开发出来基本上要用1 000年左右的时间。如果以这个速度去看现在的改革开放，那我们这40年改革开放的成就非常巨大。中国的经济起步应该说是从十一届三中全会开始，大家还记得当时中国企业家最宏大的目标就是当万元户，可能今天的朋友都不知道"万元户"是什么，但我们当时一万块是不得了。从那个时候起步到今天，成果是什么？大家有没有注意到，我说1 000年开一条线，从长江到宋朝1 000年，再到温州宣城这一带，再往前推1 000

年，慢慢下去。而改革开放以来中国开出的多条经济带——黄河经济带、淮河经济带、长江经济带，到珠江经济带，这一历程我们用了四十年。这就告诉我们这个点状开发的艰难程度，在古代的生产条件下，点状开发投入成本很高的情况下，我们要寻求他的突破，想要一个跨越性的发展，就要找到适合自己的路。投入的资本越雄厚，花的钱越多，肯定就希望回报越高。种粮食、水稻它的回报肯定不高，这个收回的周期太长，古时候人们就会走另一条路。

在汉代这里属于丹阳，丹阳到会稽是出金属的地方，三国南北朝时代，南方产铜集中在会稽、丹阳和湖北鄂城，一直到三国分裂。整个中国铜冶炼中心就三个地方：会稽、丹阳、湖北鄂城，所以这里就是铜开发的重要地方。在这些铜的器物里面有一种使用面很广、价值很高，可以卖很多钱的器物，就是铜镜。我们看到汉朝铜镜的铭文上面写着："汉有嘉铜出丹阳，炼冶银锡清而明，"做出很好的铜镜。在《汉书·地理志》里面，丹阳"有铜官"产铜。西汉的吴王刘濞，因为据有豫章郡，用江南铜的资源大规模铸造铜钱，所以他曾经一度想挑战中央政权，发动了吴楚七国之乱，他敢挑战中央

唐·雀绕花枝菱花镜（现藏宣城市博物馆）

就是因为太富有，在这里铸钱和做铜镜，铜镜风靡了整个南方。我们这个地方在广义上属于古楚国属地，楚文化最崇仰的是鬼，屈原写的所有的诗，其实都是在写鬼、招魂。当然楚国讲的鬼并不是我们今天头脑中出现的鬼，它是另一个世界的万物生灵。这个鬼不是说是坏的，鬼和我们活的人有什么关系呢？我们都喜欢辟邪，不要鬼附身，那么我们怎么驱鬼呢？最常见的两种东西——朱砂和铜镜。清明时节或是春节期间，朱砂红小孩子眉心涂一点红色朱砂，有辟邪作用；第二个就悬挂大的铜镜驱鬼。南方人对镜既爱又恨，到现在还有很多邻里纠纷，就是因为镜引起的——要辟邪，家门口挂一面大镜子，鬼不敢进来，而镜子一反射就投射到对门去了，邻居就生气了："这不是把鬼赶到我家来了？那我也立一个镜子。"于是两面镜对射，这就是楚的文化、楚的风俗。过去，南方的铜镜工艺非常高超，制作非常精美。现代铜镜的收藏也有很多，我见过的唐以前的大概是最精美的铜镜，没想到是在一个日本私人收藏家手里，他从中国齐家文化到唐代的镜子大概收藏了400面左右，在他家可以一面一面看，那铜镜是真漂亮。这个铜镜是从中国江南传到南方其他地区去的。日本人最喜欢的一种铜镜，叫做三角缘神兽镜，这种镜之精美，制作手艺之高，在整个古代，日本没有这种技术，也没有这种工匠。这种铜镜在中国是没有的，中国各种各样非常精美的镜子，就是没有这种很奇特的样式，所以这种镜子引起了整个东亚世界的高度重视。怎么会把中国几种铜镜的样式拼合在一起，形成一种非常独特的三角缘神兽镜呢？而且制作工艺很高，边缘是三角形的，分成好几个区域，每个区域都不同，外面是代文，中间是铭文，背面是西王母骑着神兽，祈祷吉祥。南方信鬼，南方很早在三国时期，佛教就传进来，佛教传进来西王母就被改成佛祖，所以这面镜子下面是一尊佛像，佛像在南方普及开来后传到日本，所以铜镜又把佛教传到日本。所以日本最早的文化基本上都是来自江南，而且跟我们这个地方有非常深厚的关系。了解过这个渊源之后你再看日本文化，就会发现他有着很多来自我们中国江南的文化特点。

　　江南的城市经过魏晋南北朝以后的开发，城市逐渐发展起来。在唐朝，宣城北临长江，从州城到长江有水道相通，李白喜欢宣城，在这里他写宣城是"鱼盐满市井，布帛如云烟"；元稹和白居易在这里，成了一个时代的象征——元白。元稹也讲到宣州说："宣城重地，缴缯之数，岁不下百余万。"收入一年都在百万，可见宣城在唐朝中期已经相当发达了。那么宣城这个城市在唐朝和北方城市有什么不同呢？北方的城市大部分是政治中心，它崛起是因为它是政权所在地，像都城长安，各地的、各个郡的首府之地都属于政治中心，政治中心的城市对一个区域来说，从经济层面的贡献不大，它需要人民供养，所以政治城市它是靠从四面八方的税去供养的。养不生产的官，还有不生产的知识分子、文人，这些都是消费型的，要支撑这些人的消费只有靠税收，所以在古代这种政治城市的繁荣对地方经济的贡献度不是很

太白诗意图（民国·蒲华）

高。但是在南方，像宣城这样的南方城市很大部分是跟政治无关的，它是地方交换的中心。靠着交换集市发展起来，成为一个经济型的城市，经济城市就成了这个地区货物的集散地，货物到这里集中来卖，卖了再回去，它就拉动整个地区的发展，你生产出东西来，需要到这城市来变现，再带着钱回去，所以就可以把城市的这种信息资源回流到乡村去，形成一种良性的循环。南方只要是城市发达的地方，周边的农村一定富裕，和政治城市相比，这个特点非常明显，政治型城市周边的农村都富不了。而宣城不是政治中心，在唐以后，它就是一个经济型的城市，诗歌里面讲到它的富裕，这就是他的一个基本的特点。

宣城周围山地丘陵众多，物产特别丰富，商贸交易兴盛。谢雍任刺史的时候，在这里劝农，鼓励大家种粮食，"百谷年丰、通商鬻货、万货云丛"，在这里进行商品交换。所以我们看到唐朝记载，到五代的时候，宣州的地位仍然很突出。"宣州奥区，国家巨屏，宣城重镇，陪京之南"。在江南首府的周围，"据三楚之襟带"，交通发达，这是宣城的一个优势。"境环千里，邑聚万民"。到宣城建立，宣州并没有完全走粮食这条路，因为粮食卖出一个很高的价是很难的。要追求经济价值更高的。宣城在唐代发展出一种很特别的麻布纺织业，种麻。其中最有名的就是火麻布。这个传统工艺把它保存恢复，属于世界文化遗产，靠着这种传统就足以让一个地方的经济非常富裕，像日本现在有很多二三线城市，它依靠的就是历史上流传下来的工艺，保存下来，大家都跑去买。宣城的人很聪明，要做一个东西就不要求量，而要求质，要做到全国最好，所以火麻布在盛唐的时候，它是全国第一的。一说到火麻布就是宣州的火麻布，它是全国最好的一种麻纺织品。

而在唐朝，北方商品经济不发达，它很多靠的是实物的交换。军队的军费在北方想用钱，很多地区是行不通的。西北的农民家，你用铜钱和他换粮食他是不愿意的，他认为拿这些铜能干什么呢，又不能吃，所以你没办法用钱交换。不像南方，货币深入人心。所以在大西北，唐朝驻军的丝绸之路，也就是我们今天讲的"一带一路"，那时候的军队到新疆，到中亚驻军，它的军队军费用什么钱呢？火麻布！火麻布可以作为货币，用布作为货币，中国的传统，诗经里面有句诗"氓之蚩蚩，抱布贸丝"，拿着布去买丝，所以布就是一种货币。布作为货币还有第二个优点，不买东西的时候，布直接可以做成衣服，所以前线部队的军装可以用这个布做。如果需要买东西，它可以拿去交换。为什么这么说呢，我们可以看到在吐鲁番，就发现了唐朝的火麻布，上面标的就是宣城。我们就看到宣城火麻布的数量之多，在全国流通范围之广，成为国家税收、支出一个非常重要的方面。《天宝二年交河郡市估案》，交河郡就是吐鲁番，吐鲁番的《市估案》中价格昂贵的火麻布就是来自宣州和润州。宣州溧阳县的麻布被单在新疆考古中也被发掘出来，说明作为国家税收租佣上交的宣州的火麻布在北方是很受欢迎的。李白到宣州很赞赏用麻做成的绢，在上面写字。还有宣州的石砚，文房四宝：笔、墨、纸、砚，

唐·麻布残片

大概都是在这个地区产生的。

宣州出产的麻织品地区比较广，现在我们可以通过历史文献来考证，除了溧阳县以外，广德也是。后唐的保大八年，广德县改为广德制置，在古文献《太平寰宇记》卷一百三记载它有土布。当涂县在天宝时候种麻业相当兴盛。李白的诗里面描写道：

石门流水遍桃花，
我亦曾到秦人家。
不知何处得鸡豕，
就中仍见繁桑麻。

看到到处都种满桑麻，石门山应该在当涂县的东面，桑麻随处可见，所以手工纺织是它的优势。陆龟蒙诗里边讲"四邻多是老农家，百树鸡桑半顷麻"，房前屋后种桑树养蚕织绢，门前有半顷种麻，所以桑麻传统在唐朝非常的繁荣。从价格来看，吐鲁番文书《天宝二年交河郡市估案》记载，火麻布上等的一段值钱500文，那是非常值钱的，一匹上等的火麻布可以卖500文，其次490文，只差十文，最差的可以卖到480文钱。这什么概念呢？大概丰收年间一斗粮食三五文钱，正常年间十来文钱，一匹绢

500文则能换多少粮食，它的经济价值有多高？这桑麻带动了宣州的纺织业。唐朝宣州贡品里面有绮、白纻、红毯。火麻布质量在其等级中位列第一。白居易也盛赞这里的火麻布和绢织品，诗中写道：

> 择茧缫丝清水煮，
>
> 拣丝练线红蓝染。
>
> 染为红线红于花，
>
> 织作披香殿上毯。

就连殿上的毯子都是这里织的。有了这么一个很好的丝织业，还有做笔、做砚，文人墨客都来了。从六朝到晚清，这里出来的大文豪比比皆是，但凡在古代有名的人总会来到宣州，这样就给我们一个信心，我们还是应该把宣州做起来，还要成为中国一个很重要的文化城市，恢复我们的传统。

下面可以举几个典型的例子来看。谢家谢灵运、黄家黄翁、韩家韩愈，这些都是大家都知道的历史名人，韩愈的纪念馆也建好了。

但是我们还看到了宣城当地也出了一些影响非常大的家族。比如说梅氏家族，梅姓这个姓的源流很长，号称是商朝的后人。中国历史夏商周，我们今天的中国人绝大部分的姓都是从周朝的姬姓分出来的。而周朝推翻商朝而立，周是来自西部关中、陕西，从这里推翻的商，进入到东部，把他的子弟分封到全国各地去，因为它是 800 年的一个王朝，影响太大，所以他的子弟后来几乎覆盖了整个中国。我 2010 年的时候研究基因，当然主要也是为了研究历史。我们也可以看到，今天中国人的基因里面跟历史推断是完全吻合的。我们汉族的主要基因是 O 型基因和 C 型基因，O 型更多是农业民族的基因。O 型又分 O1、O2、O3，O3，大概都被西周覆盖掉，今天的汉族绝大部分都是 O3，这个梅姓是商朝的，比周朝还早，这种家族保存下来在今天的中国并不多。能够保存在宣城的一个重要的原因就是丘陵地带。山可以使得你有险可守，你才会在这里扎根。你看我这些年做基因，我在调查中国全国各地的世族大姓，各个民族，北方我选择的山西省，山西这个省全是山，不管什么民族的人一进入山西，他首先要先建一座大院，就长期扎根。在山西，自古以来中国北方的民族的基因几乎都能找到，我们现在在一个一个找到，一个一个复原。在南方像我们宣城，像浙江南部，这里要做文化，就可以做一个中国古遗传基因的基地，你看商的家族都流传下来了。丘陵相对封闭，占据一个山开发出来，外界想去侵犯他很不容易。

河南是号称中原大省，也是中国古文明起源之地，但是我就没有选河南，什么道理呢？河南既然是农业大省，说明它是个大平原，大平原的战争多，老百姓就会跑，没有人会坐着等死，所以流动性很大。古代的人就很难扎根，河南的人都是后来一波一波地来来往往，但是在我们这种山区地带，你找的人的基因十有八九都可以追溯到很久很久以前。如果你有兴趣来我们这验基因，你很可能找到自己是远古的时候哪一位王公贵族的后人，这种可能性极大。所以我们一定要重视我们这个地方，我们这个地方一定是保存着非常丰富的中华民族的古基因，就保存在这种地区。再往南就要到了广东地区，那肯定要到宋以后了，再北到了长江沿岸，那就是战乱之地，流动性很大，而宣城恰好不南不北，离南京还有一段距离，所以避开南京（长江）这一线战火的人大致就迁到宣城温州这一带，在这里扎下根，这是一个很重要的原因。

那么梅家既然是从商这个王朝来的，据说最后商纣王无道，梅伯几次去劝他，商王不听将他罢免的，甚至被杀了。到周武王灭商，重新分封梅伯，就把他分到了湖北的黄梅县，号为忠侯，其后世子孙遂以先祖的封邑为氏，称梅氏。梅氏主要是活跃在河南鲁南线这一带。说到这里，河南的缺点就表现出来了，流动性大，后来在唐末五代，战争动乱的时候，很多百姓河南呆不下去了，迁到浙江湖州的吴兴，一个叫梅远的人在湖州扎下根来了。唐末在宣城任官以后定居在这里，成为宣城的梅氏。梅氏也是靠文化得以传承下来，他能扎下根说明有经济基础，但是主要还是要转换为文化积淀，有了文化，家族分居宣城的三个地方，成为鲁南世家，号称"梅氏三望：墨庄、章务、善经"。在宋朝嘉泰年间梅七公一支分出，称"柏枧山房，文峰梅氏"。第一个在历史上出的大名人就是梅询。宋太宗端拱二年考上进士，历任三司

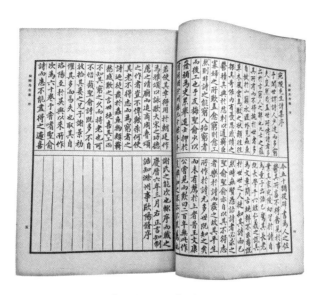

《宛陵先生集》书影

户部判官，国家财政部的主要官员，主持日常事务，后来当了兵部郎中，兵部的司局级官员，入集贤院，成为宋代的名臣，在宋史里面记载。长子是梅鼎臣，也考上进士，历任翰林学士，因为敢说话，宋真宗时期以飞白书"墨庄"二字赐给他。宋朝皇帝的书法是很有名的。宋真宗飞白两字赐他"墨庄"，所以梅氏才有"墨庄"这一词出来，用"美卿世居文翰之地"表扬他。这个家，从唐五代迁到宣州，成为一个文化的世家，墨庄就源于皇上的赐号。到了梅尧臣，梅询的侄子，历任县的主簿县令，国子监直讲，到尚书都官员外郎，被誉为宋诗的"开山祖师"。宋人说，宋的文章第一名是欧阳修，诗的第一名是梅尧臣，可见这个地方养育出来的诗人何等厉害。他的诗作得好，可能还有一个语言的原因，我们这个诗的音韵主要起源于古代洛阳，洛阳话是中国最正宗的语言。等到北方沦陷以后，洛阳话往南方传，所以各地南方的方言保存得最多的是中原古音。

今天的北京话是属于北方的一种方言，又融合了很多蒙古语在里面，北京是元朝首先定都，所以北京方言在中国这个语言系统里面它的音不是纯粹的中原口音。你用今天的北京话去写古诗词或者去念古诗，你就发现很多韵是对不上的，所以音韵平仄就会出很多的错误。而南方人这方面反而有它的优势。就我们的方言里面，像宣城离洛阳、离南京这么近，大量的中原的音沉淀在方言里面，这里的他写古诗的音韵反而很容易符合。所以，梅尧臣在诗歌方面的造诣可能是有这方面的原因，因为诗特别讲究音韵格律。意境对照是一种心灵的悟境，但是基本的规范是不变的。梅尧臣的诗作得特别好，在宋朝称第一，那太了不起了。他的后人因为梅尧臣的诗名，就把自己这一支就称作善经望。所以梅氏一支是前面皇上赐的"墨庄"，一支是"善经"。

据说有一次进士考试的时候，梅尧臣当考官辅佐欧阳修阅卷，说明这一年的宋朝是诗和文都第一的人当考官，他们发现了一张卷子写得特别好，叫《刑赏忠厚之至论》，梅尧臣认为这应该是第一名，就把它推荐给主考官欧阳修，欧阳修读了也感觉到这篇文章太好，两个人有了共识。但是呢欧阳修他有一个公心，他就猜这么好的文章十有八九只有他的学生才写得出来，因为欧阳修的弟子遍天下，而且都是顶级的人才。宋朝很多的大文人都是欧阳修的学生。他知道今年他有一个叫曾巩的学生去考试，于是猜测这篇就是曾巩写的，谦让一点，把他评为第二名。结果后来张榜的判定打开来，这篇是苏东坡写的，而曾巩确实也写得好。苏东坡被欧阳修压为第二名。那么第二名拔为第一名，第二名就是曾巩。由此我们可以看到梅尧臣在赏识苏东坡上是慧眼独具的，他首先看到苏东坡这个卷子，把它推荐给欧阳修，如果不是欧阳修怀疑是曾巩写的。那苏东坡当年就是第一名，可见梅尧臣善于识人。

这个家族到后面一直延续下去，从宋到了明，期间历经了元朝这么大的变化，梅家在宣城的扎根扎得非常牢，到梅文鼎，一

《临川文集》书影

改明末天文历法的衰颓，卓然崛起，到了清朝，是天文数学第一人，伟大的科学家，开清朝中西算法融合之先河，俨然成为开山之祖。17、18世纪，中国的算法，宣城为其先导，而梅氏子孙构成了中坚。所以宣城是一个形成数学人才的地方，这个原因就值得我们去探讨。为什么宣城会出现算法先驱，是不是还是跟经商有关。中国计算在世界上一直都是非常强的。到清朝以后，梅氏家族的科学家就一代接着一代，梅文鼎的弟子梅文鼐、梅文炯、梅文昭、梅以燕都是数学家，后面一代一代传下来。在中国近代，梅家人才辈出，全是宣城的。

第二个，我们来介绍贡氏家族，贡氏家族号称先祖乃孔子的弟子，孔子有3 000弟子，其中杰出的有72人，有一个叫子贡，贡氏从家谱流传来说，它就是子贡去掉子。宣城的贡氏始祖是贡祖文。1071年到1150年，南宋靖康的时候，金人南侵，贡祖文曾经被俘虏，后来逃脱回来，是宋代南迁大姓，迁居宣城，从宋朝北方迁到宣城来，以后就成了南方大姓。我们讲到民族英雄岳飞的时候，就会知道这里的贡家就是贡祖文，他是大力支持岳飞抗金的。宋代贡祖文开礼法之家，一个家族传承靠的就是子孙的教育，礼法教育是突出表现。元代贡士瞻和他儿子贡奎让这个家族成为一个很有名的文化世家，贡奎以孝闻名于世，史书记载，父亲死了他哀号不食，拒官思亲，辞官回乡养母，在这里开地方学校，教授子弟。所以这个家族对地方有一个很大的贡献在于办学，使得宣城整个地区的教育得以提升，所以对宣城是有贡献的。贡性之，元灭亡的时候，他就不去当明朝的官，隐居在会稽。贡氏家族一直是教育世家，贡氏子弟执掌书院山长。宣城贡氏从元代到清代，一直保持着家族的学术和文化传统，著述非常丰富，很值得我们去整理以及回顾它对宣城地区文化发展上的贡献，因为它为宣城培养了一代代的教育人才。

从宣城的整个发展来看，宣城是如何去化解对它不利的因素，使其变成发展的动力的呢？首先这里是丘陵地带，丘陵地带的粮食产量是不高的，宣城虽然在古代也产水稻出大米，但是大米远远不够当地消费，需要靠周边的邻县来供应。在唐朝元和初年，陆羽当宣歙观察使，他就说到这个地方粮食不够，饥荒的时候，很多没有饭吃的人怎么办呢？以前政府遇到饥荒的时候，往

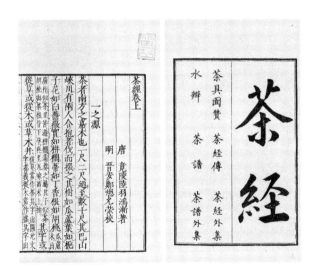

《茶经》书影

往从外地官方去调粮。缺粮时，当地一定会粮价飞涨，官方又会限制物价上涨，不许粮价涨，否则穷人就吃不起；官方去外地平价调粮，人家不愿意把粮食给你。通过政府手段救荒和通过商业手段救荒，那个效果更好？我在厦门大学的时候，我带着一个研究生就做平抑粮价的研究。他以广东为例，几次发生大饥荒，政府就限制当地粮价，然后政府从四面八方去调粮，各地政府就开始打马虎眼，因为是平价调粮，谁都不愿意给你，所以粮食很难第一时间到位，调得很辛苦，调进来的粮食远远不够。粮价一直压不下来，政府控价，市面就缺粮，反而造成饥荒更加严重。后来政府慢慢想明白了，与其靠政府的强制手段，还不如把粮价给放开，把市场给放开，放开粮价一下子就涨上来。但粮价一高的消息传出去，四面八方的商人就蜂拥把粮食运进来卖，粮食都运进来了，粮价就会跌下去，很短的时间迅速地把粮价恢复到饥荒以前。后来研究发现，几次大饥荒，政府的控价都是以失败告终，最后还只能依靠市场规律。当物价飞涨的时候，政府不要随便出手，政府出手往往是愚蠢的表现，因为物价飞涨一段时间，拐点会出现，拐点一旦出现，供大于求，价格就下来了。我们看到在宣城也出现相同的情况。这里讲一个例子，庐坦任职宣州的时候，江淮大旱，米价日长，一天一个价，政府去说服人不要提高粮价，要救人，讲道德，但是没有用。而宣州自己产的粮食不够，涨到了一斗米 200 文钱。最后政府把粮价放开，粮价涨上来了，四面八方的粮食运来卖，粮价一下子就下去了。这里就告诉我们一个情况，宣州这个地方粮食是不足以自给自足的，粮食不够是一个缺点，但是缺点往往会变成发展的动力，你想突破它，就不要在粮食上去动脑筋。

宣州的经验告诉我们跟风的人永远都富不了。宣州粮食不够就去想别的，转去做茶、产绮、做纸、造林，用绮、茶、纸来换粮食，这就形成了宣州几个特产。宣州的茶在唐朝、宋朝就已经出名了，据史书记载，南方人喜欢喝茶，北方人最初不喜欢喝茶。到盛唐以后，南方人教北方人喝茶，把茶输送过去，最后到处都煮茶。茶自江淮地区用车载过去，后从北方一直传到回族地区，传到新疆，所以新疆地区游牧民族骑着马到中原来买茶，这就有了"茶马古道"。我们都知道清明前茶最好最贵，过了清明，茶就次了。这种好茶，南方人是不会往北方卖的，因为运到新疆就要几个月，清明茶就变成了草，卖到北方的茶往往是下等品，茶梗、粗叶等等，把它们揉在一起就卖给北方人了。云南那一带甚至把它发酵压成饼，成了普洱茶。这种粗茶如果拿到南方来，产茶的人是不喝的，但是到北方效果特别好，因为北方是吃肉的地方，油腻，他们就需要这种粗茶来洗掉这些油。所以北方人喝茶是用煮的，而我们南方有没有看到煮清明茶呢？肯定是不会的。这样茶的价值就很高了。把这里不喝的粗茶压成饼高价卖到北方，而北方这些游牧地区缺蔬菜，缺可以帮助消化的东西，他们喝这种茶的效果就很好，尔后大量到中国来买茶。

宣州地区的人很早就明白茶的经济价值。《全唐文祁门县新修闻门溪记》中写到歙州祁门县"山多而田少，水清而地沃"，满山都种茶树，"高下无遗土，千里之内，业于茶者七八矣"。千里之内做茶的人占百分之七八十，农民种粮食的不多，百分之七八十都在种茶。"给衣食，供赋役"，农民自己家过得好，国家的税收也能交待上。"祁之茗色黄而香"所以这个地方就出名了，这里的茶的特点是色黄而香，买的人带了很多的钱来到这里，这里就成了一个茶的集散地，茶叶的中心。江南茶叶种植最普遍的宣歙地区，每年春天产茶时节都引得大量商人入山收购茶叶。唐朝会昌年间，杜牧为池州刺史，谈到茶熟的时候，四方的商人都带着锦、绣、针等等各种各样的好东西，丝织品、高档品、金银珠宝都来这里。因为茶商太多，山区就出现了盗贼拦路抢茶，可见茶的价值之高。"戎贼成群结队截杀商旅，婴孩不留"，戎贼如果被捉，罪抵止于失茶，被抓之后只要茶在身边，就可以为其抵罪，所以他们明白，只要茶在身边就可以到处活动。可见这里茶的贸易量之大。戎贼主要活动于长江中下游的京湘鄂粤，江西及淮南、宣歙、则西、地区，他们劫得财物皆是薄茶，他们抢到的钱都是去做茶的生意，回到本州去卖，循环往来，终而复始。南

徽商汪裕泰茶庄茶叶罐

方的茶投射到四方，不仅到西藏，还到了中亚，这些地方也买我们这里的茶。收购茶叶的商人有胡商，施肩吾的诗集《过桐庐场郑判官》里写到"荥阳郑君游说余，偶因榷茗来桐庐"，荥阳郑君游说他到桐庐来买茶，可见茶是这里的一个大宗。

宣州地区的人还很善于因地制宜，山林茂密，繁花盛开就有蜂。从野蜂到养殖蜂，有一个很长的历程。但是在唐宋时期，宣城地区的人看到山里有很多野蜂，就想到了一种采蜂的办法。树上结的大蜂窝，蜂窝"大如巨综"，里面有数百层，一个蜂窝里面可能有成千上万只蜜蜂。那么里面就有大量的蜂蜜，当地人就用很厚的稻草做成草衣把自己保护起来，用烟火去熏，把蜜蜂都

《寻仙册页》（清·石涛）

驱走，把整个蜂窝摘下来取里面的蜂蜜，可以取到五六斗到一石，再用盐炒干卖到京城去，就变成了当时人的滋补品。可见当地的多种经营理念。他们还利用当地的水资源养鱼，李白写过宣州"鱼盐满市井"，《宣城志》里提到，宣城郡当涂民，有刘成者、李晖者，都不懂得种田，已经是专业的农户。在中国，从多种经营变为专业经营的农户，大概在唐宋时期才出现。所以宣城这个地区很早就领风气之先，从农业完全脱离出来，纯粹去做某一种专业。渔民不懂农事，常常用大的船去捕鱼，再把捕来的鱼拿去卖到吴越之间。"唐天宝十三年春三月，皆自新安江载往丹阳郡"，天宝十三年的春三月，刘成和李晖从新安江载鱼去丹阳郡卖，"俄而舫中万鱼，俱跳跃呼佛，声动地"，一条船有上万条鱼在那里跳动，这在当时应该是非常先进的。我们今天远洋的捕鱼船在亚洲地区最早是在日本发明的，先在舱底放水，把鱼养在里面，这样渔船靠岸鱼都是鲜活的。这样看来，这种捕鱼法在我们这早就已经出现了。船里面有万鱼俱跃，说明这个船做得很大，里面是鲜活的鱼，载回来卖活鱼。鱼也好，蜂也好，再到之前说的茶也好，这些交易就需要一个交易的场所，那么市场就这样形成了。最初是民间市场—草市，《全唐诗》里面就有对草市的描写：

凄清回泊夜，

沧波激石响，

村边草市桥，
月下罟师网。

村庄边上，桥下就是集市贸易的地方，所以月下把鱼钩渔网里的鱼拿下来就在桥下现卖。这种就叫草市，它的密集度很高，江南的很多城市是由草市形成的，小的草市形成了像今天的镇，大的草市就形成了县。所以江南和北方走的是不同的发展道路，它的很多城市不是依靠政权的设立而形成的，是依靠商品交换形成的。

这样的多种经营带动宣城发展，发展的稳定性主要是看人口。古代最重要的就是看人口。比如在唐朝这个时期，江南各州每平方公里人口的密度，有一系列变化。在初唐时期，杭州每平方公里大概是19人，润州16人，和他们相比宣州只有3人，所以宣州人很少，一平方公里平均只有3人。到了盛唐时期，各地发展的快慢就显现出来了。润州从原来的第二位升至第一位，人口密度达到的每平方公里83人，第二位常州，人口密度每平方公里81人。宣州的发展其实是非常快的，宣州从3个人发展到28个人。到唐太宗贞观十三年，宣州有22 537户人家，95 753人。2万户，大概10万家，平均一家5口人不到，就平均数就看出这里的家庭情况以小家庭为主，人口密度不大。宣州管辖的地域是很广的，它有31 436平方公里，平均每平方公里3人。相同时期以杭州做一个参照数，杭州有30 571户，15万人，一户平均数是 5 口人以上，比宣州要高，它的辖区范围只有 14 000 平方公里，所以杭州的人口密度是每平方公里将近 19 个人。

　　人口密度非常重要，因为人口密度也就是我们今天说的人气够不够，人没有一定的密度，这个地方是开发不起来的。这一组数据反映宣州在初唐时期，密度很低，地广人稀，它的开发是不容易的。但是经过发展，到贞观十三年（639）到天宝元年（742）间，大概经过 100 年的发展，宣州的户口增长得非常的快，从 2 万户增长到 121 000 户，也就是这个人口户数增长率是 437%，人口数增长达到了将近 90 万人。那么，如果把户数和口数做一个比较，之前 2 万户 10 万人，平均每户 5 人不到，现在是 10 万户，有将近 90 万人，平均每户 8、9 个人。这个数字很重要，因为平均数会把很多孤寡家庭算进去。即使是这样计算，我们也可以看到一户人家 8、9 个人，也就是说大家庭出现了。所以我们看户数和口数，还有平均每一户的人口，就可以看出一个地方的富裕程度。如果一户人家人口很少的，在古代一定是穷乡僻壤，这个一户人口多了，就说明这个地方经济富裕。在 100 年间人口数从 10 万增长到 90 万，增长 824%，在这个期间宣州增长得最快，它的辖区范围没有变，还是三万多平方公里，每平方公里的人口密度 28.15 人，就这个密度来看，发展到这个程度，宣城应该说还有更大的发展空间，它的密度还不够。而相同时期的杭州，户数增长到 86 000 户，只增长了 182%，人口数将近 60 万，增长了 281%，这个增长速度明显要远远低于宣州，当时它

御制淳化轩刻画宣纸（现藏故宫博物院）

的辖区范围 8 000 多平方公里，不到 1 万，但是它的每平方公里人口密度达到 72.3 人，说明杭州地区在古代的生产条件下，农田大部分已经开垦出来了，再开垦就是那种产量低的田。而宣州可以看到还有很大的发展空间。

从这里我们可以看到宣州的几方面发展，这里没有说宣纸，因为宣纸大家都知道。宣城的青檀和稻草组合起来最适合做宣纸，成了一个非常有名的产品，甚至影响了整个中国乃至东亚世界。像日本、朝鲜半岛都是学中国古代的造纸法，到今天日本也在关注中国宣纸。

第一，由于江南地区的地形地貌，宣州的开发非常不易，而点状开发就使得一个家族能够沉积下来，变成庄园、形成家族，各个家族又在不利的环境里面去寻求突破，在中国古代农业社会里面找到多种经营到专业经营的生产方式，从茶到纸。然后在多种经营方面取得一个突破，成为特色产品。而这个特色产品又做得特别的好，比如说火麻布做到全国第一等。只要说到火麻布，谈到宣纸，人们就想起这里。有了这个影响程度，我们就知道为什么文人墨客都往这里来，文人墨客要纸要诗，这里有山有水有景色，这就形成了一个很好的经济文化循环性的发展。这是点状开发的第一个特点，即追求经济附加值。

第二，点状开发具有相对的封闭性。这种封闭性又促使文化形成沉淀。我们今天要重新认识这个封闭性。江南地区的开发和我们现如今的改革开放有异曲同工之处。江南地区它本身的开发有它的封闭性，但是它的经济发展需要在外面去实现，所以它也有它的开放性。我们讲开放性的时候，千万不能忽视封闭性的重要，相对的封闭性，有利于一种文化的保存和扎根，所以在这个方面是不应该全面开放，流动性不能太大，才能让好的东西想方设法停下来扎下根。

第三，还要善于因地制宜，找到突破点。比如说，多种经营形成特色产品，在这个方面宣州是非常成功的。从汉朝到唐朝到宋朝乃至到明朝，宣州就从来没有落后过。在汉朝，宣州是全国最低等的地方，可是它的铜钱、铜镜领先全国。再到唐宋，它以这种特色经营领先全国，从来没有穷过，因为它一直找突破点，并没有跟着全国的风气去走，而是根据自己的特点去发展。所以

　　一方水土养一方人，宣纸和纺织品形成的一种文化与山水结合，它又造就了世家的文化人士，一方面是大量的文人墨客来到这里，另一方面是带动本地的家族成长、人才成长。所以这个特点对今天的中部地区来说，从整个历史到今天来看，它有非常大的优势，只是我们有时候忽视了它。中国近代史上大人物出现，最后沉淀下来成大事者的往往不是沿海地区，沿海地区一南一北，北面是上海，南面是广东，这两个地区都会产生领风气之先的人物。广东的孙中山，上海十里洋场，把洋风都吹进来。但是因为它是窗口，所以风来得快，潮跟得紧，同时变得也快，变得快就是因为它缺少相对的封闭性，因而沉不下来。广东推进来的风沉在湖南，以曾国藩为代表的湘军的崛起；上海吹进来的风沉在安徽，李鸿章的淮军。而这两个地方又是出很多人才的地方，湖南籍人才，安徽籍人才，安徽籍人才在今天的中国也从来没有没落过，它能沉淀正是因为它的封闭性，所以封闭性和开放性两者是需要同时存在的。这个原理映射到宣城，一直到近代这些方面都是做得非常好的，给了我们后代很多的启发！

　　一方水土养一方人物，文化产品和文化人物，成为流芳千古的名片，成为宣城的名片！

圣俞翘楚才，
乃是东南秀

宋诗『开山祖师』
梅尧臣掠影

李菁
厦门大学中文系
副教授 史学博士

世人莫不知宣城梅氏，明清时期的藏书家梅鼎
祚、画家梅清、历算家梅文鼎等等，皆非等闲
之辈。

凡此都说明梅尧臣对宋诗的自立有大贡献，他不仅是宣城梅
氏乃至整个宣城的骄傲，值得在宣城文化史上蘸足浓墨大书
特书，就中国古典诗歌发展史而言，他的地位也不可撼动。

世人莫不知宣城梅氏，明清时期的藏书家梅鼎祚、画家梅清、历算家梅文鼎等等，皆非等闲之辈。由他们上推六百年，梅氏北宋时期的远祖梅尧臣，即谱牒中所谓"梅都官"者，也曾是位独领风骚的人物。年代久远，这个名字听上去也许不如梅文鼎等响亮，但他有比"某某家"更了不起的头衔和更具震撼力的评价——他是宋诗的"开山祖师"。诗歌宗唐宗宋由来已久，之所以存在论争，是因为唐诗和宋诗的风貌不一样：唐诗丰腴，宋诗瘦劲；唐诗蕴藉，宋诗深刻；唐诗重韵，宋诗讲理。这样的区别是从什么时候显现出来的？或者说，继唐音而起的宋调，是如何区别于唐音、唱出自家风格的？在这个发展变化的过程中，梅尧臣起了至关重要的作用。

所谓"开山祖师"，简言之，就是宋诗居唐诗之后，不愿意模仿追随唐诗，欲自成一代风貌，北宋中前期诗人多有此志向，而梅尧臣于其间贡献最大。对此，《四库全书总目·宛陵集提要》简明扼要地评述道：

> 宋初诗文尚沿唐末五代之习，柳开、穆修欲变文体，王禹偁欲变诗体，皆力有未逮。欧阳修崛起为雄，力复古格，

于时曾巩、苏洵、苏轼、苏辙、陈师道、黄庭坚等皆尚未显，其佐修以变文体者尹洙，佐修以变诗体者则尧臣也。

《宛陵先生集》书影

诚然。北宋中期，欧阳修主盟文坛，以梅尧臣、尹洙、苏舜钦等人为佐翼革新诗文，声势颇为浩大，而诗体的成功变革，乃是梅尧臣"佐修"而成。事实上，梅尧臣与欧阳修志趣相投，心同气应，交情深笃达三十余年，欧阳修尊称梅尧臣为"诗老""诗翁"，而自谦为"后辈"，梅尧臣对宋诗变革的贡献大于政治地位远高于自己的欧阳修。"酒能销忧忘富贵，诗欲主盟张鼓旗"（《缙叔以诗遗酒次其韵》），这话是梅尧臣说的，的确，他好了一辈子酒，也实际主盟过宋仁宗时期的诗坛。宋调有别于唐音，形成自己的特质，呈现一代之独特风貌，梅尧臣居功至伟。《宛陵集》是梅尧臣的诗文集，共六十卷，《宛陵集提要》的这段文字代表了清人对梅尧臣"变诗体"的肯定。

事实上，这一评论并非清人新见，从梅尧臣所处时代起，对其诗歌成就的好评和赞誉就滚滚如潮。有些评价感性而热烈，充满了对梅尧臣诗歌的喜爱，如欧阳修说："圣俞翘楚才，乃是东南秀。玉山高岑岑，映我觉形陋……"（《七交七首·梅主簿》）欧公自愧己诗不如梅诗。司马光说："我得圣俞诗，于身亦何有？名字托文编，他年知不朽。"（《圣俞惠诗复以二章为谢》之一）他预见梅尧臣的诗将永远光耀诗史。有些评价理性而精准，回望宋诗发展史，高屋建瓴地对梅诗盖棺论定，如陆游读完梅尧臣的诗集后，掩卷赞叹："突过元和作，巍然独主盟。诸家义皆堕，此老话方行……"（《书宛陵集后》）"李杜不复作，梅公真壮哉。岂惟凡骨换，要是顶门开……"（《读宛陵先生诗》）南宋末年的诗论家刘克庄则径直给出了经典之评："本朝诗，惟宛陵为开山祖师。"（《后村诗话·前集》卷二）凡此都说明梅尧臣对宋诗的自立有大贡献，他不仅是宣城梅氏乃至整个宣城的骄傲，值得在宣城文化史上蘸足浓墨大书特书，就中国古典诗歌发展史而言，他的地位也不可撼动。

那么，梅尧臣是怎样从宣城走向全国的？他经历了怎样的人生？为什么他能扬名北宋诗坛、翰墨留芳乃至成为宋调之"开山祖师"？记录梅尧臣生平经历的原始资料主要有三则：欧阳修撰写的《梅圣俞诗集序》和《梅圣俞墓志铭并序》以及官方修定的

《宋史》卷四四三《梅尧臣传》。梅尧臣 59 岁的生命，或奋发，或失意，或憧憬，或彷徨，或坎坷，或精彩，都在这看似波澜不惊的一千余字中。

正住句溪尾

梅尧臣（1002—1060）字圣俞，北宋宣州宣城人，世称宛陵先生。元人张师愚说："宛陵山水之胜，闻于东南。人生其间，必有魁奇秀伟之士。发于咏歌，亦必有清丽典雅，播当时而传后世。"（《宛陵群英集序》）这几句褒扬的话仅用于梅尧臣一人，也合适。梅尧臣生长于钟灵毓秀、人文荟萃的宣城，一生仕途穷促、沉沦下僚却能成就奇伟诗名，只不过他的咏歌，意义与其他乡贤不同，他发言为诗，始播于宣城一地，终扬于千载之后，是真正的"播当时而传后世"。

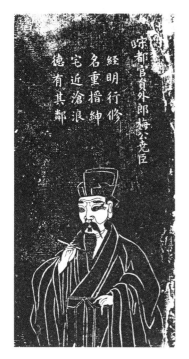

梅尧臣碑刻画像

北宋真宗咸平五年（1002），这位"魁奇"之士出生在宣城句溪旁边的一户梅姓人家。其父梅让，字克让，一生安守故里不入仕途，廉静寡欲甘于淡泊。梅让有弟梅询，字昌言，少有才学，诗文俱佳，进士及第后一直仕宦在外，颇为宋真宗赏识，是梅氏家族第一位依靠科举出身的显宦。梅让有子六人，一子早卒，可能是长子，梅尧臣行二，其成长和早期经历与叔父梅询关系极大，不夸张地说，没有梅询，也许就没有后来的梅尧臣。

梅询入仕顺利，见兄长不慕荣禄，曾多有劝勉，并愿意帮助兄长出乡做官，但梅让不为所动，他认为"居其官则不得行其志，食其禄而有愧于其心"，为人而能"居父母之邦，事长老以恭，接朋友以信，守吾坟墓，安吾里间"（欧阳修《太子中舍梅君墓志铭》），便老死无恨了。不过，梅让自己无意为官，儿子

欧阳修撰《梅询墓志铭》书影

梅尧臣句联《东溪》（现代·郑善禧）

们若能步入仕途，他还是乐见其成的。也许为了家族长荣，梅询将助兄入仕的夙愿移诸侄儿，对梅尧臣的成长很是尽心。宋真宗大中祥符六年（1013），梅尧臣十二岁，在家乡刻苦攻读，已经能诗会文。宋代以科举取士为选拔官员的主要渠道，重科举、重出身乃是当时风尚，因此，梅尧臣跟其他读书人一样，立志应举赴考，为成为"天子门生"而奋斗，"往居闾门乏经过，闭户读书多废食"（梅尧臣《吴冲卿学士以王平甫言淮甸会予予久未至冲卿与平甫作诗见寄答之》），从不以此为苦。就在这一年，叔父提出带梅尧臣出乡游历，梅尧臣乐而从之，这意味着他朝未来的功名迈出了重要的一步。

句溪水十二年的哺育，已经足够在梅尧臣心头刻下故乡的记忆。在漫长的科举求仕、改官渴进岁月中，梅尧臣经常借由歌咏家乡山水来抒发自己浓浓的思乡之情。"……昭亭山苍苍，寒溪水潺潺。句清宛微浑，三洲分细浪。小艇下滩来，群鸥舞潭上。借问鸥何若，水深鱼莫向。鸥馁犹识机，鱼乐不忘饷……"（《三十二弟寺丞归宣城因寄太守孙学士》）这是一首颂扬宣城太守的诗，但显然，诗中大半笔墨集中于家乡的山和水，抒发诗人恨不能归之感。梅尧臣还写过一组《宣州杂诗二十首》，遍举宣城之故实、人情、风物、景观，字里行间弥漫着对那片土地深深的热爱。

有趣的是他对家乡的鸭脚树和鸭脚子念念不忘，鸭脚树、鸭脚子后来经常出现在他的诗作中。如："……江南有嘉树，修耸入天插。叶如栏边迹，子剥杏中甲。持之奉汉宫，百果不相压。非甘复非酸，淡苦众所狎……"（《鸭脚子》）"高林似吴鸭，满树蹼铺铺。结子繁黄李，炮仁莹翠珠。神农本草阙，夏禹贡书无。遂压葡萄贵，秋来遍上都。"（《宣州杂诗二十首》之十三）"……鸭脚类绿李，其名因叶高。吾乡宣城郡，每以此为劳。种树三十年，结子防山猱。剥核手无肤，持置官省曹……"（《永叔内翰遗李太傅家新生鸭脚》）鸭脚树就是银杏树，鸭脚子即银杏果，今天宣城仍有多处银杏胜地。这种树身姿高耸，枝上挂满又浓又密的银杏叶，一到深秋，叶子变黄，金灿灿的一片，层林尽染，风吹叶落，地上又形成一道靓丽的风景，美不胜收，令人惊

银杏翠鸟图（宋·马世昌）

艳。站在高大的银杏树下，实在不知何谓"秋风萧瑟""春生秋杀"！宋人因为银杏叶形似鸭脚而称此树为鸭脚树，梅尧臣一生久困科场，长时间走不出"人生的秋季"，也许记忆中宣城遍地的金黄色和"百果不相压""淡苦众所狎"的鸭脚子给过他一些寄托和蕴藉。家乡祥和宁静的山水风光、父亲甘于淡泊的人格魅力、他自己亲手种下的百尺鸭脚树，大概都曾经照亮过梅尧臣人生中的困顿时刻。

功名富贵无能取

宋仁宗嘉祐二年（1057）正月，欧阳修以翰林学士权知贡举，主持当年的科场取士工作，刚刚从蜀地眉山进京的苏轼、苏辙兄弟和欧阳修的弟子曾巩参加了本次考试，这三位后来都名列"唐宋八大家"。苏轼在考场上做的文章题为《刑赏忠厚之至论》，他在京城崭露头角，就是因为这篇文章，而且那次试院中还传出了一段趣话。当时考官阅卷，阅到一篇绝妙好文，引古喻今，说理透彻，笔力雄健，酣畅淋漓，颇有《孟子》之风。主考官欧阳修一口气读完该文，欣喜异常，"以为异人，欲以冠多士"（苏辙《亡兄子瞻端明墓志铭》）。他刚要下笔将作者排在第一名，突然心下思忖：如此好文，莫不是曾巩写的？把自己的学生评为第一恐遭物议，还是避避嫌，排第二吧。结果，发榜后才知道这里面压根儿没曾巩什么事……

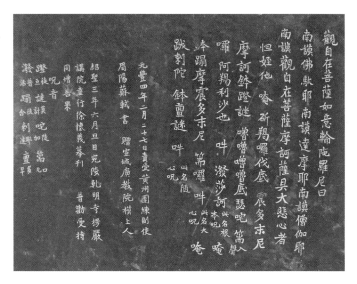

宣城广教寺双塔内的苏轼碑刻经文

值得注意的是，这件趣事中有一位关键人物，是他伯乐识马，一眼相中了这篇与众不同的糊名文章，并立刻拿去跟欧阳修分享，此翁便是我们的主人公梅尧臣。嘉祐二年（1057）同知贡举者有五人，他们推荐梅尧臣为参详官，也称小试官。梅尧臣首先发现了苏轼，第一个对这位大文豪有知遇之恩的人不是欧阳修，而是梅尧臣。然而，令人啼笑皆非的是，当年已经五十六岁的梅尧臣，进入仕途三十年，诗坛巨擘名满天下，勉励后进不遗余力，然而，他自己的官位却不过五品。

三十余年宦途蹭蹬，真是一言难尽！这一切，都从科举不顺开始……

　　十二岁辞别父母离开宣城后，梅尧臣跟在叔父梅询身边，随他游宦多地，有诗句为证："少也远辞亲，俱为异乡客"（梅尧臣《芜湖口留别弟信臣》）、"昔在少年时，辛勤事诸父"（梅尧臣《送刘郎中知广德军》）。这样的生活为时不短，大概从他十二岁持续到二十六岁，后来梅尧臣有多首诗歌追忆这段难忘的经历。宋朝重视科举取士，进士及第者头顶自带耀眼光环，门荫入仕者几乎不可望其项背。跟其他读书人一样，梅尧臣渴望蟾宫折桂建立功名，但科举这条路对他来说很是艰难。在随叔父游宦的这段时间里，他少不得全力研磨制艺，也一定参加过考试，但考了哪场或哪几场，都史无明载。我们能够确定的只是宋仁宗天圣五年（1027）那年，在叔父的主持下，梅尧臣迎娶西京留守司秘书监谢涛之女为妻，完成了婚事，时年二十六；又凭借叔父的官勋，走门荫一途，他补得太庙斋郎一职，筮仕初官，成家立业由此始。

　　当时梅尧臣已经才名在外，如此勉强地步入仕途，其委屈可想而知。他后来出京做过桐城、河南、河阳三县主簿，再

赵孟頫《松江宝云寺碑刻》局部

后，以德兴县令知建德县，又知襄城县，仕宦多处，官阶都很低。不难想象，梅尧臣是无法自安于这种沉迹下僚的处境的。宋仁宗景祐元年（1034），时年三十三岁的他刚刚卸任三县主簿，满怀希望又一次走进考场应进士试，好为自己做官谋个正途出身。无奈，幸运女神再一次与他擦肩而过，"大第未尝身一至……功名富贵无能取"（梅尧臣《寄汶上》），梅尧臣只能空叹壮志难酬生不逢时。好友欧阳修为他鸣不平，说："省榜至，独遗圣俞，岂胜嗟惋。"榜上又无圣俞之名，这虽然不影响他的才名，可素日与他交往、才学远不及他的人都名在榜上，这实在令人深恨不已！

这样看起来，"科场果得士乎？登进士第者果可贵乎？"（《与谢舍人》）欧阳修扼腕叹息，不惜得罪试官，质疑科场选才的公正性。梅尧臣没有大声疾呼命运不公，他默默地写下一首《西宫怨》："汉宫中选时，天下谁为校。宠至莫言非，恩移难恃貌。一朝居别馆，悔妒何由效。买赋岂无金，其如君不乐。"失意之情跃然纸上，恩移失宠的美人与梅尧臣何干？他只是满腹的哀怨愤懑无处发泄，借题发挥。景祐元年（1034）应举之后，梅尧臣有可能再也没有参加过科举考试，史料中简单的几个字——"累举进士，辄抑于有司"（《梅圣俞诗集序》）——对他艰辛惨淡的赴举生涯一言以蔽，这条路的尽头，没有豁然开朗处。

折戟场屋对梅尧臣的仕途、心态和诗歌创作影响巨大，所幸，他虽然口称"功名富贵无能取，乱石清泉自忆归"（《寄汶

《梅尧臣诗》扇面（现代·贺天健）

上》），却从未放弃过用世之念，从未消泯过功名之心，只是，不由进士出身，他在仕途迁转、改官方面难度很大。宋仁宗庆历八年（1048），梅尧臣作了一首题为《赐绯鱼》的五律，说："蹉跎四十七，腰间始悬鱼。茜袍虽可贵，发短齿已疏。儿女眼未识，竞来牵人裾。不知外朝众，君恩惭有余。"诗里有深深的迟暮之感，同时又难掩满满的兴奋之情。这首诗因何而作？因为这一年梅尧臣授国子博士，赐绯衣银鱼，时年四十七。"绯"指的是红色官服，"鱼"是盛在袋中、系在官服上的随身鱼符，用金、银装饰，区别身份高低。绯衣、银鱼是宋代四品、五品官员身份的象征，国子博士官阶正五品，可以服绯、佩银鱼，这个待遇让梅尧臣在四十七岁"高龄"之际，重新燃起追求仕进的热情。他很快就入了晏殊的陈州镇安军幕，做晏殊的幕僚，签署节度判官，主管学务。

　　这之后，还有更为高光的时刻。欧阳修、尹洙等文臣一再在
宋仁宗面前称道梅尧臣的才学，认为他宜在馆阁，为圣朝效力。
皇祐三年（1051）九月，宋仁宗特旨召试梅尧臣，试后，赐他同
进士出身，为太常博士。这是朝廷对梅尧臣学识的认可，也是对
其社会影响力的呼应。所谓"赐出身"，就是在正规的科举渠道
之外，由皇帝特赐科名，这是宋朝用人"幽显必达，才能并用"
的一种体现。是年梅尧臣五十岁，这个"出身"来得何其迟也，
但无论如何，纠结他一生的科举情结能在知天命之年得到满足，
总算聊胜于无，这也许就是他的"天命"吧！如果梅尧臣少年
得志，入举场一帆风顺，高官显位如囊中之物，按照欧阳修

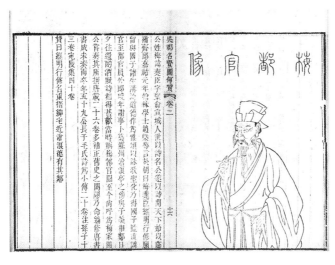

《吴郡名贤图传赞》书影

"诗穷而后工"的观点，恐怕我们就看不到驰名诗坛的梅尧臣了，宣城梅氏的族谱上也就很可能不会出现一位宋代诗界的"开山祖师"。

宋仁宗嘉祐元年（1056）冬天，因为翰林学士赵概、欧阳修等人的共同推荐，梅尧臣补国子监直讲；同年，他加入了欧阳修主持的编修唐书（即《新唐书》）工作小组（唐书局），分修《百官志》和《方镇表》。嘉祐四年（1059），梅尧臣由尚书屯田员外郎转都官员外郎，"梅都官"之称因此而来，他一生仕历，于此画上句号，他的位阶，末了也没超过五品。

洛阳朋友圈

梅尧臣高位不高，仕途不显，他是怎样成为宋调"开山祖师"的？我们先简单谈谈他的诗歌创作之路。

他幼年学诗于家乡宣城，已见不凡，用欧阳修的话，叫作"幼习于诗，自为童子，出语已惊其长老"（《梅圣俞诗集序》）十二岁后，梅尧臣跟随叔父梅询游宦各地多年，诗歌创作方面深受梅询的影响，侄有叔风。梅询诗文俱佳，政论文辞严气正，富有文采，而且骈散兼行，对后来欧阳修倡导的诗文复古革新起了导夫先路的作用，有"文章一代喧高价"之誉。梅询性喜为诗，文章好，诗更好。他擅长描写山水，如《江楼晚眺》一诗云："潮落蚌耕洲，霞天雨尽收。月来山寺候，云驻海间秋。野鹜驯

梅尧臣诗（清末·张謇 李瑞清）

舟绕，红鱼逐饵游。欣然乘此兴，呼酒醉高楼。"（《全宋诗》卷九九）清一色的白描写景，情在景中，很少用典，迥然不同于当时流行的追求辞藻、堆砌典故的西昆体。不用典，不用事，但不影响诗语的表现张力，如其有句云："先帝遗弓剑，排云上紫清。同时受顾托，今日见升平。"宋人刘攽称此诗"虽不用事，意思宏深，足为警语"（《中山诗话》）。概言之，"雅篇工状物，精思入参寥"（宋庠《次韵和侍读梅学士秋雪》），即工于状物、思虑深沉，便是梅询诗作的突出特点所在。后来梅尧臣追求平淡诗风，而又"覃思精微"（欧阳修《六一诗话》），虽然一般认为《宛陵集》中少有他三十岁以前的作品，但他跟随梅询左右，耳濡目染，对梅询的诗作自当熟稔于心，这不可能不影响他对诗歌的创作以及对作诗的认识。

家学影响之外，外部环境对梅尧臣的作用也不容忽视。他的成年时代为北宋中期，距离赵宋建国已有七十年之久，但此时文坛延续唐五代风气，远未取得足以媲美前代的成就，尤其是诗歌。宋初以来，诗坛主要有白体、昆体、晚唐体三派。白体作诗效法唐人白居易，流连光景，风格浅切；晚唐体则模仿唐人贾岛、姚合，爱好清邃幽静之美，诗思窄深；昆体即西昆体，效仿晚唐李商隐，作诗讲究用典，辞句追求华美。三派中，西昆体的声势最盛，一度独领诗坛风骚。然而，它们都在唐诗的影响下专事模仿，亦步亦趋，不能自成一家，宋调的确立还要等到梅尧臣、欧阳修他们的到来。

宋仁宗天圣九年（1031），梅尧臣调任河南县主簿。河南县是西都洛阳的首县，人物云集，风云际会，在那儿，他意外地得到了西昆派重要代表钱惟演的赏识，有幸进入"钱幕"文化圈，同时也是属于他自己的朋友圈。这个圈子里，有与他结为忘年之交的西都留守钱惟演，有长他八岁的河南府通判，同时也是其妻兄的谢绛（字希深），有少他五岁的西都留守推官欧阳修（字永叔），有长他一岁、着力于古文创作的掌书记尹洙（字师鲁）等人。天圣、明道之际，辽与西夏对宋朝的威胁久已解除，人心轻松，创造力解放，如此背景对文化的繁荣大为有利。加上在这个文化圈里，钱惟演对几位青年才俊给予充分的厚待和袒护，他不仅尽量减免他们烦琐的行政事务，还公然支持他们饮酒作乐、诗会文游。梅尧臣曾经这样记载那些日子他们快乐的雅集："……醉忆曩同吾永叔，倒冠落佩来西都。是时豪快不顾俗，留守赠榼少尹俱。高吟持去拥鼻学，雅阕付唱纤腰姝。山东腐儒漫侧目，洛下才子争归趋……"（《四月二十七日与王正仲饮》）同时代人记录当时见闻，也不愿意遗漏这一反映洛阳士林风貌的珍贵素材："天圣、明道中，钱文僖公自枢密留守西都，谢希深为通判，欧阳永叔为推官，尹师鲁为掌书记，梅圣俞为主簿，皆天下之士，钱相遇之甚厚。"又云："当朝廷无事，郡府多暇，钱相与诸公行乐无虚日。"（邵伯温《邵氏闻见录》卷八）可以想见，这个圈子的文化活动一时彬彬之盛。

在与圈中诸人的频繁互动中，梅尧臣的诗歌创作掀开了新的

西园雅集图（北宋·李公麟）

一页。他早年创作的《拟玉台体七首》之类，清丽闲肆，吟风弄月，明显受到钱惟演西昆体的影响。还有，描绘钱惟演府上的宴会之盛，他写道："……玳簪方映座，彩服亦承颜。乐奏寒波上，杯香绿芰间。瓜浮五色烂，帘卷半钩弯。今日宾裾盛，袁刘岂足攀。"（《太尉相公中伏日池亭宴会》）仁宗明道二年（1033），钱惟演奉命归还随州本镇，梅尧臣又以诗相送，创作了《钱彭城公赴随州龙门道上作》一诗，云："零雨送车轮，初清远陌尘。归藩汉东国，遮道洛阳人。伊水照虹旆，楚山怀玉麟。征轩不可恋，梗泪返城闉。"同样，这两首诗用典细密，才藻富赡，也是典型的西昆风格。

　　钱惟演之外，梅尧臣的妻兄谢绛在这个圈子中发挥的作用可能更大。谢绛以文学知名，为人肃然自修，不妄喜怒，在梅尧臣、欧阳修崛起之前，他被众人尊为文坛盟主。由于谢绛的主导，洛阳成为宋仁宗统治前期的诗文中心，文学史所谓北宋中期的诗文革新即肇始于此期。当时的交游盛况经常出现在梅尧臣日后的回忆中，如："……谢公唱西都，予预欧尹观。乃复元和盛，一变谁为难……"（《依韵和王平甫见寄》）"当年仕宦忘其卑，朝出饮酒夜赋诗。伊川嵩室恣游览，烂熳遍历焉有遗。是时交朋最为盛，连值三相更保厘。谢公主盟文变古，欧阳才大何可涯。我于其间不量力，岂异鹏抟蒿鷃随……"（《依韵和答王安之因石榴诗见赠》）

梅尧臣与谢绛亦亲亦友，二人诗文唱和长达十余年。梅尧臣早年作的《依韵和希深新秋会东堂》，叙写他们的诗酒文会之乐："何必水周堂，翛然万木凉。……巧笑承欢剧，新词度曲长。……亹亹谈宁倦，厌厌夜未央。良时诚可惜，清燕此无荒。"此诗的遣词写景很是清丽，足见钱惟演、谢绛西昆一派的痕迹，但新变正在缓慢地到来。一次，谢绛与欧阳修、尹洙等人因公务畅游嵩山，之后给未能同去的梅尧臣写了一封书信，题为《游嵩山寄梅殿丞书》（诗题或非原题，盖为后来所加）。该信的内容近似一篇游记，谢绛描写了游嵩山的整个过程以及他们几位的谈笑戏谑、游山感悟，叙事层次分明，笔调从容舒徐。梅尧臣收到此信后，将它改写成一首五十韵的古体《希深惠书言与师鲁永叔子聪几道游嵩因诵而韵之》，写得雄伟阔大，颇有韩愈五古的风采和气势，这一文一诗相得益彰，堪称双璧。我们看到梅尧臣这首五古已经显示出他轻松驾驭长篇的能力，这是他自己的风格，与西昆体的距离渐渐拉远了。

在梅尧臣的诗歌创作之路上，有一位重要的志同道合者不得不提，此即欧阳修。欧阳修称得上是梅尧臣诗歌的"忠粉"，他这样描写自己的偶像："圣俞翘楚才，乃是东南秀。玉山高岑岑，映我觉形陋。《离骚》喻香草，诗人识鸟兽。城中争拥鼻，欲学不能就。平日礼文贤，宁久滞奔走。"（《七交七首·梅主簿》）此诗足见欧阳修对梅尧臣的高评，每一句都是对心中偶像的赞誉，他常常自以为作诗不及梅尧臣。两人交情很深，梅尧臣的诗名能够远播，跟欧阳修的品评和推崇大有关系。从洛阳相识开始，他俩之间的诗文唱酬长达三十余年。今《宛陵集》所见梅尧臣与欧阳修酬和之诗接近一百五十首，欧阳修酬和梅尧臣的诗文，与此数量相当。初识于洛阳之时，受当时诗坛流行西昆诗风的浸染，两人酬唱的内容主要以宴集、写景、拟作等等为主。随着后来宦海之浮沉，他们诗里寄物感怀和抒发个人心志的成分越来越多，体裁多选择更为自由的七古，以文为诗、好议论说理、追求畅达等诗歌表现手法等新变特征也一再出现在他们的作品中，这些都体现了二人在开创宋调方面志趣的一致。

洛阳时期是梅尧臣重要的人生阶段之一，洛阳朋友圈的诗文酬唱使梅尧臣研磨了诗艺，提高了作诗技巧。但无论他还是欧阳修，都深知宋诗应该自立，宋人应该写自己的诗，国朝应该有符合时代审美趣味的歌唱，革故鼎新才是诗坛的出路。

"开山祖师"的炼成

"国家不幸诗家幸，赋到沧桑句便工。"梅尧臣生活在十一世纪初期，一生中大部分时间在宋仁宗朝。那些年朝廷算不得太平，但绝非"不幸"，史家甚至有"仁宗盛治"之论，所以，梅尧臣赋到沧桑句便工，他的"诗家幸"和"沧桑"与国家关系不

梅尧臣塑像

大，而与个人经历，尤其是失意的科考和坎坷的仕途紧密相关。

仁宗庆历六年（1046），欧阳修为梅尧臣的诗集作序时说了这样一段话："凡士之蕴其所有而不得施于世者，多喜自放于山巅水涯之外。见虫鱼草木风云鸟兽之状类，往往探其奇怪；内有忧思感愤之郁积，其兴于怨刺，以道羁臣、寡妇之所叹，而写人情之难言。盖愈穷则愈工。然则非诗之能穷人，殆穷者而后工也。予友梅圣俞，少以荫补为吏，累举进士，辄抑于有司，困于州县，凡十余年。年今五十，犹从辟书，为人之佐，郁其所畜，不得奋见于事业……然时无贤愚，语诗者必求之圣俞；圣俞亦自以其不得志者，乐于诗而发之，故其平生所作，于诗尤多。"（《梅圣俞诗集序》）著名的"诗穷而后工"的文学观点即由此产生，这一观点揭示了诗人的生平遭遇对诗歌创作的重要影响，事实上，欧阳修这一观点很可能受到梅尧臣本人的启发。

梅尧臣不赞成西昆诗人"历览遗编，研味前作"的主张，在《答韩三子华韩五持国韩六玉汝见赠述诗》一诗中，他明确提到诗歌创作应该"因事有所激，因物兴以通"，反对"有作皆言空"的不良诗风，即重视现实生活内容和个人的命运遭际在诗歌中的投射，不能无病呻吟、言之无物。所以，就革新诗风的自觉而言，梅尧臣比欧阳修早。西昆体脱离现实的不良倾向必须得到扭转，梅尧臣这样提倡，也这样实践，他的诗歌描写真实的生活感受，以文为诗，以议论为诗，无不以生活为根基。

诗人境遇愈窘困则诗愈工，这解释的只是梅尧臣取得诗歌成

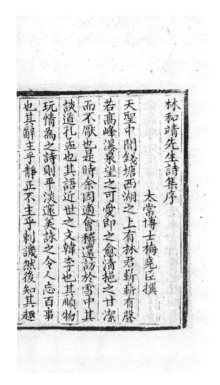

《林和清诗序集》（北宋·梅尧臣撰）

就的原因，还不足以说明他何以被尊为创立宋调的"开山祖师"。现在我们要说的是梅尧臣诗歌中不同于唐诗风貌的新变主要体现在哪些方面，梅尧臣为宋诗开了哪些先河。

首先，力避陈熟，题材日常化。把日常生活琐事大胆地、大量地写进诗歌，这体现了梅尧臣的开拓精神。从汉魏六朝到盛唐，诗人大都写雅避俗，对具体的日常生活不屑一顾，中唐以后，诗歌的叙事性逐渐增强，杜甫、韩愈等人在诗材的由雅入俗方面都有过非常成功的尝试，但未能养成一代风气。入宋之后，诗坛最为耸动天下的是西昆诗派，其主要成员皆为朝廷馆阁文士，他们热衷于咏史、咏物、咏馆阁生活，诗歌内容相对贫乏，不接地气，生活气息薄弱。直到诗坛上出现梅尧臣，是他，进一步发扬韩愈诗歌题材日常化的做法，结合自己擅长叙事的特点，把视线投向广阔的生活，从日常琐事中取材，把俗事俗物请进神圣的诗歌殿堂。传统文人偏爱的题材如政事、咏怀、感遇之类，他不常写，即使写，也不怎么出色，读来艰涩乏味。他的精彩和贡献在于从各种自然现象、生活场景和人生经历中获取灵感，有意识地寻找前人不曾注意的诗材，采其入诗，或者在前人写过的题材上翻新，写出他的独特感觉来。他写生题，写新题，大面积地写，乐在其中、嗜此不疲地写，被人点赞或吐槽都信心十足不受影响地写，于是，开宋诗风气之先的只能是他。从这个意义上说，梅尧臣仕途不顺利，没做过什么品阶高的显官，但不幸中有幸，他因此放开手脚，摆脱传统诗教的束缚，走自己的路，写自己的诗。

值得一提的是，梅尧臣写生活琐事，写应酬消遣，个中不乏佳作，但有些题材非常挑战当代读者的观感。因为进入他诗中的琐碎小事或琐细物类很是鄙俗丑陋，有一部分简直令人皱眉甚至恶心，实在无涉于美感。他几乎即目成咏，古未有诗他有，别人不写他写，这就难免冒险。比如《师厚云虱古未有诗邀予赋之》《蚯蚓》《二月雨后有蚊蚋》《扪虱得蚤》《八月九日晨兴如厕有鸦啄蛆》等等，这些题材比从前韩愈写落齿、打鼾更加让人难以接受，这样的诗也使得梅尧臣没少遭人诟病。钱锺书先生就说过："他（指梅尧臣）要矫正华而不实、大而无当的习气，就每每一本正经的用些笨重干燥不很像诗的词句来写琐屑丑恶不大入诗的事物，例如聚餐后害霍乱、上茅房看见粪蛆、喝了茶肚子里打咕噜之类。可以说是从坑里跳出来，不小心又恰恰掉在井里去了……"（《宋诗选注》）的确，梅尧臣革新诗风是付出了一些代价的，为了避开陈熟，他忽略了这类题材能否入诗。然而，这同样是一种开拓，是以丑为美，以俗为雅，不嫌琐细，不畏恶俗。宋诗就是有好为新奇的特点，这种倾向体现了在唐诗之外另辟蹊径、摆脱唐诗笼罩的努力，虽然它一定程度上破坏了传统意义的诗美。

当然，梅尧臣毕竟是大手笔，他跟我们一样，能意识到某些题材不给力，为了把诗写好，他尽量朝能给力的方向去写。例如《范饶州坐中客语食河豚鱼》："春洲生荻芽，春岸飞杨花。河豚当是时，贵不数鱼虾。其状已可怪，其毒亦莫加。忿腹若封豕，怒目犹吴蛙。庖煎苟失所，入喉为镆铘。若此丧躯体，何须资齿牙。持问南方人，党护复矜夸。皆言美无度，谁谓死如麻。我语不能屈，自思空咄嗟。……斯味曾不比，中藏祸无涯。甚美恶亦称，此言诚可嘉。"此诗描写味美而有毒的河豚，就在写法上做了很好的示范。他先用叙事笔调写河豚贵比鱼虾、人们相逐食河豚、河豚毒性剧烈，然后从"食河豚"这一日常现象转至自己的思考，指出河豚是极美与极恶的统一体，它既"美无度"，又"祸无涯"，最后得出结论："甚美恶亦称，此言诚可嘉。"这首诗率意成章，从再常见不过的生活现象中取材，但是它写好了，写出了艺术高度。它通过食河豚微讽世间为了名利不顾一切后果的人，可谓小题中寓有大意，梅尧臣因此获得了"梅河豚"的美誉。语淡而思深，将哲理性的思考贯穿于平凡现象的叙写中，用议论说理来提升诗歌的主旨，加深诗歌的内涵，使之耐人寻味发人深思，这正是写好日常题材、琐碎题材的要诀。

　　向生活的深广处取材，不避琐屑，不畏平庸，以俗为雅，力求生新，日常化、叙事化、议论化，梅尧臣的大力开拓和成功实践，为宋诗的发展开辟了方向，指出了新路，宋诗在唐诗的高峰之后得以抵达诗界另一座高峰，正是因为有梅尧臣这样的诗人，他专力作诗，勇于创新，敢于尝试，不惧失败。

　　其次，书写特殊题材。写普通的生活，咏不一般的"物"，这是梅尧臣开辟诗材的两个方面。为了把"物"写好，他日课一诗，同一题材反复多次地写，不写好绝不罢休。上文说梅尧臣撷取日常生活入诗，所写题材中就包括了"物"，咏物诗在《宛陵集》中所占的比重不可忽视。这里要说梅尧臣"写作特殊题材"，"特殊"指什么？指的是两方面：一是对"物"的特殊描写，这里以禽言诗为例；二是描写特殊的"物"，以文人题材诗为例。

　　先说对"物"的特殊描写。宋仁宗景祐四年（1037），梅尧臣以组诗的形式，创作了《禽言四首》，包括子规、提壶、山鸟和竹鸡四禽。写法是从鸟鸣象声中取义，用以寓意抒情，如其一《子规》云："不如归去，春山云暮。万木兮参云，蜀天兮何处。人言有翼可归飞，安用空啼向高树。"子规即杜鹃，据说此鸟的啼叫声很像"不如归去"，诗即由此展开，这就是所谓从鸟鸣声中取义言情，这样的诗不乏神韵，体裁可以归为乐府一类。梅尧臣对自己这类诗小有得意，他曾经在跟欧阳修唱和的诗中说过："……我昔曾有禽言诗，粗究一二啼嗥情。苦竹冈头泥滑滑，君时最赏趣向精。余篇亦各有思致，恨未与尽众鸟评。"（《和欧阳永叔啼鸟十八韵》）事实上，此类诗近乎游戏，很难说写得特别成功，但它也有妙处。它新奇、生动、有趣，可以视作对生命咏怀、仕路人情乃至重大社会问题等诗歌内容的补充。因此，继梅尧臣《禽言四首》之后，宋代诗人仿作不断，蔚然成风。比如苏轼就写过《五禽言五首》，诗序中明确表示自己仿效的是梅作："梅圣俞尝作四禽言，余谪黄州，寓居定惠院。绕舍皆茂林修竹，荒池蒲苇。春夏之交，鸣鸟百族，土人多以其声之似者名之，遂用圣俞体作《五禽言》。"（《苏轼诗集》卷二〇）这种小诗一定程度上缓解了苏轼贬黄州后的苦闷情绪，就因为它近乎游戏，没那么一本正经。所以，禽言诗的存在是有意义的，它无关儒家诗教，几无劝世功用，但从诗歌史的角度看，它算得上是一种新型诗体，具有开创性的价值。

梅尧臣对特殊的"物"的书写还体现在文人题材上。宋代崇文抑武，文化昌明隆盛，以人文题材入诗是个了不起的开拓，非

黄州寒食帖（北宋·苏轼）

常符合宋代社会的好尚。文人读书品茗、听琴观舞，评诗论画、相互交往都是极好的诗歌题材，它们怎么可能在梅尧臣弃旧开新的目光下一闪而过不留痕迹呢？我们在梅尧臣诗中一定能读到大量丰富的人文意象。比如《吴冲卿出古饮鼎》《依韵吴冲卿秘阁观逸少墨迹》《答宋学士次道寄澄心堂纸百幅》《广陵欧阳永叔赠寒林石砚屏》《汤琪秘校遗沉水管笔一枝》《答仲雅上人遗草书并诗》等等，读者从这类诗里看到的不再是花鸟虫鱼，而是人文气息浓厚的笔墨纸砚，这又是令当时诗坛耳目一新的尝试。魏晋诗人乐于山川和自然，唐代好诗皆在迁谪与旅途，而宋人，总是流连于丰富的人文世界，在相对狭小的文人世界（如书斋）中享受精神上的快乐，甚至于此安放心灵。在梅尧臣的诗里，我们就能看到丰富的精神活动。他描写文人世界的诗主要集中在宋仁宗庆历四年（1044）之后，因为当年他回到汴京，与京城文化名流互动频繁，少了一些漂泊感，多了一些融入主流文化圈的满足感，从此时起，他的生命中逐渐增加了吟诗、阅书、赏画的元素。在人文题材方面，梅尧臣又一次引领了北宋诗坛的风尚，他创作的此类诗歌在数量上明显超过与他同时代的诗人，包括作为北宋诗文革新运动领袖的欧阳修。

在梅尧臣的人文题材诗作中，占比最高的是题画诗。他这些题画诗，如果按照所咏对象的不同进行分类，可以分为咏山水竹石图、咏虫草鸟兽图和咏人物鬼神图。例如《答陈五进士遗山水枕屏》，咏的是枕屏山水画；《王平甫惠画水卧屏》咏屏风中的钱

梅尧臣诗意图（现代·黄宾虹）

塘江潮；《观居宁画草虫》描写画幅中草虫的行、飞、拒、鸣、跃、顾六种形态，非常传神；《薛九宅观雕狐图》既写皂雕擒赤狐，也赞美画艺高超，雕、狐如在原野驱驰，相当逼真；《咏王右丞所画阮步兵醉图》立足图画，再现汉魏士人阮籍的名士风采；《和江邻几学士画鬼拔河篇》观察细致，描写众鬼拔河的生动热闹，历历分明犹如画在目前。这些题画诗说明梅尧臣既善为诗，也能鉴画，其总体特征是体物生动、摹写传神。

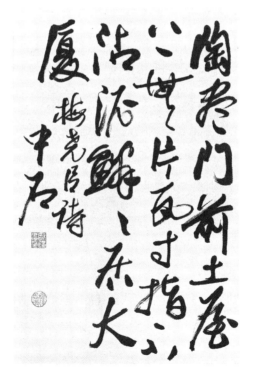

梅尧臣诗（现代·欧阳中石）

　　当然，题画诗并非宋代诗坛的新生事物，宋代以前就有，唐人杜甫就是写作这类诗歌的好手。有宋一代创作题画诗的文人也不止梅尧臣一位，比他稍晚的苏轼和黄庭坚，此类诗的数量都超过他，而且苏轼那首《惠崇春江晚景》的名气和传播度远远超过梅尧臣的任何一首题画诗。那么，梅尧臣创作题画诗，意义何在？概言之，其意义就在作为宋代第一位大力创作题画诗的文人，梅尧臣在题画诗史的承续链中起有重要的继往开来作用，他上承杜甫，下启苏、黄，对于宋代题画诗的繁荣，梅尧臣居其奠基之功。

　　再次，绚烂之极归于平淡。梅尧臣论诗，多推崇"平淡"之美，他曾经谦虚地评价自己的诗："因吟适情性，稍欲到平淡。苦辞未圆熟，刺口剧菱芡。"（《依韵和晏相公》）又有一句引用率很高的话："作诗无古今，唯造平淡难。"（《读邵不疑学士诗卷杜挺之忽来因出示之且伏高致辄书一时之语以奉呈》）可见"平淡"是他的艺术追求。作为我国古典诗歌的重要审美理想之一，平淡美是在宋代才发展成熟的，此梅尧臣发其端也，这是他对宋调最重要的贡献。

　　怎样理解宋诗的"平淡"？这种平淡，不是陶渊明、韦应物等山水田园诗的素色白描，而是用古淡朴素的诗歌语言表达自己平和雅正的性情，是炉火纯青的高超艺术境界，是"平淡而山高水深"（黄庭坚《与王观复书》）。比如梅尧臣的名作《鲁山山行》："适与野情惬，千山高复低。好峰随处改，幽径独行迷。霜

落熊升树，林空鹿饮溪。人家
在何许，云外一声鸡。"又如
其另一首名作"行到东溪看水
时，坐临孤屿发船迟。野凫眠
岸有闲意，老树着花无丑枝。
短短蒲茸齐似剪，平平沙石净
于筛。情虽不厌住不得，薄暮
归来车马疲。"其中第一首的
名句"人家在何许，云外一声
鸡"意境深远，韵味悠长，而
以平淡出之；第二首的"野凫
眠岸有闲意，老树着花无丑
枝"落笔极为老成，简直是对

《致景道十七使君书》局部（北宋·黄庭坚）

"平淡"美的直接注释。唐音重情韵，宋调重思理，显然，我们
从《东溪》中读到的是淡淡的思理，是成熟，是老健，而不是丰
神情韵。

今天我们能见到的梅尧臣存诗共有 2 800 多首，如此大的体
量，不可能只有一种诗美风貌，它应该是多种风格的集合。诚
然，"平淡"并非梅尧臣唯一的艺术目标，他追求平淡，但不排
斥奇险；推崇平淡，却也重视怨刺。然而，无论时人还是后世，
古今公认梅尧臣关于"平淡"的诗论和实践，在宋代诗学史上最
具开创意义，因为它是一种新诗风，它最符合宋朝的时代审美

理想。

那么，诗歌怎样才能达到"平淡"之美？用最简单的话，就是四个字：苦吟、深心。

钱锺书先生用"深心淡貌"（《谈艺录》）概括梅诗，这"淡貌"二字，便是看到了梅诗的平淡之风，而这种"淡"，绝非刻意去雕饰，既不锻造也不锤炼，而是以"深心"为底蕴。梅尧臣非常重视诗家"造语"，强调"意新语工"。他曾经对欧阳修说："诗家虽率意，而造语亦难。若意新语工，得前人所未道者，斯为善也。必能状难写之景，如在目前，含不尽之意，见于言外，然后为至矣。"（欧阳修《六一诗话》）如前所述，梅尧臣年轻时，诗坛盛行的是对唐诗的效仿，无论白体、昆体、晚唐体，都没能走出唐诗的阴影。那时的诗，题材陈旧、手法常见、立意重复，梅尧臣思变，他不愿意循唐人的老路。"意新语工"正是对他所处时代诗坛风气的反拨，梅尧臣看到了语言对诗歌成败的决定意义，看到了"造语"对状物、写意的重要性，他说自己作诗"苦辞未圆熟，刺口剧菱芡"，"苦"的就是造语。宋元之际的诗论家方回将梅尧臣的五律推为宋人第一，称其"平淡而丰腴""平淡有味"（《瀛奎律髓》卷一、卷二三），这"丰腴"与"有味"便当因梅尧臣精于造语而来。

梅尧臣一生苦于吟咏，构思极艰。一次，友人与他同舟，逆行于汴水之上，见梅尧臣吟诗，日成一篇，众莫能和。"因密伺圣俞如何作诗，盖寝官游观未尝不吟讽思索也。时时于坐上忽引去，奋笔书一小纸，纳算袋中。同舟窃取而观，皆诗句也。或半联，或一字，他日作诗有可用者，入之。"（刘延世编《孙公谈圃》卷下）上引名句"作诗无古今，唯造平淡难"就是收在算袋中的句子。真是"看似寻常最奇崛，成如容易却艰辛"（王安石《题张司业诗》），所谓的平淡从容、不事雕琢，实则是这样辛苦锻造来的。

梅尧臣对"平淡"的追求很快就得到了北宋中期之后众多文人的响应。苏轼给侄儿写信，说："凡文字，少小时须令气象峥嵘，彩色绚烂。渐老渐熟，乃造平淡。其实不是平淡，绚烂之极也。汝只见爷伯而今平淡，一向只是此样，何不取旧时应举时文字看，高下抑扬，如龙蛇捉不住，当且学此。"（赵令畤《侯鲭录》卷八）这段文字对梅尧臣的"平淡"观做了很好的发挥。"平淡"不是开始就有，也不能一蹴而就，它需要一定时间的积累，包括文学的积累和阅历的积累，需要磨砺，包括诗艺的磨砺和生命的磨砺。缺少这个渐进过程，"平淡"就是淡而无味、淡乎寡味，真正的"平淡"是反朴还淳，是平淡中寓有绚烂，是绚烂之极归于平淡。南宋同为宣城人的周紫芝在苏轼这段话的基础上加以强调，把苏轼说的"文字"范围缩小到诗，以呼应梅尧臣的"平淡"观。他说："作诗到平淡处，要似非力所能。……余以不但为文，作诗者尤当取法于此。"（《竹坡诗话》）而上文引用的"平淡而山高水深"，则是与苏轼同时代的黄庭坚对杜甫夔州以后诗歌的评价，这体现了跟梅尧臣一致的诗美理想。

梅尧臣诗（南宋·赵昀）

　　综上，从诗歌的题材走向到诗学观念、审美追求，梅尧臣在北宋诗坛上都起了开风气之先或大鼓其风的重要作用，他为宋诗换上了新貌。北宋中期的同时代人已经注意到梅尧臣的诗歌成就，并对他不吝誉词。辈分比梅尧臣高的名相杜衍在一首题为《圣俞诗名闻固久矣加有好事者时传新什至此每一讽诵益使人忻慕故书五十六字以记》的诗中写道："李杜诗垂不朽名，君能刻意继芳馨。清才绰绰臻神妙，逸韵飘飘入杳冥……"（《全宋诗》卷一四四）他给了梅尧臣近乎不可思议的诗史地位，把梅尧臣直接排序在李白、杜甫之后，中间略去了多少诗人！这首诗的诗题也告诉我们，政治功名不显的梅尧臣在当时的诗坛上人气实在是高。

　　好友欧阳修更是如同追星一般，一有机会就对梅诗力捧一把："……更吟君句胜啖胾，杏花妍媚春醋醋。吾交豪俊天下选，谁得众美如君兼……"（《圣俞会饮》）他从来不掩饰自己对梅诗的喜爱，"文人相轻"在他这里没有市场。南宋诗论家葛立方说："欧公一世文宗，其集中美梅圣俞诗者，十几四五。称之甚者，如'诗成希深拥鼻讴，师鲁卷舌藏戈矛'。又云：'作诗三十年，视我犹后辈。'又云：'少低笔力容我和，无使难追韵高绝。'又云：'嗟哉吾岂能知子，论诗赖子能指迷。'圣俞诗佳处固多，然非欧公标榜之重，诗名亦安能至如此之重哉。"（《韵语阳秋》卷一）我们都知道，因为欧阳修博学多才，诗文两方面的创作和学术著述都成就卓著，又是一代名臣，政治声望很高，而且团结同道，奖掖后进，为人包容性强，以至于成为当时文坛的盟主以及文学史所谓北宋诗文革新运动的领袖，而梅尧臣则成了他的辅佐者。事实上，就革新诗风而言，梅尧臣比欧阳修早，成就也比他高，欧阳修喜爱梅诗，在梅尧臣面前说到作诗时姿态放得很低，倒也并不夸张，符合当时的事实。

　　同时代的晏殊、尹洙、宋敏求、苏舜钦等人以及晚辈的司马光、王安石、苏轼、黄庭坚等，也要么跟梅尧臣互相唱和过，要么受到梅诗的影响。到了南宋，诗论家对梅尧臣关注较多，他们对梅诗的技巧、风格、成就从不同视角加以评论，多有肯定和称扬。特别值得一提的是陆游，他受梅尧臣的影响非常深，曾经乐

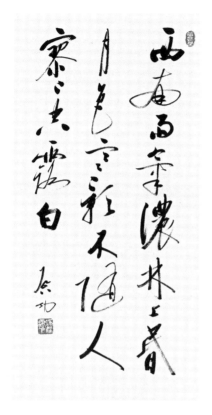

梅尧臣诗（现当代·启功）

此不疲地创作过拟、效、仿宛陵先生体诗，他从壮年到老年，服膺梅诗，数十年不渝。南宋末年，刘克庄总结、批评有宋一代诗时，说："欧公诗如昌黎，不当以诗论。本朝诗，惟宛陵为开山祖师。宛陵出，然后桑濮之淫哇稍息，风雅之气脉复续，其功不在欧、尹下。"（《后村诗话·前集》卷二）"桑濮之淫哇"指的是桑间濮上的淫邪之声。刘克庄认为梅尧臣扭转了北宋初期诗坛上的颓靡风气，振衰而起弊，恢复了《诗经》以来的风雅正脉，其功劳绝不在欧阳修、尹洙之下，他堪为宋诗之"开山祖师"，这是一句一锤定音的话。元人龚啸继起而评之曰："去浮靡之习，超然于昆体极弊之际；存古淡之道，卓然于诸大家未起之先，此所以为梅都官诗也。"（《跋前二诗》，见《四部丛刊》本《宛陵先生文集》附录）龚啸所言与刘克庄之论一致，都是对梅尧臣这位一代诗风开创者的公正评价。

　　宋仁宗嘉祐五年（1060）四月，梅尧臣因病去世，归葬宣城故里，享年五十九岁。观其一生，最忧心忡忡的是科举成败，最牵肠挂肚的是仕途晋升，最热情以赴的是诗歌创作，最令人喟叹的是诗因穷工。这位从宣城走出去的诗人，在崇尚科举的时代苦求进士出身而不得，他没有令人羡慕的仕途履历，也没有显赫一时的政治地位，却牢牢地站在宋代诗史的醒目位置上，站在唐音向宋调发展的转捩点上。他是宋诗繁荣的奠基人，是引领众人进入未知深山而探得异宝归的高举火把者。宣城自古诗人地，而梅尧臣，独一无二！

松石（清・梅清）

江左大藩，
济济多士

元代宣城的文化
成就和文化特色

杨晓春
南京大学历史学院
教授 博士生导师

一个地方的文化形象，往往是一地的知名文化人士造就的。文化形象的形成，不仅仅有赖于这些文化人士的诗文作品，更有赖于他们的行事和品格。前者即所谓立言，后者即所谓立功和立德。

元代是宣城地方文化发展史上的一个重要的也颇有成就和特色的时期，其丰富的内涵值得进一步弘扬和光大。

今天所谓的元代宣城，指元朝统治时期相当于今天宣城市辖境范围内的地方，以下行文一般称宣城地区，称元代这一历史时期的宣城地区为元代宣城地区，略称为元代宣城，大致对应元代的宁国路和广德路；更具体、准确地说来，则相当于元代宁国路所辖六县中的宣城、泾县、宁国、旌德四县（减去西部南陵、太平二县），广德路所辖广德、建平二县（建平今称郎溪），再加上徽州路下的绩溪县。元代宁国路、广德路的区划状况，直接承袭自南宋江南东路宁国府、广德军，并完全为明代南直隶宁国府、广德州和清代安徽省宁国府、广德州所继承。可见在元朝，今宣城一带的地方行政区划相当稳定，具有明显的承前启后的特色。表现在文化上，我们可以看到，地方家族、文学创作、文化风尚诸方面，元代宣城都对南宋有很强烈的延续性。

不过在狭义的地方行政区划之外的行政归属关系以及其他区划方面，元代宣城又与此前的宋代和此后的明代有很大的不同。元代的官制，中央以中书省、御史台、枢密院为核心，合称省台院，分管行政、监察和军事制度；相应的在地方，则为行中书省、行御史台和枢密院（或行枢密院，只是短期存在）下辖的诸军万户府。元代的宣城地区，除了大致为江浙行中书省下辖的宁

元宁国路行政区域图

国路和广德路，还一度为江浙行省的派出机构——江东道宣慰司直接管辖；宁国路还长时期为江南行台所属江东（建康）道肃政廉访司的治所，并先后为益都新军万户府和宁国高邮（高邮宁国）万户府的驻扎地。元代宁国路一跃成为皖南区域的行政、监察乃至军事的中心。元代的宁国路，除了宁国路总管府还有品级更高的肃政廉访司等机构的官员在此活动，尤其是肃政廉访司的官员往往诗文造诣颇高，直接影响到了地方的文化活动。因为与江浙行省和江南行台的领属关系，元代宣城地区与江浙行省治所杭州和江南行台治所建康（今南京）关系密切。这些情况，都为元代宣城的文化发展创造了特别的有利条件。

本文设想从比较突出的文化建设、文学家族和文化名人三个方面，对元代宣城的文化状况作一些叙述和讨论，并一定程度体现元代宣城文化的成就与特色。每一个方面，都选取两个实例具体展开。因为今天的宣城地区对应元代的地方区划是以宁国路为中心的，所以本文所述也是以元代的宁国路特别是其路治所在的宣城县为中心；而今天的宣城地区相当于横跨元代宁国路、广德路和徽州路绩溪县三个地方行政区划，所以在实例的选择中对于并非中心的广德路和绩溪县的例子也会有所涉及。

"九路十七史"与《宛陵群英集》：
元代宣城文化建设新成果

所谓地方文化建设成果，指的是通过地方人士和机构的努力而获得的狭义的文化成果，如文化著作、艺术作品、印刷品等文化产品。以下选取官方组织和民间组织的成果各一，略作介绍。

官方组织的例子是元中期江东建康道肃政廉访司组织治下九路（州）儒学刊刻正史。

大德九年（1305）十二月，太平路刻《汉书》成，目录后附太平路儒学教授孔文声跋文，述及刊书的缘起："江东建康道肃政廉访司以十七史书艰得善本，从太平路学官之请，遍牒九路，令本路以《西汉书》率先，俾诸路咸取而式之。"跋后列衔名二条，一为"承务郎太平路总管府判官刘遵督工"，一为"中顺大夫江东建康道肃政廉访副使伯都提调"。可见刊刻十七史的倡议是由太平路儒学发起的，得到江东建康道肃政廉访司的支持，并由江东建康道肃政廉访司组织治下的八路一州（跋文所谓的九路）系统进行刊刻，廉访副使伯都则是具体的管理协调者。因为是由江东建康道肃政廉访司统一组织的，所以书的版式是一致的，刊刻的时间也是大致同时的。

此次刻书虽由太平路儒学首先发起，但最早开雕并最早刊成的则是宁国路儒学。大德九年（1305）十一月，宁国路儒学刻《后汉书》成。有跋文云：

> 江东宪副伯都公语谦曰："浙西十一经已有全版，独十七史则未也。今文移有司董其役，庶几有成。"谦应曰："此盛举也。"宛陵郡学分刊《后汉书》，自大德乙巳孟夏并工刻梓，至仲冬书成，板计二千二百四十有奇，字计百二十余万。以学帑余刊及半帙外，则士君子欣然协助。郡侯谨斋夏公力赞其事，克成厥功。谦备员教职，行将瓜代，得附名于左，预有荣焉。大德九年岁次乙巳十一月望日，河南后学云谦再拜谨跋。

宛陵是宁国路的旧称，宛陵郡学就是宁国路儒学，且作跋者云谦自称"备员教职"也就是宁国路儒学的官员。据跋文可知始刻于大德乙巳（九年，1305）四月，竣工于十一月。此本卷首录

"余靖上言"，末题"大德九年十一月望日宁/国路儒学云教授任内刊"两行字，全书末题亦有此两行字，与此可以对应，并且明确了云谦的身份就是宁国路儒学教授。可见此书与太平路刊《汉书》一样，由一路的儒学教授（路儒学教授是一路的最高学校的最高官员）作跋。跋文也显示江东刊刻十七史是被视作与浙西刊刻十一经并列的盛举。正经正史向来是古代文献中最受重视的两类，浙西当指江南浙西道肃政廉访司（此时浙西道宣慰司已经罢去），江南浙西道肃政廉访司与江东建康道肃政廉访司同为江南行台下辖的廉访司，两廉访司的辖境位置相邻（一东一西），并且都是宋代以来经济文化最为发达的区域，浙西刊刻十一经，大概是江东刊刻十七史的一个重要的触动因素。据跋文可知，一半的刊书费用是儒学公费支付的，剩下的则由儒生（所谓"士君子"）捐助。还可知宁国路儒学刊刻《后汉书》得到了宁国路地方长官路总管夏谨斋的支持。杭州钱塘夏若水号谨斋，至元后期任温州路总管，大德间任婺州路总管，或即此人。

参与校勘者的题名见于每卷卷末，其中有"宁国路学正王师道校正"，学正是儒学的第二号官员，这证实宁国路儒学的官僚具体参与了书籍刊刻中的核心工作。

大德十年（1306），广德路儒学刻《南史》成，其序曰：

今江东甚幸，际遇绣衣部使者拜都廉使暨宪府诸公，勉励一道儒学分刊十七史。桐川偶得《南史》，以学廪不敷，勅率诸儒募匠锓梓。时重其事，荷郡侯吕公师皋提纲于先，继蒙郡同知张公云翼偕僚属振领于后，遂成此书。江左后学，感廉使幸惠之德不浅也。蜀人蒯东寅忝郡文学，黾勉与力，因喜书成，传之久远，与天下览者共之，故僭为引笔，序其颠末云。大德丙午立夏拜手谨书。

撰文者蒯东寅自称"郡文学"，"郡文学"原指汉代主管郡国学校的官员，这里代指广德路儒学教授。综合前述太平路、宁国路的例子来看，书刊成后由各路儒学的正官即教授作序跋是通例。"绣衣"是汉代刺史派出的使者的名称，这里代指肃政廉访使。王士熙撰《江东建康道肃政廉访司题名记》云："汉刺史以六条督察郡县，或遣使绣衣直指分道以出，乃今肃政廉访司之本原也。"拜都廉使就是前面提到的廉访副使伯都，此处称之廉使，也许是升为了正使，也许仍是副使。桐川为广德的别称。据此序可知《南史》的刊刻也得到广德路总管吕师皋、同知张云翼等地方官僚的支

广德路儒学刻《南史》书影

持，这是和前述《后汉书》一样的。此书版心除了留下刻工的姓名，还有"桐学儒生赵良棨谨书／自起手至阁笔凡十月"两行字，"桐学"即广德路儒学，此人为广德路儒学的儒生，这是儒生参与刊刻工作的明证，正和上引序言中的"劝率诸儒募匠锓梓"可以呼应。更值得注意的是，"学廪不敷，劝率诸儒募匠锓梓"一句说明，广德路儒学刊刻《南史》因为公费不足，地方儒生自己还出了不少钱。这和前述宁国路刊《后汉书》的例子是一样的。

可以说元大德年间江东道肃政廉访司刊刻正史，是由江东道肃政廉访司总体组织协调、其下辖八路一州儒学出资并由儒学官员具体负责、儒生具体参与并出资、各路主要官员积极支持，多方力量综合之下才得以完成的。这一次所刊正史，史称"九路十七史"。现在学者多认为所谓"十七史"并未全部刊成，一共只刊成了十部。后来，这些书板集中在集庆路（元文宗时期建康路改名为集庆路）儒学，入明后又存放在南京的国子监（后称南国子监），在明代又刷印过多次（包括板片经过修补的），甚至还翻刻过。"九路十七史"上承南宋善本，下接明南监本二十一史，是正史汇刻本中的主脉，有很高的版本价值和文化价值。

民间组织的例子是元末宣城地方人士邀约当地士人汪泽民、张师愚合编的《宛陵群英集》。

《宛陵群英集》是一部宋元时期宣城地方诗人的诗歌总集，修成于至正元年（1341）。收集的时间范围是宋初到元代当时，收诗1 393首，按照诗歌体裁的不同，分为二十八卷。每一类诗

《宛陵群英集》书影

歌之下，再按照时代先后和作者不同排列。不过宋代宣城名诗人
梅尧臣因有《宛陵先生集》刻于学宫，并不包含在内。汪泽民、
张师愚二人均为元代宣城人，汪泽民为宣城县人，张师愚为宁国
县人。因为收当代人的诗歌，所以编者汪泽民、张师愚二人的诗
歌也收入不少。

　　汪泽民、张师愚合编《宛陵群英集》的原委，具见书前二人
的序言。因为宣城诗人的集子有不少，但是也佚失了不少，当地
人施璇（字明叔）和诸弟向汪泽民、张师愚提出编书的请求，于
是二人一起编成此书（此据汪泽民序所云，据张师愚序，则系向
张师愚提出请求，张师愚约请友人汪泽民一道合编）。至正元年

（1341）修成之后，随即由施氏刊行。《宛陵群英集》收录了元代施琪、施琇的诗，此二人名均从王，也许就是施璇的兄弟辈。

《宛陵群英集》洋洋大观，正如汪泽民、张师愚二人在序中所言，凸显了宋元时期宣城地区文化的繁盛。汪泽民序云"宛陵为江左大藩，文风之盛，盖久矣"，强调了文风之盛由来已久；张师愚序云"宛陵山水之胜，闻于东南，人生其间，必有魁奇秀伟之士，发于咏歌，亦必清丽典雅，播当时而传后世"，解释了宣城士人诗歌众多与宣城山水之佳的内在联系。汪泽民序开篇说"诗所以咏情性，而本乎风教之盛衰。其体固有古近之殊，求之六义，一也"，结尾又说"今是编虽不越乎宛陵，然一邦之政教得失于焉可考矣，采诗者览之，亦将有所取云"，强调了诗歌的社会治理功能，和传统的"文以载道"的思想如出一辙。

可惜《宛陵群英集》原书已佚。不过惋惜之余，还得庆幸清乾隆时从《永乐大典》中辑出此书，收入《四库全书》，得以保存并流传至今。《四库全书》本《宛陵群英集》分作十二卷，共收诗 746 首，作者 129 人，大约保存了原书一半稍多的篇幅。《四库全书》本不少人物有简略小传，则出自四库馆臣之手。保存至今的数百册《永乐大典》，还可辑得一些《四库全书》辑本之外的《宛陵群英集》中的诗作，值得注意。

《宛陵群英集》是由宣城当地人立意、当地人编纂、当地人刊刻的一部地方诗文总集，规模可观，保存地方文化的价值突出，可以视作元代宣城地方文化建设的杰出个案。《宛陵群英集》

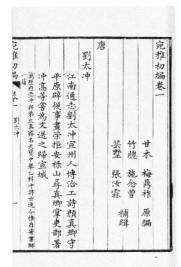

《宛雅》书影

涉及的人物较多，仅就《四库全书》辑本统计，其中元代诗人
114人，同姓诸人如梅氏、吴氏、王氏、贡氏、汪氏、潘氏、张
氏、施氏等，多出自宣城的文化世家，也颇多宋代延续至元代的
情况，因此《宛陵群英集》对我们了解宋元时期宣城士人乃至士
人家族的情况提供了便利。114位元代诗人，数量上远多于宋代
的15位，这固然是因为当代人编纂当代的作品，有其便利之处，
数量上更多一些也是可以理解的，但更主要的应该看作是元代宣城
文化发达的反映。辑本所见元代诗人114位，有诗文集传承至今的
仅有贡奎、贡师泰二人，《宛陵群英集》在保存文献方面的价值也
是显而易见的。《四库全书总目提要》对于此书的评价文字不多，

所云"中如王圭等七十余人，载于宣城旧志《文苑传》者，其遗篇往往借此以见。又如梅鼎祚《宛雅》所录诸家佚句以为原诗散亡者，今其全什亦多见集中。宋元著作放失者多，此集虽仅一乡之歌咏，亦可云文献之征矣"，也是从保存文献的角度肯定其价值的。

《四库全书总目提要》提到明代梅鼎祚编纂《宛雅》的时候（书成于隆庆元年，即 1567 年）录的一些佚句其实全诗尚存于《宛陵群英集》，可见当时《宛陵群英集》已经流传颇少；而编纂《四库全书》的乾隆年间，已经要从《永乐大典》辑出此书，所以《四库全书总目提要》称之"久佚不传"。不过今天有学者认为清康熙年间顾嗣立编《元诗选》的时候还利用了此书，并据此编录了若干宣城籍诗人的作品，果真如此的话，那我们还可以说《元诗选》间接地传承了《宛陵群英集》的内容，延续了《宛陵群英集》的生命。

《宛陵群英集》不仅是宋元时期宣城文学研究的基础文献，也成了宣城地方文化、家族、社会等研究的重要资料来源和线索。因此，《宛陵群英集》不仅有保存一地文学作品的作用，还有保存地方历史的作用。

宣城贡氏与绩溪舒氏：元代宣城的文学家族

元朝的统治时间不长，尤其对南方而言，不足百年，很多地方社会结构性的特质并未发生大的变化。确实，元代宣城地方的家族往往都是从宋代延续下来的，前面在介绍《宛陵群英集》的时候已经略微举了一些例子。此处选取文学成就比较高、家族特色明显的宣城（县）贡氏家族和绩溪（县）舒氏家族作一些叙述。前者是元代宣城最为出色的文学家族，最具典型性，甚至放置在元代江南乃至整个元朝的文学家族中来观察，也是非常突出的。选取后者则是考虑到今宣城地区的区划相较历史上比较大的变化是将徽州的绩溪县划入，以上关于元代宣城的描述大都对应宁国路和广德路，几乎不涉及原属徽州路的绩溪县，此处通过绩溪舒氏家族的叙述，略作弥补。

宣城贡氏源出北方大名府，两宋之际武德大夫贡祖文南渡，其后裔有一支最后定居于宣城，是为宣城贡氏。贡祖文六世孙士濬一辈，由宋入元；贡士濬子奎一辈、孙师泰一辈，主要生活在元代；贡士濬曾孙性之一辈，则由元入明。元代是宣城贡氏的兴盛时期，家族成员众多，绝大多数担任官职，多人担任较高的品级，并且整个家族重视文化，文学水平甚高，涌现出一大批诗人。

据翟朋《元代宣城贡氏文学家族研究》所考，元代贡氏家族成员有 27 人的诗作流传至今，在元代文学家族中可谓首屈一指，成为中国文学史上一个突出的家族文学现象。贡氏诸人的文化造诣是家族性的，早引起元朝当时人的注意，例如至顺年间著名文臣王士熙在江东建康道肃政廉访使任上，便称赞"贡门子弟如邓林之木，一枝一干皆美材也"。以下是翟朋文中列出的元代宣城贡氏家族中血缘关系可考的家族成员的谱系表：

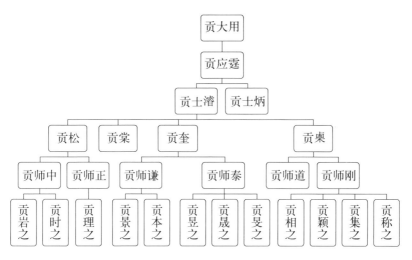

元代宣城血缘关系可考之家族谱系

　　贡氏家族恪守儒家的伦理道德，积德行善，在乡里社会有着很好的声誉。贡士濬以隐士自居，其自作《像赞》"策龙竹杖，披鹤氅衣，素壁高堂画像垂。儿童含笑问伊谁，清癯骨格老南漪。更有丹青难貌处，一生心事只天知"，展现的就是一种隐士的形象。虽然在宋元鼎革之际，贡士濬坚持隐居，但是这并不影响他入元之后积极的社会交往，并通过社会交往发展家族文化，为元代贡氏的发达特别是以文学著称创造了条件。贡士濬坚持隐居，也并不影响他的子孙辈在元朝普遍的出仕，他对于改朝换代，大致是一种比较通达的态度。更何况，他在宋亡之前已经隐居，所以贡氏一家在宋元鼎革之后并无改仕新朝的道德压力，而他的子孙辈更都是在元朝统治下成长起来的。

贡氏家族重视教育。贡士濬建立家塾，延请了故宋大儒牟应龙、戴表元做家庭教师。还建了南湖书院，出任江东建康道肃政廉访使而来到宣城的姚燧、卢挚、邓文原、王士熙等人，均为元代著名文臣、文章大家，也都亲临南湖书院。

贡氏家族中文学造诣最高的是贡奎、贡师泰、贡性之三人，他们是三代人。三人的诗歌历来评价都很高，三人也均有诗文集传世，并且都收载《四库全书》，因此当代中国文学史学界对三人关注得也比较多。

贡奎（1269—1329），贡士濬第三子。字仲章，号云林。元中期著名的词臣。十岁即能文。大德九年（1305）出任翰林国史院编修官，至大元年（1308）转应奉翰林文字、同知制诰兼翰林国史院编修官，参与《成宗实录》的修纂。丁父忧后于延祐三年（1316）出任江西儒学提举，并于延祐五年（1318）重回翰林国史院，任翰林待制，参与《仁宗实录》的修纂。多年在大都为官，贡奎结识了当时文坛最活跃的人物。卒谥文靖。贡奎著述颇多，诗文集《云林小稿》《听雪斋纪》《青山谩吟》《倦游集》《豫章稿》《上元新录》《南湖纪行》达一百二十卷之多，但传世只有明弘治年间曾孙元礼所辑《云林集》，所收皆是诗歌。他的诗歌，各体兼擅，内容也比较广泛，主要的特点是工整明白。比如这首《采石矶》：

断矶江上碧嶙峋，漠漠芦花转岸频。

舟小风微犹胜马，山高石立宛如人。

羡渠钓艇沧波阔，老我征途白发新。

寂寞蛾眉在天际，远烟青处晚双鬟。

　　贡奎的诗，历代的评价大多较高，如《四库全书总目提要》
称"诗格在虞、杨、范、揭之间，为元人巨擘"，虞（集）、杨
（载）、范（梈）、揭（傒斯）号称"元诗四大家"，确实是很高
的评价了。他的文章存世不多，《全元文》辑得三篇。吴澄《题
贡仲章文稿后》中称贡奎为"江南之英"，评价其文章"温然粹
然，得典雅之体，视求工好奇而卒不工不奇者，相去万万也"。

　　贡师泰（1298—1362），贡奎次子。字泰甫，号玩斋。元中
后期著名的南人官僚。天历二年（1329）进士。后至元二年
（1336），任应奉翰林文字、同知制诰兼翰林国史院编修官。至正
八年（1348），复任应奉翰林文字、翰林待制等。晚岁，任礼部
尚书、平江路总管、江浙行省参政等。贡师泰的诗文集有《友于
集》三卷、《玩斋集》三卷、《螭窍集》二卷、《闽南集》三卷
等，传世《玩斋集》十卷则为明天顺间宁国府知府沈性所新编。
贡师泰的文学成就，向来评价很高。友人揭汯撰写的《有元故礼
部尚书秘书卿贡公神道碑铭》称他"为文严密清丽，闲（闳）深
典实；诗极幽邃冲远，能兼诸体，有盛唐风骨"。元末东南文坛
领袖杨维桢《贡礼部玩斋诗集序》中云："我朝古文殊未迈韩、
柳、欧、曾、苏、王，而诗则过之。……而宛陵贡公，则又驰骋

贡师泰石刻壁画像

虞、揭、马、宋诸公之间，未知孰轩而孰轾也！……其诗也，得于自然，有不待雕琢而大工出焉者。”虞（集）、揭（傒斯）、马（祖常）、宋（褧）是“元诗四大家”的另外一种说法。杨维桢序中分门别类列举了贡师泰不少佳作的诗句和诗题，以阐明他的评价。由此可见贡师泰诗歌体裁的多样和内容、风格的广泛。杨维桢做诗，偏爱古乐府，其中评价贡师泰的“《杨白花》《吴中曲》，有古乐府遗音”。在此就以《杨白花》为例，以见一斑：

　　杨白花，无定止。

　　昨日宫中飞，今朝渡江水。

　　江水茫茫千万里，绵轻雪薄春旖旎。

　　把臂踏歌歌未已，石头城边风乱起。

　　杨白花，无定止。

此诗写得极婉转周回，同时又极富于韵律感，且能引人思量。宫中、江水、石头城等几个要素，又很容易把读者的思绪牵引到六朝，这是隋唐以来最容易引发人思古之幽情的主题。沈性《重刊贡礼部玩斋集序》云："先生夙承家学，而又尝亲炙诸公，且及游草庐先生之门，故其学渊源深而培植厚，涂辙正而条理明。其见之著述，气味肖诸贤，言语妙天下，黝黝乎其幽，悠悠乎其长，煜煜乎其光。有虞之宏而雄健不减于马，有揭之莹而清俊则类于袁。其于理趣，尤俨然吴氏之尸祝也。故当时评先生之文者，列之于六大家之次；序其诗者，亦谓可与《道园学古录》并观。"这里主要评价其文章，将贡师泰与虞（集）、马（祖常）、揭（傒斯）、袁（桷）、吴（澄）并称为"六大家"。至于诗歌，则称之与虞集《道园学古录》可以并观。《四库全书总目提要》的评价则是"文章亦具有原本"，"诗格尤为高雅"。

贡性之（约 1318—1388），贡师泰侄。字友初（一作有初），号南湖先生。

山居秋色图（元·贡性之）

生平不详。元末曾任福建行省理问官，入明后不仕，避居绍兴，改名为悦，躬耕自给。以写诗知名一时，有《贡理官南湖诗集》，今传本称《南湖集》。清初朱彝尊称贡性之（写作贡悦）诗"滑而不涩，纵而不控，固是云林、玩斋家法"，也强调了贡氏三代人诗歌风格的一致。《四库全书总目提要》云："集中《题画马》诗云'记得曾陪仙仗立，五云深处隔花看'，《题蒲萄》诗云'忆骑官马过滦阳，马乳累累压架香'，盖惓惓不忘故国。又《题墨菊》诗曰'柴桑生事日萧然，解印归来只自怜。醉眼不知秋色改，看花浑似隔轻烟'，《题靖节像》曰'解印归来尚黑头，风尘吹满故园秋。一生心事无人识，刚道逢迎愧督邮'。其不事二姓之意，尤灼然可见也。贡钦作是集《序》云：'会稽王元章善画梅，得其画者，无贡南湖题诗则不贵重'。故集中多咏梅诗，尝题绝句云：'王郎胸次亦清奇，尽写孤山雪后枝。老我江南无俗事，为渠日日赋新诗。'又云：'王郎日日写梅花，写遍杭州百万家。向我题诗如索债，诗成赢得世人夸。'"《四库全书总目提要》相当于通过诗歌来分析贡性之的心态，很好地揭示了贡性之不忘元朝的心理。《题画马》中的"仙仗"指皇帝的仪仗，此诗写贡性之曾经同皇帝的仪仗一道侍立，见到了皇帝的真容。《题蒲萄》写骑官马经过滦阳，上都位于滦河上游之阳（北），所以当时人又称上都为滦阳，这应当是每年一度元帝巡幸上都的时候，贡性之也在随从的队伍中，所以会来到这里。元朝两都巡幸，都有大量的汉人官僚随从，上都的草原风情、宫廷活动，以

贡性之诗（现代·沙曼翁）

及两都之间的旅途所见，都深深地吸引了汉人官僚的注意，留下了大量的纪行诗。贡奎、贡师泰、贡性之三人都歌咏上都的诗作，贡性之的这些诗歌是元朝上都纪行诗研究中还不太为人注意到的部分。

此外像贡奎、贡师泰父子那样既擅诗歌又在中央文化部门任职的，还有贡奎之侄贡师道。贡师道字道甫，号太冲。任太常奉礼郎、翰林国史院编修官、太常博士、宣文阁授经郎、翰林待制兼编修官等。在翰林国史院编修官任上，参与修宋、辽、金三史，修史的都总裁是权臣脱脱，脱脱欲以辽、金为正统，贡师道力争正统在宋，得罪了脱脱，外放为嘉兴路总管府治中，不久卒。贡师道诗文传世不多。《黄河道中》其一云：

> 晓渡桃源日未西，绿阴村巷转逶迤。
> 菜花篱落飞黄蝶，恰似南园雨霁时。

贡性之诗《涌金门见柳》（近现代·丰子恺）

　　桃源为今宿迁，是黄河南徙后所经之地。此诗写路途中随意见到的乡村景象，本就是平常不经意间所见，写得更是平和恬淡。

　　正因为贡氏家族诸人特别是贡奎、贡师泰、贡性之三人的诗歌造诣，自《宛陵群英集》以来，《诗渊》《宛雅》《石仓历代诗选》《宣城右集》《元诗选》《元诗别裁集》等诗文总集都选录了贡氏的诗作，名扬千古。

　　贡氏诸人的诗歌确实有其共性，大抵以平实冲和取胜。元代宣城贡氏突出的家族文学成就，似乎和家族的政治取向比较平和有关，保证了家族在新的历史时期的发展。而其诗歌的特征，似乎与此也不无关联。

　　绩溪舒氏出自黟县，宋代的时候有一支迁至绩溪。闻名是在舒頔这一代，舒頔、舒远、舒逊三兄弟均能作诗文。舒頔以上四代均有文化修养，也重视文化传承。祖父舒正大由宋入元，任饶州路长芗书院山长、广德路儒学学正。父亲舒弘任杭州路昌化县教谕、钱塘（一作临安）县教谕。出任学官这种现象，在宋元嬗代后的南人中特别普遍，也直接影响到了舒頔。学官主要指地方各级儒学的官，元代书院官学化严重，书院山长也被视作学官，被认为是和一般的行政官僚有所不同的身份，得到南方士人的普遍接受。有关舒頔家族史料有限，主要是《贞素斋集》中附载的一些文字，根据《故贞素先生舒公行状》所知的世系如下：

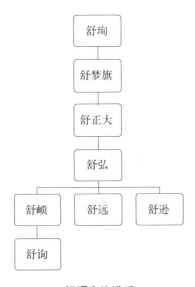

舒頔家族谱系

　　舒頔（1304—1377），字道源，号贞素。十二三岁，就能背诵经书，十五六岁，又能通读诸史。舒頔四处求学，在建康的时候，得到任官江南行台的马祖常等人的器重。先后任贵池县教谕、丹徒县教谕、台州路儒学学正。除了三度出任学官（方元成《贞素斋后记》称"三历校官"），舒頔还三度教习私塾，包括晚年在家的时候。元末动乱时期，与弟舒远、舒逊在山中避难隐居。至正十七年（1357）朱元璋势力占据皖南之后，聘他出山，

舒頔诗意书法成扇（清·姜筠）

托病未允。晚年在贞素斋读书，并训课子孙。舒頔善长书法，尤长于诗文，有多种文稿藏于家，只有《贞素斋集》八卷传世，是明嘉靖中其曾孙旭、玄孙孔昭所辑。《贞素斋集》前有洪武四年（1371）舒頔自序，称"虽居离乱中，艰难险阻，千情万状，独于诗未尝忘情"。舒頔还有一篇《贞素斋集自传》，其中称"喜为文章，人求记述，则欣然援笔，未尝以事辞"，"又喜咏歌，或古风、长律，取意而足，不蹈袭，不求奇，务在理胜"。可以看出舒頔钟情于诗文创作的情况。他有一段论正气的文字："士生天地间，浩然正气，金石可磨也，胶漆可解也，吾之正气不可挠也。孟贲失其勇也，陈平失其智也，吾之正气不可夺也。"气韵豪迈，掷地有声。舒頔诗歌的成就更高一些。他诗歌特色，友人唐桂芳撰《华阳贞素舒先生墓志铭》称"公之为诗，盘桓苍古，不贵纤巧织纴之习"。《四库全书总目提要》的评价则是"其文章颇有法律，诗则纵横排宕，不尚纤巧织组之习，七言古体尤为擅场"。选一首古体诗《大木为雪所偃歌》以见一斑：

前山夜寒雪三尺，大木尽偃僵且直。

疑是帝谪苍龙精，潜形岩壑事修饰。

天公责物何无情，至重屈折出至轻。

卧如铺琼瑶，竖若立甲兵。

只愁漏朝旭，照耀形与精。

嗟哉复嗟哉，徒尔怀大材。

良工不见遇，斤斧行相催。

君不见，今古忠臣与烈士，负志屈节皆如此。

此诗风格古朴，立意高洁，可以看作是舒顿性格刚直的比况。关于其性格，唐桂芳《贞素斋记》云"秉性刚特，于是非可否不得其平，则拊髀用泄愤懑"，其《贞素斋集自传》云"性直率，守信不阿，亦无骄矜之色"。

舒远、舒逊二人生平事迹皆不详。舒远（约1306—?），字仲修，号北庄。《贞素斋集》附收其《北庄遗稿》。舒逊（约1308—?），字士谦，号可庵。《贞素斋集》附收其《可庵搜枯集》。《元诗选》则选了兄弟三人的诗集。舒远、舒逊二人集中颇有与其兄唱和之作记为其兄上寿之作。嘉靖中舒孔昭辑出时作按语云："二公尝从之论议，得其（指舒顿）源流。一时倡和，花萼相辉。"指出舒远、舒逊二人的诗歌是向兄长舒顿学习的，兄弟三人，以唱和之作为多。

以上所举宣城贡氏和绩溪舒氏的例子，可谓文学家族。但是其家族的底色则在于儒学，不但形诸诗文，更见诸实事。而且两个家族之重儒，都延续了数代。贡奎、贡师泰父子都是学经出身，又都有科第功名，贡奎"名其堂曰明洁，欲使子孙以经行世其家也。……晚年粹撷诸礼书，欲定为一家言，未竟而卒"，贡师泰著有《诗补注》，贡师刚则"通《尚书》《周易》两经"。舒顿弟子张梓所撰《故贞素先生舒公行状》称舒顿"五世相传，皆以儒显"。两个家族都有不少人担任学官，舒氏非常典型，连续几代人都曾担任学官，已见前述。贡氏则有贡奎先后任池州路齐山书院山长、江西等处儒学提举，贡师刚先后任婺州路丽泽书院山长、余干州学教授，贡师仁为建德路石峡书院山长，贡师中为台州路儒学教授。据宣城《贡氏六房宗谱》所载《贡氏簪缨嗣续图》，则贡士濬以下四代担任学官的多达 17 人。此图显示的是贡氏一门任官的总体情况，所以列出的是最高官职，实际上曾经担任学官的一定会更多，贡奎、贡师刚、贡师仁三人即是如此，在图中显示的是其他的官职。如果说诗文写作是创造了新的中华文化（当然是在传承的基础上实现的），那么就贡氏家族和舒氏家族均有多人担任学官一点而言，还可以估计他们在社会层面的普遍传承中华文化方面的贡献也是非常可观的。而在改朝换代之际，贡氏家族和舒氏家族则多隐士，如贡士濬在宋元之际、贡性之在元明之际，舒顿三兄弟在元明之际，"有道则仕，无道则隐"，这一普遍的中国传统思想行为准则也在贡氏和舒氏家族中得到充分的体

《宣城贡氏族谱》书影

现。所以，宣城贡氏和绩溪舒氏更可谓文化家族。

汪泽民与贡师泰：元代宣城文化名人双璧

一个地方的文化形象，往往是一地的知名文化人士造就的。文化形象的形成，不仅仅有赖于这些文化人士的诗文作品，更有赖于他们的行事和品格。前者即所谓立言，后者即所谓立功和立德。

元代宣城文化名人中，恰好有两位不但立言、立功、立德三方面均可彪炳史册，而且二人还多有共性，实在值得一并弘扬。这两位元代宣城的文化名人，就是汪泽民和贡师泰。

前文在谈及《宛陵群英集》和贡氏家族的时候对于二人生平略有涉及，对于汪泽民偏重在编纂《宛陵群英集》，对于贡师泰偏重在诗文方面的成就，还不足以显示二人的全貌。此处拟从为官经历、思想等方面再作一些阐述，以期比较完整地展示出二人作为文化名人的丰富形象。

汪泽民（1273—1355），字叔志，号堪真老逸。祖上为徽州歙县人，迁徽州婺源、饶州德兴，南宋初迁宣州宣城，遂为宣城人。徽州古称新安，故汪泽民有时自称"新安汪泽民"（如所撰《江东宪司题名记》），又有一印曰"新安世家"（见于后述汪泽民跋《朱熹书翰文稿卷》用印）。汪泽民祖父、叔叔均为南宋进士，家族科名很盛，入元以后也都有地位。汪泽民成年的时候，

下及帖（元·汪泽民）

已经能通诸经，并能融通经史。延祐初（元年，1314）以《春秋》中举人，授宁国路儒学学正，延祐五年（1318）中进士。此后历仕岳州路平江州同知、南安路总管府推官、信州路总管府推官、平江路总管府推官、济宁路兖州知州。至正三年（1343），朝廷修辽、金、宋三史，征召入都，拜官国子司业，分修《宋史·兵志》和《理宗本纪》。书成后，迁集贤直学士。不久，上书请求退休，以礼部尚书致仕，回到家乡。至正十二年（1352），蕲黄红巾军攻占徽州路，随后进犯宁国路，江东道肃政廉访使道童守向汪泽民咨询防守的计策，得以守住宁国路城。至正十五年（1355），长枪军琐南班来进攻，城内兵不满百，汪泽民仍旧不愿离去，积极参与守城。最终城陷被俘，逼降不屈，并作诗云："江城欲破竟何为，独有孤臣强自持。骂贼肯教双膝屈，忠君不顾一身危。"遂遇害，终年八十三。朝廷赠官江浙行省左丞，谥

（元）汪克宽撰《春秋胡氏传纂疏》书影（汪泽民序）

文节。成化十九年（1483），在宁国府城之南建成王文节公祠。

汪泽民任官三十年，多为路府州县的地方官，这些经历展现了他良好的政务处理能力和正直的从政态度。例如在岳州路平江州任上，豪民张氏勾结官吏欺压百姓，汪泽民将他发配到边远地方；李氏兄弟三人，老三没有子嗣而亡，妻子发誓守节不嫁，老大、老二贪图老三家财，嗾使无赖诬陷与老三寡妻通奸，汪泽民为之洗冤。知名一时的当属钱珍之狱。潮州路判官钱珍调戏推官梁楫的妻子刘氏，刘氏不从。于是钱珍便诬陷梁楫冒名支取官米，并以此罪杀了梁楫。事情还牵连到海北廉访副使刘安仁（海北广东道肃政廉访司管辖潮州路，估计和上报审案之类情况有关），一并抓捕的有二百多人。行省往来讯问多达六次，未能审明案情。汪泽民参与审案（当时汪泽民任南安路总管府推官，大约是由异地的官僚参与行省的审案，南安路与潮州路均为江西行省所辖），一下就把案子审明。此时钱珍已经畏罪自杀，皇帝下诏开棺戮尸；刘安仁接受了钱珍的贿赂，则被除名。当时朝廷恰好派使者巡查江西行省，听说了汪泽民的英名，让他巡查南安、赣州二路，有事情可以专断决定，于是声名尤其显著。据宋濂撰《汪泽民神道碑》，《泰定实录》也有对钱珍之狱的记载。宋濂是明初修《元史》的两位总裁官之一，当时系统地利用了元十三朝实录，《泰定实录》便是其中之一，他的说法应该是可信的。而《元史·泰定帝本纪》泰定四年（1327）三月丙午有一段记事："潮州路判官钱珍，挑推官梁楫妻刘氏，不从，诬楫下狱杀之。事觉，珍饮药死，诏戮尸传首。海北廉访副使刘安仁，坐受珍赂除名。"正和《汪泽民神道碑》中的说法对应。不过《元史》的记事出现了刘安仁的名字而未出现汪泽民的大名，似乎有点剪裁失当。

　　汪泽民能诗善文，可惜所著《巢深》《燕山》《宛陵》三稿都已经散失，只能通过各种文献零星读到一些。幸运的是他自己编的《宛陵群英集》也收了不少自己的诗，转辗保存下来一些。《元诗选》也有他的诗集，称《宛陵遗稿》，收诗21首，并附其长子汪用敬诗一首。汪泽民的诗颇受好评，《元诗选》所拟小传中称："佳句如《送谷仲皋》云：'天开墨嶂孤云白，海涌春潮夜雪明。'《次顾仁甫》云：'花雨翻晴催社燕，柳烟笼晓待春莺。'《挽师炳仲》云：'初说衔蛇作祟，忽闻占谶鹏为妖。'《□王敬叔》云：'摩诘平生诗可画，无功晚节醉为乡。'造语俱极工稳，惜全篇不传。"近出《全元诗》，则收其诗90首。汪泽民的文章保留得更少，可惜《全元文》一篇未收，后来好几位学者作过补辑。他有一篇《江东宪司题名记》，曾经刻碑，碑现已不存，文字则收在《宣城右集》中。民国时期《安徽通志金石古物考

汪泽民跋《朱熹书翰文稿卷》

稿》曾予著录，看来很晚的时候此碑还可见到。国图所藏拓片，只是题名记和题名的残片各一。汪泽民在经学方面还有相当造诣，《神道碑》曰："其为学本诸六经，真知实践，无一不本于道义。"《元诗选》在其小传中称"所著有《春秋纂疏》"，则本于嘉靖《宁国府志》。汪泽民的书法也有可观之处，可惜保存很少。

明初所修《元史》，卷一百八十五有汪泽民本传，缘于当时参与修史的汪克宽是汪泽民的族子，他将汪泽民门人汪文炳收集的汪泽民的事迹提供给总裁官宋濂，于是删削成《元史》中的汪泽民本传。汪克宽还向宋濂表达了汪泽民孙汪德垕请宋濂写神道碑的请求，于是宋濂为作《元故嘉议大夫礼部尚书致仕赠资善大夫江浙等处行中书省左丞上护军追封谯国郡公谥文节汪先生神道碑铭》（载《銮坡前集》卷三）。

贡师泰较汪泽民晚生二十五年，相当于两代人，不过他晚卒汪泽民七年，二人都主要活动在元代中后期，仍可以视作同一时代的人物。贡师泰自幼受到良好的教育，并在很早的时候就显示了他的聪慧。据说他三岁时就能背诵《诗经》，其父贡奎对他光耀门庭大抱希望。延祐年间，贡奎出任江西儒学提举，贡师泰随行，此时他尚不足二十岁。恰逢大儒吴澄辞去国子监的职务回到故乡江西，而吴澄是贡奎在大都任官时就已经结识的，贡师泰得以拜吴澄为师，并得到他的器重。不久，贡奎出任翰林院官，贡师泰随之来到大都。至治二年

贡师泰诗（清·陈奕禧）

（1322），贡师泰入国子监，因作《傩神赋》而得到文章大家袁桷（时任翰林院侍讲学士）的叹赏，已有很好的文声。天历二年（1329），在上都应考，得中进士。此后任吉安路泰和州判官、徽州路歙县丞、江浙行省掾史。后至元二年（1336）之后，任应奉翰林文字同知制诰兼翰林国史院编修官、奎章阁典金。至正三年（1343），任绍兴路推官。至正八年（1348），复任应奉翰林文字，预修辽、金、宋三史。随后迁宣文阁授经郎、翰林待制、国子司业。至正十二年（1352）后，拜吏部郎中、御史大夫，改变了世祖之后省、台官不用南人的状况，又迁吏部侍郎、兵部侍郎、都水庸田使。至正十五年（1355），改江西湖东道肃政廉访副使，未行，升闽海道廉访使，又召为礼部尚书，正当出行则调平江路总管。至正十七年（1357），任两浙都转盐使，又改江浙行省参知政事。至正十八年（1358），受命为户部尚书往福建以盐易米，因为此时江浙动荡，至正二十年（1360）才得以到福建。至正二十二年（1362），召为秘书卿，自福建由海道北上，卒于海宁，享年六十五岁。

贡师泰主要的经历是在各地为官，从中进士之后算起，超过三十年。其间多有政绩，《神道碑》称他"为政外严内宽，不苟不驰，有古良吏之风"，《元史》本传称他"于政事尤长，所至绩效则暴著"。贡师泰也很善于审案，多次改正冤案。例如在绍兴路推官任上，山阴县白洋港有一艘大船被风飘近岸，史某等二十人在海边取卤水，看到船无主，就去取船上的篙和橹，结果发现两个死人。有一个姓徐的人，看到船上没有东西而有死人，说是被史某等人打劫的。史某是富民高某的佣工，于是事情又牵连到高某。审案后史某招认了，于是高某也被一并逮了起来。贡师泰就暗地里打听，原来当地有位姓沈的以船载物从杭州回来，看到渔人在海里张网捕鱼，就去偷网里的鱼，结果被渔人所杀。所以船上的命案不是史某干的，高某也不知情，冤屈都得以洗刷。余阙《贡泰甫友迁集序》记贡师泰任绍兴路推官时，"太原贺君为丞相蒐罗天下人才之有政誉者，而泰甫之治为浙东西第一"，想必正是因为贡师泰处理上述一类案子的能力。他在绍兴路推官任上的审案故事，《神道碑》一连记载了好几个。

在为政方面，贡师泰还勇于表达自己的意见。如早年在江浙行省掾史任上，针对中书移文江南三省掾史互相迁调、他省不得取用的规定，他上书提出"人材之生无间南北，用材之道何分远迩"，举出了唐、宋时期南士陆贽、范仲淹、张九龄、周敦颐、朱熹、欧阳修等多个例子，接着说"世祖皇帝首征南士，居中书省者有之，任台谏者有之"。上书没有得到进一步上报，于是他就离任了。后来贡师泰得以出任南士不能担任的职务御史大夫，似乎是冥冥之中对于他早年意见的应许。当受命往福建以闽盐易米，贡师泰先是上书说福建山多田少，只怕盐有余而米不足，会导致人心涣散，未得上报；后又上书说用盐引去地方上换米是不可行的，一来到处有盗贼，二来这两个地方本地也不产米。

贡师泰任官，很长一段时间是在元末动乱特别厉害的江浙行省，包括前述以闽盐易米，虽然不认可，但还是积极地去处理，居然"逾月得米五万余石，先漕京师"，可谓恪尽职守。他转任平江路总管的时候，正值起兵淮东的张士诚帅兵过江，大兵压境，试图攻取江南的平江城（今苏州）的时候。别人都劝他不要着急去上任，他却不然，说这是皇上的命令。到了平江，他配合驻守在这里的江浙行省参政脱因，一力防守。城破之后，带着官印逃亡，还一直想着克复平江。他的这个心愿，一直未能实现，平江在至正十六年（1356）为张士诚占领，一直到至正二十七年（1367）又被朱元璋势力夺取，再也没有回到元朝的直接控制之下。贡师泰作了一首《幽怀赋》表达心意，由此可以看出贡师泰的拳拳报国之心，可惜《幽怀赋》不载于传世的《玩斋集》。

贡师泰的诗文评价，前文已有涉及。这里补充两点有关他的经学修养的信息。一是他著有《诗补注》二十卷；二是玩斋的得名，缘于他在大都时，在墙壁上画了先天四十六卦圆图，中间是空的，礼部员外郎程文命之曰"玩斋"。贡师泰四度出任考官，应该和他懂经学、有文才有关。贡师泰有学问，也重视学问，做官的同时，还乐于授徒，先后受业于门者达数百人。贡师泰也善书法，元明之际的书法史名著《书史会要》卷七有其小传，称"楷书亦善"。并且附载其子贡煜、叔父贡复初、从弟贡宗暹的小传，看来贡氏一门擅长书法的人很多。

贡师泰将要归葬故里的时候，门人刘中写了行状，请了著名文臣揭傒斯之子秘书少监揭汯撰写神道碑，这就是《有元故礼部

贡师泰跋《潇湘奇观图卷》

尚书秘书卿贡公神道碑铭》，保存在传世《玩斋集》中。揭汯在神道碑中特别写到他的父亲揭傒斯和贡师泰的父亲贡奎一起在朝为官，又说到他和贡师泰也是同事，"盖有再世之好"。明初修《元史》，卷一百八十七有贡师泰之本传。此传的不少内容和神道碑可以对应，但是不同之处也不少，特别是细节描写往往颇有不同，可知并不是据神道碑而来的。

　　汪泽民、贡师泰二人，都是进士出身，颇有经学修养，更是诗文名家，都有诗文传世，还都曾参与国家修史，并且都长年为官，甚至都官至礼部尚书，也都主要活动在元中后期，均为忠义之士，二人也都列于乡贤祠，中国历代史书中最为主要的正史——二十四史之一的《元史》还为二人立了篇幅不小的传记，甚至二人的书法也都有一定造诣。二人也都是宁国路所治的宣城县（今宣城市宣州区）人，作为元代乃至整个历史上宣城文化名人之双璧，恰如其分。

小　结

元朝统治宣城地区虽然不足百年，但是在宣城却留下了一批熠熠生辉的文化成果。"九路十七史"的刊刻由设置在宁国路的江东建康道肃政廉访司组织协调得以开展，宁国路儒学和广德路儒学还分领《后汉书》和《南史》二书，部分原刻及明代的修补本转辗保存至今，这是元代最集中的一次正史刊刻。这个例子还说明元代宣城地区具体的区划设置，即作为江东建康道肃政廉访司的治所，也促进了地方的文化建设，并且其影响远远超出了宣城本地。《宛陵群英集》则是现存最早的宣城地方诗文总集，在保存地方文化方面价值独到。"九路十七史"和《宛陵群英集》，可以视作元代宣城的两个地方文化符号。

元代宣城还涌现出众多的诗人（《宛陵群英集》虽然现存只是辑本，但是足以总体上反映出元代宣城地区诗人众多的盛景），在元代地方诗人群体中首屈一指，其中又尤以普遍出现的地方文学（以诗歌为主）家族最具特色。元代宣城的地方文学家族继承自宋代，但在作家的数量方面又远远超过宋代。特别是宣城贡氏家族成为整个宣城地方历史上也是整个元代最具代表性的文学家族，有着很高的学术研究价值。

也出现了彪炳史册的文化名人——汪泽民和贡师泰，二人可谓兼具学者、文学家、书法家、高级官僚和忠臣义士的全面型文化名人，也是兼具立德、立功、立言三不朽的文化名人，是中华优秀传统文化的传承者和践行者。

总之，元代是宣城地方文化发展史上的一个重要的也颇有成就和特色的时期，其丰富的内涵值得进一步弘扬和光大。

行书七言诗（清·梅清）

明朝宣城的那些事和那些人

谢贵安

武汉大学历史学院

教授 博士生导师

明代宣城（即宁国府、广德州）属于朱元璋政权反元革命的"革命老区"，是朱元璋平定天下最早占据的应天（南京）、太平（滁州）、镇江、宁国（宣城）、广德（先为府，后降为州，今亦属宣城市）五个府之一，为朱元璋打天下提供了粮草军器，立下了汗马功劳，所以也被称为"王兴之地"，并划为"京畿道"，作为"京师辅翼之郡"。

明代宣城发生过许多事情，有的是历史大事，有的事虽小却见证了大明历史的兴衰。在那些事的背后，是宣城的那些历史人物，他们的活动，创造了明代宣城的灿烂历史。……宣城历史和文化在大明朝虽然略显平凡，但却有独特的魅力和意义。

今天的宣城市，位于安徽省西南部，辖区范围包括宣州区、宁国市、广德市、郎溪县、泾县、绩溪县、旌德县。明代的宣城主体为宁国府，是明太祖攻下元朝的宁国路后改名的，一度改为宣城府、宣州府，吴元年（1366）仍定名为宁国府，属南直隶，下辖六县：宣城县与宁国府同城，是府治所在地，即所谓的府城，北有敬亭山，西有清弋江；南陵县，在府城西，南有峨岭巡检司；泾县也在府城西，东南有茹蔴岭巡检司；宁国县在府城东南，西有紫山，东南有千秋岭，东南有岳山巡检司，驻石口镇，西南有胡乐巡检司；旌德县在府城南，北有石壁山，西南有箬岭，北有三溪巡检司；太平县在府城西南，南有著名的黄山，所以黄山上刻有"立马空东海，登高望太平"，西有龙门山巡检司，西南有宏潭巡检司。今天的宣城市与明朝的宁国府（即宣城府）相比，互有出入。首先是多出两块地方：一块是广德州及其所属的建平县。朱元璋攻克元朝广德路，改为广兴府，辖广德、建平二县，将前者改名广阳县。洪武元年（1368）改广兴府为广德府，四年（1371）又改府为州，十三年（1380）四月，将广阳县并入广德州，州仅领建平一县。建平县即今宣城市所属郎溪县。另一块是明朝属于徽州府的绩溪县，1987年划归宣城。其次宣城市也少了两块，一块是南陵县，已改属芜湖市管辖；一块是太平县，已属黄山市。总体上看，宣城市比宁国府多辖一县。我们今天所要说的"明朝宣城的那些事儿"，就是以宁国府（宣城府）辖地为主，兼及今天宣城市所辖的非宁国府区域所发生的历史事件。

"兴王之地"的明代宣城

明代宣城（即宁国府、广德州）属于朱元璋政权反元革命的"革命老区"，是朱元璋平定天下最早占据的应天（南京）、太平（滁州）、镇江、宁国（宣城）、广德（先为府，后降为州，今亦属宣城市）五个府之一，为朱元璋打天下提供了粮草军器，立下了汗马功劳，所以也被称为"王兴之地"，并划为"京畿道"，作为"京师辅翼之郡"。

早在吴元年（1366）正月二十一日，吴王朱元璋就曾对中书省的大臣说过，"太平、应天、宣城诸郡，乃吾渡江开创之地，供亿先劳之民"，于是，他要求对这些地区量与减免租赋，以苏民困。中书省大臣傅瓛便遵照朱元璋的指示，免去太平府租赋两年，应天、宣城等处租赋一年。洪武二年（1369）正月十五日，已是大明皇帝的朱元璋，再次明确指出了五府的重要地位，把它们当作"畿内"，以及"京师辅翼之郡"。他充满感情地说："朕自渡江，首克太平，定都建业，其应天、镇江、太平、宣城、广德实为京师辅翼之郡，军需钱粮供亿浩穰。朕每念之不忘！"鉴于属于"畿内诸郡"的五府遭遇天旱，民无收成，他觉得十分愧疚，于是决定将今年夏秋税粮再免一年。洪武三年（1370）三月一日，明太祖朱元璋下诏免去应天等十六府州，河南、北平、山东三省的税粮，并特别指出："其应天、太平、镇江、宁国、广德、滁州、和州，朕兴师渡江时，资此数郡以充国用，致平定四

朱元璋（1328—1398），明朝开国皇帝

方。朕念其勤劳，未尝忘之！"所以要免去当年夏秋税粮。洪武五年（1372）十月，朱元璋决定"蠲应天、太平、镇江、宁国、广德五府秋粮"，并声情并茂地说："朕乘群雄鼎沸之时，率众渡江，定都建业十有八年。其间高城垒深壕堑，军需造作，凡百供给，皆尔近京五府之民率先效力，济我时艰，民力烦甚。朕念不忘！天下一统，今五年矣，虽尝蠲其四岁租税，然犹未足以报前劳。是用申饬有司，其应天、太平、镇江、宁国、广德五府，今年合征秋粮，除粮长顽狡不盖仓及科敛困民者本户之粮不免外，其余尽行蠲免。"可见，宁国府和广德府在朱元璋心中的分量是

很重的。

直到洪武十一年（1378）八月，太祖还挂怀宣城五府为建国所立的功劳，在"免应天、太平、镇江、广德诸府州秋粮"时，说道："朕昔率兵东渡大江，姑孰、金陵、京口、宣城、广德、徽州、长兴、安吉、宜兴、江阴相次来附，不逾三年，尽入版图。"并感叹道："若非吾民供亿之勤，朕亦岂能平祸乱、一寰宇，而为天下主？"并要求"子孙亦当累世不忘"五府的功业。两年后，朱元璋又说起宣城等府的功劳，要求"太平、镇江、宣城、广德、滁、和今岁夏秋税粮免"。洪武十四年（1381）十月，朱元璋再次免宣城等五府的秋粮，下诏说："朕思创业之初，军

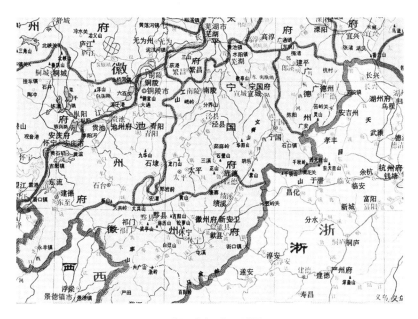

明宁国府行政区域图

需甲仗皆出于江左之民，其劳甚矣。其应天、太平、广德、镇江、宁国五郡，今年秋粮官田减半征收，民田全免，期苏民力，同乐治平。"洪武十六年（1383）五月，又免应天、太平、镇江、宁国、广德五府税粮，并让户部告诉五府之民道："五郡为兴王之地。其民输忠效劳，助朕居多。今天下太平，务使之各得其所，故数免税粮，少酬其劳。"

直到朱元璋晚年，仍然不忘宣城五府在建立大明初期的重要功劳。洪武二十四年（1391）七月，他下诏免除应天、太平、宁国、镇江、广德五府州官租之半，并告诉户部官员道："我国家用兵之初，凡军国所需，皆应天五府州之民供之。"现在天下一统，"朕念其劳，于是全免五府州民田之赋，官田则征其半"。在他去世前的一年，朱元璋仍然下诏免宣城等五府的田租，说："朕定天下之初，军国之需皆取给太平、宁国、应天、广德、镇江五府州县。朕既富有天下，思与尔民共享康宁。然犹虑恩施有所未洽，民力有所未苏，是用蠲尔今年官民田租，以称朕酬劳之意！"

由于朱元璋对宣城五府的偏爱，因此当地的百姓，就敢于直接提出要求。洪武十六年（1383）四月二十六日，"宁国府宣城县民，诉故元官田征租太重，积年逋负一十五万七千六百八十余石，民实贫困，不能输纳"。于是朱元璋特地下诏，决定自辛丑年（1361）至洪武十三年（1380）的逋租，"悉皆免征"。

同样，由于朱元璋的重视，宣城（宁国府、广德州）被划入

明成祖朱棣（1360—1424），明朝第三位皇帝

"京畿道"。洪武二十九年（1396）十月三十日，朝廷决定改置天下按察分司为四十一道。其中直隶分为六道："曰淮西道，治凤阳、庐州二府，徐、滁、和三州，及太仆寺、中都留守司；曰淮东道，治淮安、扬州二府，及六合县、两淮都转盐运使司；曰苏松道，治苏州、松江二府；曰建安徽宁道，治池州、安庆、徽州三府；曰常镇道，治镇江、常州二府；曰京畿道，治太平、宁国二府，广德州、句容、溧水、溧阳三县。"

宣城等五府（州）在太宗朱棣上台后，初期仍然受到关照。建文四年（1402）八月二十五日，刚刚上台不到两月的朱棣，处理了工部右侍郎黄福的一份报告。黄福在报告中说："旧制：应天、太平、镇江、宁国、广德五府州例免税粮，但每岁农隙，召其丁夫役京师一月，今当如例征赴京。"朱棣指示："五府州兴王之地，先帝时特加优恤，近年兵兴，烦于供给，今方遂宁息，未宜劳之，可蠲今年之役。"永乐九年（1411）闰十二月，工部上疏说："今京师城垣河渠合修治者，请如洪武故事：征应天、太平、镇江、宁国、广德五州府民役之。"上曰："皇考以五州府兴王之地，特加优恤而蠲其田租，所以固邦畿也。其役之于岁终闲暇之时，亦以附近不甚为劳。今役之人，宜体祖宗之心，节用其力，宁宽无急。讫工之日，即遣宁家，毋久拘之。"

然而，随着大明王朝迁都北京，宣德等五府的"京畿"地位不复存在，受到的照顾也日益减少。天顺元年（1457）四月，户部奏上兴利除弊措施，其中之一是关于宣城等五府（州）的田租减免问题："应天、太平、宁国、镇江、广德五府州，太祖高皇帝念系兴王之地，该征税粮，民田全免，官田减半。其时民少田荒，以后富豪之家，逐年开垦，有多至百余顷者，俱不纳粮，宜令各该官司查勘，以十分为率，减其三分，就取勘丁多田少及无田之家，每丁摘拨二十亩，令其耕种，以赡身家。"英宗皇帝"俱准拟行"，对五府州"兴王之地"的租税征收，不再过度照顾。成化十九年（1483）九月，户部会官员议奏关于五府州的私田减免问题，指出："应天、镇江、太平、宁国、广德五府所，太祖初得天下，仰其供给，故特敕宽之，凡官田粮半征，民田粮全免。"但是，"以后富家争买民田，是以官田多在小民"，因此户部要求各府州县在征收田税时，官田每石"量减二三斗"，而民田每亩"量加一二升"。这与太祖的政策正相反。对此，宪宗皇帝竟然毫不犹豫地批准了。可见，随着明朝统治重心的北移，作为南直隶的宣城（宁国府、广德州）的地位在不断下降，在日渐忘本的新的统治者心中，宣城已经没有太祖时的那种重要地位了。

明代宣城的贡献

早在朱元璋打天下时，宣城府（宁国府）及广德州便作为朱元璋的"兴王之地"，为吴政权和后来的大明政权提供了源源不断的粮草军器。据《明太祖实录》记载，洪武十一年（1378），工部"定天下岁造军器之数"，给宁国府规定了"甲胄三百、步军刀一千、弓七百、矢一十万"的任务，给广德州规定了"甲胄一百、步军刀四百、矢三万"的任务。这还是明朝建立后宣城的贡献，建立前和初期，提供的军器应该更多。

大明王朝建立后，宣城仍然为国家提供了赋税、力役、漕运、贡物等各方面的贡献。虽然作为五府的宣城和广德州赋税，遇灾减免，但平常仍然是照章纳税，此在各府县皆相同，毋需多言。这里所要讲的，是宣城在修筑南京城垣和河渠中的特殊贡献。

朱元璋虽然偏爱京畿五府，但也给这五府之民规定了修建京师（南京）外城的任务。黄福曾在一份报告中说，洪武间有"旧制"，即"应天、太平、镇江、宁国、广德五府州例免税粮，但每岁农隙，召其丁夫役京师一月"。永乐九年（1411）闰十二月，工部上疏说："今京师城垣、河渠合修治者，请如洪武故事：征应天、太平、镇江、宁国、广德五州府民役之。"因此，太祖免京畿五府的税粮，不是无代价的，而是岁末农闲时，要其丁夫到京师服役一个月，修建城垣和沟渠。这一规定，一直存在。但成化以后，宣城、广德等五府之民，改为以银代役。成化二十一年（1485）三月，工部奏：南京外罗城周围长达 130 余里，有城门 16 座。旧例俱归南京工部修理。景泰六年（1455），守备太监袁诚，奏请让应天府所属的上元、江宁、句容、溧阳、溧水五县，暂借人夫修建。至成化九年（1473），应天府丞白昂，又将景泰的措施奏停，以致南京外罗城及其城门的修建

明代银质货币（现藏宣城博物馆）

经年不完。工部建议自驯象门起的 8 门，属应天府修理；沧波门起的 8 门，属工部修理。各自准备工料，互不牵扯。应天府尹于冕上奏：打算将本府该出工价以十分为准，其中的八分改派苏、松等九府。于冕特别指出："惟镇江、宁国、太平、广德等府州，原系国初恩例减免钱粮之处，又与南京相近，除太平已有抽分夫役，宜令镇江、宁国、广德每年各出银六十两，送应天府收贮，以备分工修理。"也就是说，原京畿五府州中的太平府（滁州）已出了夫役，可以不管外，其他的宁国府、广德州和镇江府等，可以每年各出六十两银子，交给应天府，作为代役银，不用再出役丁。这个建议得到宪宗的批准。到了正德十一年（1516）七

月，南京给事中史鲁上奏说："南都外城，镇江、宁国、太平、广德府州例当分葺，但去都既远，官吏艰于往来，奸弊易起。乞发岁出工料夫价银共一千三百两输南京工部，随时修补，庶浪费少节而民困可苏。"工部议复后，得到武宗皇帝的批准。由此可见，南京的城墙破损，河渠的湮塞，都要由宣城、广德等京畿五府出工修建和疏浚，成化以后，改为出银代役。这成为宣城人民的负担，也是宣城人民为国家做出的奉献。

宣城还要向朝廷进贡特产。宣城的特产茶、雪梨和木瓜，都曾进贡入宫，成为明朝皇帝及其家人的品尝之物，甚至祭祀之品。据《明太祖实录》记载，吴元年（1366）三月一日，"宣州贡新茶"。时为吴王的朱元璋"命内夫人亲煮"，不仅自己品尝，甚至还"荐于宗庙"，作为祭祖之用。

雪梨也是宣城的特产，进贡到南京礼部，作为祭祀太庙的供品；同时也曾进贡到北京，除皇家品尝外，还被朝廷分赐给各衙门食用。正德十六年（1521）十二月，巡按直隶御史王完奏："宣城县岁贡雪梨四十斤，解南京礼部，供荐太庙。"他同时指出，《大明会典》原来没有"岁进北京"的规定，但"今每岁以四千五百斤解礼部，转进内府，分赐各衙门食用"，但是从宣城到北京，"道远易溃，虚费扰民，乞行蠲除"。刚刚从湖北来京继位的世宗皇帝，积极表明态度，"是其言，命南京供荐者照旧办解，进贡入京准免"。

宣城的另一个特产是木瓜，外皮青白而内瓤金黄，每年都要进贡到北京，供皇家食用。天启五年（1625）十一月，"宁国府岁贡木瓜"。但这一次熹宗皇帝忽然良心发现，下旨道："暂行停免，以彰朝廷恤民德意。"但这只是暂停，过后还是会照常进贡，因为皇族实在舍不得宣城的这种美味特产。

宣城除了供力役、献特产外，还向大明王朝奉献各种名目的银两。弘治六年（1493）四月，"内府承运库告缺少供应金银"，户部奉旨集廷臣商议，拟上了"通融理财"之法，其中之一就是"起存积"，认为应将广德州等府州所贮余银，"各取三分之一以入内帑"，被皇帝接纳。嘉靖三十年（1551）正月，因为各边招募兵马日益增多，经费不够，户部要求"通融酌处"，建议坐派京料银，决定"宁国府二万五千"，"广德、和州、滁州共九千"，被世宗批准。

宣城在明代还曾经为朝廷养马。马是明朝重要的军事战备物资。明代不仅在河北等北方之地养马，还在宣城开展养马工作。这种养马就是所谓"俵马"，即官府将官马（种马）分派给民户饲养，等到生养马驹后，再由民户将马驹解送指定地点，由官府验收。永乐十五年（1417）八月，兵部曾建议在宁国府和广德州等地分养繁衍出来的马驹，但未被接纳，只是决定在凤阳、庐、扬、滁、和接受这些孳生出来的马。但是，到了弘治二年（1489）七月，据南京太仆寺卿秦崇等所奏马政之事，得知"应天、镇江、太平、宁国、广德所属养马县分"，"计各属州县原养种马万四百七十余匹"，但由于"牧养马政"遭到废弛，近两年所报马驹仅九十四，而种马亦消耗过半，照此下去，"加以数年，

宁国府时期碑帖拓片

种马恐亦消耗殆尽"。秦寺卿请都察院下令巡按御史，"查提各经该任内管马官及南陵、建平二县掌印官追补，并于南陵、建平请各增管马官一员"。经兵部议覆，得到孝宗皇帝的批准。于此可见，作为明代宣城的宁国府和广德州，以及下辖的南陵、建平等县，都负有养马的任务。但是，正如前面所讲，让宣城民间代官府养马，效果不佳，因此，有官员建议按马价折成银两，让宣城百姓纳银两以免养马之责。正德十六年（1521）九月，有官员建议"起俵马匹尽征价值"，但遭到兵部的反对，兵部的意见是有些府县本可以在养一部分马的同时，另一部分马可以交钱代养，而"宁国、太平、镇江三府，广德、徐二州，俱听折色，则民称便，而马亦可恃以为用"。刚即位的世宗皇帝听从了这个建议。可见，宣城地区的百姓，还为国家养马，或出钱代养。嘉靖五年（1526）三月一日，应天巡抚吴廷说过："今宁国府独南陵县养马，宣城等五县俱无之"，由于宣城等五县侵占了高淳县的荡田之利，建议以高淳县续领种马改派宣城等五县俵养。但是，此举引起了五县百姓的不满，最后决定以宣城五县田荡还给高淳县，并承担驿传杂差，分解高淳之困，而"高淳马匹亦不得复累五县"。这就是宣城在养马上对大明国家承担的负担和做出的贡献。

晚明时，后金努尔哈赤崛起，战事大起，缺饷，于是征派了"辽饷"。宁国府为此做出了贡献。万历四十六年（1618）九月，户部以辽饷缺乏，援征倭、征播例，请求加派。于是决定总计加派辽饷二百余万两，其中"宁国派一万六百一十五两七钱七分四厘"，"广德派七千五百八十五两三钱五分五厘"，而池州只加派三千一百八十一两二钱二分九厘，太平府也只加派四千五百四两六钱八分六厘，安庆府派七千六百六十六两八钱五分七厘，可见在附近的几个府中，宁国府加派最多，加上广德州，宣城地区为大明的国防事业贡献不菲。

明代那些事背后的那些人

明代的宣城，虽属京畿地区，但为时较短，随着永乐迁都，宣城的京畿地位不复存在。因此，明代宣城地区，在辽远的北京看来，只是南直隶所辖的一个偏远府州，相对来说，人才不太旺盛。其实，宣城地区还是出现了很多人才，除了汤宾尹和沈有容两位著名人物外，至少 15 人被写入国史，如钱用壬、秦逵、芮麟、毛观、张政、董杰、姜洪、万琛、徐说、徐节、胡富、夏良心、刘四科、李得阳、徐大任等，都被写进了《明实录》。

钱用壬，是广德人，元朝时中进士，担任翰林编修官，张士诚占据吴地时，任命钱用壬为淮南省参政。后归附朱元璋，授为按察司副使，迁中书省参议，改御史台经历，不久担任礼部尚书。洪武元年（1368）十二月一日，他向朱元璋告老，太祖赐给他六千贯钱，让他与妻子儿女同居湖州。他的事迹被写入《明太祖实录》卷 37 中。

秦逵，字文用，是宁国府宣城县人，由国学生中进士，历事都察院，因为能干，遂于洪武十八年（1385）十一月十六日，直接以进士的身份升为工部右侍郎。次年七月，他因为"在职公勤"，与左通政茹瑺等人一起，获得家中田产免税的奖励。二十二年（1389）二月，秦逵升为工部尚书，次年五月，转兵部尚书。后又复任工部尚书。二十五年（1392）九月二十五日，"工部尚书秦逵有罪自杀",究竟何罪,史无说明,其事迹写进了《明太祖实录》卷176及其他相关卷帙中。

芮麟,字志文,宣城人。洪武时以太学生的身份授台州知府,明于政体,吏民畏服。曾被误逮解京,台州父老乡亲泣送境外,馈赠他金钱,他一文不受。处分下来了,结果是谪戍边境。后来又被人推荐,担任了建宁知府。当时,岁饥民困,芮麟打开公仓赈恤百姓,又劝富民出粮赈济,使饥民渡过灾荒。建宁府有上下两个关口,朝廷派兵把守,征收关税,商旅深为所苦。芮麟奏明其弊,撤去戍兵,而设置巡检司取代。他还将文庙、朱文公祠、考亭书院修葺一新。公务之暇,他亲至学校与诸生谈论经史。永乐四年闰七月,任满后,离任赴京,得病而死。当时,他的父亲也死于建宁府舍,家贫不能办丧葬,建宁百姓争相出钱安葬。芮麟为政宽简,有古循吏之风,并且好学不倦,尤善于楷书。他的事迹被写入《明太宗实录》卷57中。

宣德五年(1430)十月,辽海卫百户毛观,跟随指挥同知皇甫斌,在密城东峪,与来犯的虏寇遭遇,勇敢战斗,自早至晚,毫不退让,但是箭射尽,毛观与皇甫斌、皇甫弼(斌之子)一起战死殉国。"观,广德州人,三人在军中皆刚勇善战,每兵出,必当先锋。至是,皆从斌战,以矢尽死。然其所杀伤虏甚多,虏亦退却。"事迹报告到朝廷,宣宗命有司褒奖抚恤。毛观的事迹,载于《明宣宗实录》卷71中。

张政,直隶广德州人,由进士擢监察御史,巡按山西,持身廉洁严正，政声卓著，遇事敢于直言，不避权贵。升为山西按察使后，他更加重视振刷风纪。宣德七年（1432）二月十五日病逝，当时士大士们对此甚感惋惜。张政的事迹载入《明宣宗实录》卷 87 中。

宁国府泾县人董杰，字万英，成化丁未年中进士，授湖广沔阳知州。弘治初年，孝宗多次参加经筵日讲，近暑犹不停止。这时，吏部尚书王恕为讨皇帝之好，请孝宗停止讲筵。董杰奋然上疏，直斥王恕所言非是，因此忤旨，被贬四川行都司知事。不久复职，改钧州知州，被召至京，担任刑部员外郎，署郎中事。后升任保定府知府，历任山东右参政、河南右布政使、湖广左布政使，最后擢为都察院右副都御史，巡抚江西。当时江西多盗，董杰安辑有效。不久，病死。讣闻于朝，宪宗皇帝赐祭葬如制。董杰有豪气，并自负才略，在官场多有可称述的地方。其事迹被写进《明武宗实录》卷 82 中。

直隶广德州人姜洪，字希范，成化戊戌年中进士，初授卢氏县知县，擢贵州道监察御史，陈奏时务八事，弹劾不避权幸，被贬为山西夏县知县。后擢升广西桂林府知府。累升云南左参政、山西右布政使。当时大宦官刘瑾擅权，诸省都向他进贡贺印钱，只有姜洪所在的山西独无。刘瑾不满，假借皇命，将姜洪罢免，还罚他输粟边疆。刘瑾被诛后，姜洪起升为山东左布政使。当时流贼猖獗，他调度军粮，劳累成疾。曾经向朝廷奏上用兵事宜，多被施行。不久，他升任都察院右副都御史，提督雁门等关，兼巡抚山西。不到一年，姜洪竟以羸疾，卒于官所。姜洪性格直率，为官清廉耿直，死后家贫，不能为他办理丧葬。过了很久，才被安葬入土。他的事迹被写进《明武宗实录》卷89中。

直隶宣城县人万琛，正德八年（1513），任江西瑞金知县。当时，有贼寇进攻瑞金，万琛率兵抵抗，但寡不敌众，被敌人俘获，但他骂不绝口，遂被敌人杀害。情况上报朝廷后，武宗下诏赠其官为光禄寺少卿，赐祭葬，并附祭于乡贤祠，还荫其儿子为国子监生员。他的事迹被写入《明武宗实录》卷103中。

另一个直隶宣城县人徐说，字以中，成化戊戌年中进士，授礼部祠祭司主事，转员外郎、郎中，升任南京右通政使。弘治十五年（1502）退休致仕。正德十年（1515）十二月三十日，因病而亡。朝廷赐祭如例。徐说性格迟缓慎重，居官勤勉，但遇事犹豫依违，缺乏果决之气和方正之操，受到一些人的訾议。他的事迹，被编入《明武宗实录》卷132中。

徐节，字时中，祖籍绩溪，后占籍贵州卫。成化壬辰年中进士，授内乡县知县，治迹昭然。擢升监察御史，遇事敢言，不避权要。他风裁凛然，曾经上疏弹劾锦衣卫指挥牛循的罪行，还痛诋大学士万安的过失。弘治改元，迁直隶太平府知府。当时府中大疫，徐节悉心医疗，全活甚众。进升云南右参政，以平梁山、竹箐、米鲁诸山寇的功绩，升二品秩俸。癸亥年（1503），又升任广西右布政使。征思南时，供给军饷有功，甲子年（1504）转任广东左布政使。丙寅年（1506），进右副都御史，巡抚山西。

当时刘瑾擅政，徐节见忤，被削秩罢归。刘瑾诛后，复职致仕。正德十一年（1516）八月二十九日，病卒。徐节居官廉谨，不忍扰民。在太平任知府时，在私廨中饲养两头驴子，乡人来府访问，就用这两头驴送他们出境，丝毫不打扰驿传。他的事迹被写进《明武宗实录》卷140中。

胡富是绩溪人，成化戊戌年中进士，授南京大理寺评事，历升顺天府尹、大理寺卿。正德初年，得罪了刘瑾，被勒令致仕。刘瑾被诛后，胡富被起升为南京户部右侍郎，升任本部尚书。屡次上疏要求裁减冗官，去除宿弊，因为事涉权幸，其建议多被阻格。于是他心生退意，六次上疏要求退休，才获得批准。给他提供夫役。嘉靖元年（1522）四月二十二日病逝。讣闻于朝，朝廷不仅赐祭葬，还赠官太子少保，谥康惠。胡富在宦海浮沉四十余年，朝廷仍每月赐给他米，每年始终保持节操，为士论所重。他的事迹写进了《明世宗实录》卷13。

胡富像

直隶广德州人夏良心，字宗尧。隆庆辛未年（1571）中进士，授刑部主事，改任南兵部主事。丁忧后，又改任刑部主事。历任湖广佥事、山西参议、浙江副使、参政，升任山东按察使、河南右布政使、江西左布政使，不久，升任右副都御史巡抚江西。六年满考后，升任兵部右侍郎兼右佥都御史，死于任上。江西巡按徐元正为他请恤典，并转述士民敬仰之意，要求批准在当地建祠堂，并请朝廷赐匾额。神宗下诏赠夏良心为兵部尚书，赐给全套葬祭，并加等给予，将祠堂命名为"褒德"。夏良心忠诚廉慎，做官余三十年，并未遭到訾议。在任布政使时，出纳钱粮账目清楚。死时，尚有余资四百两银，寄贮南昌府库。其至神宗派的宦官税使来搜刮，也颇有忌惮。曾有官员建议在江西十三府征税十五万银，夏良心上疏请求留一半给江西，得到皇帝的允准。宦官矿使打算在江西开铜矿，并绘图呈到皇帝手上。夏良心上疏述其不可者十条理由，皇帝只得罢开铜矿之计，同时停罢了泰和武山石膏开采之役。病危之际，仍然口授遗疏，念念不忘停矿税、收人才。人称他有古人尸谏之风。夏良心卒于万历三十三年（1605）二月十四日。其事迹被录入《明神宗实录》卷406中。

刘四科祖籍是陕西汉中府紫阳县，但早已入了泾县籍，属于泾县人。隆庆辛未年（1571）中进士，授长泊知县，官至顺天巡抚兵部尚书都察院右副都御史。万历三十八年（1610）六月九日，刘四科死于任所。其事迹载入《明神宗实录》卷472中。

直隶泾县人赵士登，万历八年（1580）中进士，授武昌知县，擢升监察御史，巡按江西、贵州、顺天刷卷和京畿道，又升为大理寺少卿、佥都御史，再晋为南京吏部右侍郎。因为入京朝贺，顺便回京省亲，不料猝死家中。当时是万历三十七年（1609）十月八日。朝廷赐予他祭一坛，减半造葬，其妻洪氏袝入其墓。礼部在奏疏中称赵士登有雅量宏谋，为人干练，有大才，堪受大任，可惜年岁不饶人。其事迹载入《明神宗实录》卷488中。

直隶广德州人李得阳，乙丑年（1565）中进士，授县令，渐升至南京工部右侍郎。万历四十四年（1616）八月五日，死于任所。朝廷给以祭葬。其事迹载入《明神宗实录》卷548中。

最后一个载入官史《明实录》中的宣城籍官员是徐大任。隆庆二年（1568）中进士。由礼官擢升南京工部官，转吏部，曾在外省担任布政司和按察司官员，后历任鸿胪寺卿和太仆寺卿，最后升至南京工部侍郎。病逝。其事迹载入《明神宗实录》卷566中。《明实录》只迄于熹宗朝，而崇祯朝未修实录，若不然，则宣城籍人入于实录的，不会止步于徐大任。

在宣城，也有两位全国著名的人物，一文一武，文的是"宣党"首领汤宾尹，武的是抗倭名将沈有容。二人虽然很有名，但由于去世都在天启末崇祯初，加上其他原因，未能写进《明实录》附传。不过，他们的影响既深又远。下面分两节介绍。

"宣党"首领汤宾尹

汤宾尹（1568—1628），字嘉宾，号睡庵，别号霍林，宁国

行书五言诗〔明·汤宾尹〕

府宣城人。万历二十二年（1594）乡试中举，次年（1595）获礼部会试第一名，成为"会元"，所以当时礼部呈送殿试的名单中，是用"中式举人汤宾尹等三百名"的句子描述的。在接下来的殿试中，又高中第二名，俗称"榜眼"。这时他才 27 岁。然而，《明神宗实录》却是这样记载的："廷试天下贡士三百四名，赐朱之蕃、孙慎行、汤宾尹等及第出身有差。"将汤宾尹写在探花的位置上了。这与该实录是由东林党人叶向高主持修纂不无关系。稍后，汤宾尹等一甲三名又与庶吉士高承祚等 18 人"俱送翰林院读书进学"。中了榜眼的汤宾尹，担任了翰林院编修，为皇帝起草制书、诏令，号称得体，常获神宗褒奖。他曾两次代表朝廷前往外地册封宗王和王妃。三十四年（1606）十二月，升为中允

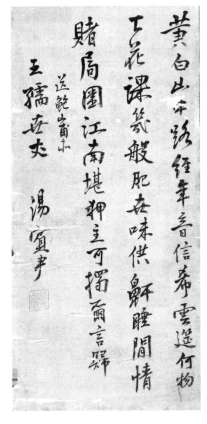

送鲍山甫永王孺世丈（明·汤宾尹）

兼编修。三十七年（1609）七月，从右中允升为左谕德，管国子监司业事。是年十二月，升为右庶子兼翰林院侍读。

万历三十八年（1610）九月，汤宾尹升为南京国子监祭酒。就在这一年，他担任了礼部会试的同考官。于是发生了影响深远的"庚戌科场案"。当时，他的学生韩敬也参加了考试。据传，韩敬的考卷被其他考官所弃，汤宾尹"搜得之"，并强迫考官侍郎萧云举、王图将该试卷列为第一名而予以录取。发榜后，士论大哗，知贡举、侍郎吴道南本来打算上奏此事，但因萧云举、王图较自己资深，怕人说他排挤前辈，于是隐忍不发。殿试时，韩敬成为第一，即俗称"状元"。有人说是汤宾尹暗中安排的结果。从此，汤宾尹卷入了政治斗争和党派之争。当时朝中结党之风盛行，堂官与言官，北官与南官，政治见解与乡土之谊，多结为朋党，出现了东

林党、宣党、昆党、浙党、齐党、楚党等数派竞争的局面。各党
之间党同伐异，相互攻诘。宣党首领就是汤宾尹。这是因为汤宾
尹不仅学问深厚，文笔卓越，而且虚心约己，宽以待人，激励人
才，广收门徒，士子质疑问难"殆无虚日"，而他都一一解答，
因此弟子众多。再加上他擅长科举制义，多次出版科举考试的参
考书目，被学林士子奉为科考圭臬，对汤宾尹自然也颇为崇拜。

　　万历三十九年（1611）三月二日开始的"辛亥京察"，引起
了东林党对宣党首领汤宾尹的攻击。东林党人、吏部尚书孙丕
扬，借此次京察，将汤宾尹定为"不谨"。这次京察的结果，引
起了宣党及其他党派的不满。刑部主事秦聚奎声称处分汤宾尹等
7 人的名单是经内阁看议了的，把责任推了内阁首辅、东林党首
叶向高，并宣称京察处理不公。叶向高对此十分不满，让吏部尚
书孙丕扬参劾秦聚奎。孙丕扬便上疏纠弹，引起神宗对秦聚奎和
汤宾尹等人的反感，传谕道："秦聚奎妄行讦奏，褫职闲住。汤
宾尹等照考察及推升疏处分。"于是，孙丕扬奏上了他拟定的处
理意见："汤宾尹、张嘉言、徐大化原拟不谨，刘国缙拟浮躁，
王绍徽拟升山东右佥议，乔应甲升陕西副使，岳和声升广西庆远
府知府，遵奉明旨，照原疏处，无容再议。"五月四日，皇帝下
诏吏部，正式公布了处分结果："百官既考察停当，年老有疾并
老疾者勒令致仕，贪酷为民，罢软、不谨冠带闲住，浮躁不及降
一级调外任。"名单中有"右春坊右庶子升南国子监祭酒汤宾尹
不谨"，因此，汤宾尹被迫"冠带闲住"。至此，京察结果尘埃

落定。

然而，风暴仍没有停息。孙丕扬遭到各党派的攻击。六月十九日，工科给事中归子顾为汤宾尹等人鸣不平，奏道："刘国缙等南北具有公论，即如王绍徽清介坦直，奈何铄金销骨之口，适投妒贤修怨之衷，且因绍徽而并及绝不相蒙之汤宾尹，抑何狠也？今大典告竣，公论以明，被察诸臣只须为法安命，真品岂容埋没？当事诸臣，谅自为国怜才，宁忍锢人终身？"但神宗将此疏留中不报。

东林党对汤宾尹的攻击也没有停止。万历四十年（1612），在顺天乡试时，房考官、进士邹之麟在考房中"搜得落卷"，即童学贤的试卷，呈给副考谕德朱延禧涂改后，自己又在上面批阅，极力推荐为解元，后列为第二名。放榜数日后，被御史马孟祯、科臣杜士全先后论劾，声称童学贤的文章悖谬不通，而邹之麟包庇童学贤。朝议汹汹。礼部左侍郎、东林党人翁正春负责处理此案，他开除了童学贤的科举功名，贬去邹之麟的官职，对主考官声称邹之麟是"庚戌科场案"主角汤宾尹、韩敬的"死友"表示认同，引起了齐党首领亓诗教的不满，对翁正春进行了声势浩大的弹劾。最终导致翁正春心灰意冷，不久辞职归乡。亓诗教对东林党的攻击，是对落难的宣党"兔死狐悲"式的同情。

万历四十年（1612）十一月，接替翁正春的吏部尚书赵焕，对东林党人比较反感，转而对宣党汤宾尹有所同情。引起了科臣孙振基的不满，讥刺赵焕"止议乡场而不议会场"，是因为害怕

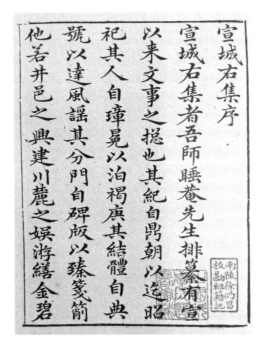

《宣城右集》书影

和庇护汤宾尹、韩敬的缘故。所谓乡场，是指邹之麟事件的顺天乡试，会场是指汤宾尹、韩敬事件的礼部会试。赵焕生气地说："汤宾尹、邹之麟必欲重治，则敕下法司，追取号簿，拘集犯人，将贿赂关节事情讯究的确，方可以定二臣之罪，而服其心！"言下之意，如果不进行调查，就将他们定性为科场作弊案，难以服众。并以辞职相威胁。最后神宗劝他不要辞职，至于汤宾尹、邹之麟这些"被论各官"，赵焕还可以"从公分别，以定去留"。于是，闰十月，礼部奏称，奉旨会同都察院、吏科、河南道等官，集议庚戌科场弊案，认为汤宾尹与韩敬的关系属于师生之谊，人所共知，"搜卷他房，确乎可据"，但是说汤宾尹接受贿赂，"财未有实迹"，虽然最后决定让汤宾尹和韩敬二人"冠带闲住"，但却洗刷了二人之间有金钱交易的罪名。

万历四十七年（1619）二月，礼部开始为汤宾尹的学生韩敬平反。说是"孤臣奇冤"，要求再审"以伸士气"，并述称韩敬中万历庚戌榜会元，授官修撰，但三年后却被迫冠带闲住，"盖因敬为庶子汤宾尹所录士，汤、韩故称师友，素以文受知。论者据各房搜卷之迹，指以通赃，谓其关节预授，不无可疑！"经过吏科等科、河南等道"勘得韩敬之文，原自可观"，所以是够水平的；当时弹劾汤、韩的人找不到他们金钱交易的证据，便改用考功法来整治。此次，礼部的结论是"关节论文章，官评论素行，关节既无的据，似难锢其终身"。神宗最后也决定"既无行贿，准与昭雪"。韩敬由此获得"解放"。至泰昌元年（1620）八月，又将最先为汤宾尹主持公道的秦聚奎起用，升为光禄寺寺丞。

关于汤宾尹的问题也开始有人关注。天启元年（1621）四月，云南道御史丘兆麟推举荐其房师、原任南京国子监祭酒汤宾尹到辽东效力。熹宗下旨，让吏部"酌量议用"，但并无结果。五年（1625）五月，刑科给事中霍维华上疏举荐韩敬，并称"汤宾尹亦当并与昭雪"，亦未获得熹宗的允许。

汤宾尹虽然被贬闲住，但他在朝中众党奔竞的形势下，别立

《睡庵稿》书影

一派，独树一帜，让宣党成为当朝的重要政治势力之一，至少让宣城在明代中晚期拥有了影响全国形势的能力。虽然汤宾尹在党争中失败而归，但宣党仍听其指挥，出现了"虽家居，遥执朝柄"的局面。汤宾尹亦获得"汤宣城"的称号。汤宾尹还与督学御史、后来的抗金名将熊廷弼相友善，与著名戏曲作家汤显祖有交往。思宗崇祯初年（1628 年后）有朝臣推荐汤宾起复为官，但命令尚未下达，汤宾尹已经溘然长逝。

汤宾尹在科举时文的制作和写作上，颇负盛名，人称其"文采烂然"。一生留有不少著作，有《睡庵文集》《一左集》《再广

历子品粹》等书。其中《宣城右集》是汤宾尹在天启六年
（1626）汇辑的自有宣城以来的地方诗文集，对宣城地方文化的
发展作出了贡献。作为地方标志的"宣党"，也为宣城的扬名提
供了机会。

宣城名将沈有容

　　与文官汤宾尹并耀于宣城人物之星空的，是武将沈有容。

　　沈有容（1557—1627），字士弘，号宁海，宣城人。少时便
立志报效国家。万历七年（1579）中应天武试第四名，后北上投
军，先后在蓟辽、闽浙、登莱等边防、海防前线服役。因屡立奇
功，由旗牌官逐步擢升为总兵、都督佥事。前后从戎四十余年，
大半生都献给了大明朝的国防事业。

　　沈有容的军事生涯的起点是在蓟镇。

　　万历八年（1580）沈有容参加武进士考试落选，于是前往蓟
镇投奔蓟辽总督梁梦龙，被梁梦龙任命为昌平千总。后张居正调
戚继光任蓟镇总督，沈有容便归属戚帅麾下。十二年（1584），
随着张居正势力被清算，戚继光被调广东。新任蓟辽总督张家胤
接替戚氏，并调沈有容于蓟镇东路，担任南兵后营千总，防守燕
河，台头二路。八月一日，沈有容率家丁、兵卒29人，在刘家
口用火炮痛击来犯的朵颜部头领长昂及其所率3 000余骑兵，沈
有容身先士卒，身中二箭，长昂也被迫仓皇撤军。同时防守的

其他官兵因为防御不力，被严肃处理，把总李养性及传烽守台官兵周养珠等10人皆遭枭首，另有8人受杖而死。只有沈有容部因防守有力、作战英勇受到奖赏。经此一战，沈有容"由是知名"。

万历十三年（1585），辽东巡抚顾养谦因学习蓟镇在本镇配备火器，将蓟镇的火器专家沈有容调至麾下，担任辽镇的火器教练。次年，沈有容随辽东总兵李成梁，奇袭蒙古土蛮部，

亲斩敌首四级。十七年（1589）二月，顾养谦与李成梁决定进攻不服管束的女真叶赫部。沈有容随军参战，负责进攻叶赫部困守的南城，被敌箭射伤，幸为宁远副将祖成训所救。沈有容不顾伤痛，坚持指挥士兵架起两门大将军炮，炸垮敌人城墙，叶赫部被迫投降。

沈有容因功本应升为宣州指挥同知，但他当时用的名字是"沈有色"，兵部以其原非军籍，仅赏银400两。沈有容只得从头再来，加入广宁中卫的军籍，从普通军士做起，渐升至正千户。万历十九年（1591）二月，沈有容晋升源图钦总，守卫浮图峪，因上书言事被申斥，告病归家，未获准。后因他拆旧公廨盖公馆，被免职归里。

沈有容重被启用，是因为援朝抗倭的需要。万历二十年（1592），日本关白丰臣秀吉派兵侵略朝鲜，明朝派军援助朝鲜抗倭。初期，明军大败。八月，朝廷派兵部右侍郎宋应昌为备倭总经略，出征朝鲜。宋应昌奏请沈有容"补本部院中军"同往朝

沈有容谕退红毛番韦麻郎等纪念碑

鲜。但沈有容发现宋应昌迷信方术，非常失望，于是"托疾乞归"。

当丰臣秀吉于万历二十五年（1597）发动第二次侵朝战争后，明朝在浙江、福建等沿海地区集结了大量水师，准备攻击日本以"围魏救赵"。浙江总兵童元镇负责此事，福建巡抚金学曾为他推荐包括沈有容在内的一批将领。由此，沈有容被授予福建海坛把总。当沈有容正准备随军渡海攻日时，日本已在朝鲜战败撤军了。

不久，金学曾调沈有容于浯铜。万历二十九年（1601）十二月，朱运昌调任福建巡抚，将沈有容调往浯屿（即中左卫所，在今厦门）驻防。三十年（1602）冬，一股倭寇从乌邱出澎湖，侵入东番（台湾），在台南安平建立了据点，四处劫掠。朱运昌派沈有容去歼灭这股倭寇。沈有容率 24 艘战船出征，遇风暴突袭，只剩下 14 只船，继续向台湾进发，与敌交手后，沈有容率诸将士殊死奋战，大败倭寇，斩敌首级十五，投水焚溺者无算，救回漳泉渔民 300 余名。剩余的倭寇狼狈逃离台湾。台湾被首次收复。台湾当地居民"扶老携幼，竞以壶浆、生鹿来犒王师"。这一仗，被随军的文人陈第记录了下来，写成了《东蕃记》。然而，沈有容并未因此大功受到重视，"捷闻，文武将吏悉叙功，有容赏白金而已"，只得了六两赏银。

不久，朱运昌病逝，沈有容伤心过度，连续7次上疏乞归，被新任巡抚徐学聚坚留不允。万历三十二年（1604），荷兰东印度公司韦麻郎等殖民者率三艘巨舰，占领了马公岛（澎湖岛）。他们买通了税使宦官高寀，同意明朝与他们通商"互市"。沈有容单舟往见韦麻郎，指陈利害，迫使荷兰人撤退，韦麻郎佩服其胆识，让画师为他画像，并赠铜铳、铳弹等物。沈有容由此声名大噪。沈有容第一次为国史所关注，是在万历三十三年（1605）九月，据《明实录》记载，当时在公布福建防汛官兵擒斩倭贼功次的名单中，就有"把总沈有容"，并且"赏银六两"。

万历三十四年（1606），沈有容从福建调往浙江，升任参将。后又调往昌国卫所（象山东南），防备倭寇。当时，倭寇、海盗轮番攻掠宁波、绍兴、台州、温州等地，带来巨大灾难，宁波、温州两处参将皆遭贬斥，只有沈有容堵截有功，于三十七年（1609）七月被升为天津海防游击。但被浙江巡抚高举奏留，于是在九月份朝廷又决定"新升天津游击沈有容以游击职衔，仍为温处参将"，仍然担任防守温州、处州等地的参将。三十九年（1611）六月，安南商队129人遇风暴，漂至沈有容防区凤凰洋，沈有容手下欲杀良冒功，遭到沈有容的断然拒绝，并派船将他们送到广东，由广西巡抚送回安南。沈有容认为此事"逾于平生辛

明军抗倭图

苦战功十倍"。此事遭到人诬告，称沈有容受贿。沈有容被迫于万历四十一年（1613）正月辞职乞归，次年二月得准还乡。但是，沈有容的军事才能已被人关注。四十年（1612）三月，右给事中彭惟成在上疏陈奏时政时，就称"沈有容在闽能越海数日，歼倭众于东番。东番自是敛戢，倭亦戒不敢掠至闽且十年，皆有容之力也"。

万历四十四年（1616），日本长崎地方长官村山等安率"村山舰队"入侵台湾，但舰队在途中遭遇风暴，四散劫掠。由明石道友率领三艘倭船，到达台湾北部，其中一艘船上的倭兵被当地居民歼灭，明石道友只得率领另两艘船，流窜到福建海面烧杀抢掠。福建地方官员十分担忧，于是诚心地请回了已经辞官居乡的沈有容。四十五年（1617）沈有容重新回到福建，巡抚黄承玄当即任命他为水标参军。沈有容率领军队，将另一股倭军桃烟门部围困在东沙岛（白犬岛），利用被他制服的日军明石道友的劝降信，迫使敌人缴械投降。但朝中有人认为沈有容所擒桃烟门只是过境商人，并非倭寇，不仅不给沈有容等人奖赏，反倒诬他们冒功。黄承玄竟因此被调走，沈有容只得再次上书辞职。新任福建巡抚王士昌极力挽留，将在定海卫创建水军参府军署的任务交给沈有容。沈有容感念此职是黄承玄为自己所特设，于是留了下来。四十五年（1617）五月十一日，东沙外洋有三只倭船，被风浪击破，200多名倭寇一边靠岸修船，一边到周围抢劫，于是巡海道韩仲雍，率领兵备道卜履吉、参将沈有容，分三路进攻，将其合围。十六日，倭寇的援兵来了，是一只大船和两只小船。沈有容等将领迎头痛击，击沉了两只船。倭寇或投水被溺，或被俘就擒，明军抓获倭寇大头目3名，众倭74名，救回被虏渔民22人。两年后，沈有容随巡抚王士昌一起，平定了福建漳州奸民李新等人的叛乱和劫掠。李新僭号"弘武老"，并与海寇袁八老等人相互勾结，在当地烧杀抢掠，十分猖獗，结果被沈有容等人所攻灭。四十七年（1619）五月，沈有容又奉王士昌之命，招抚了拥有3 000余卒、流劫福建沿海的袁八老，使海波得宁。沈有容在福建从军长达17年之久，曾率军进入台湾、澎湖列岛，歼灭倭寇，驱赶荷兰人。

　　泰昌、天启年间，沈有容再次离开了福建，来到抗御后金的前线。泰昌元年（1620），鉴于后金在辽东攻势凌厉，沈阳、辽

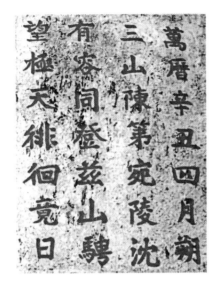

福建厦门沈有容擒倭石刻（明·董应举题）

阳被后金相继攻陷，后金占领了辽东半岛及部分沿海岛屿，锋芒直逼天津和山东登莱，对明朝造成巨大威胁。明廷设置了山东副总兵，驻登州，统领水师，策应辽东。辽东经略熊廷弼提出"以登莱渡海为奇兵"的方略，推荐陶朗先、沈有容为登莱行政和军事负责人，驻守登州。沈有容因为功勋素著，"为当世名公所知"，得膺其选，担任副总兵。天启元年（1621）四月，湖广道御史方震孺也提出平辽之策，措施之一是在登莱急设重臣，多募水兵，时时入海窥视后金，时时放炮惊吓金兵，"此不可不责成（副）总兵沈有容也"。表达了此项任务非沈有容莫属的观点。这年五月，兵科给事中霍维华建议，让副总兵沈有容派人到海上接应从辽东避后金之难而逃出来的难民，"往招之路必由登海，宜责登州副总兵沈有容悬重赏，募奇人以往，相机行事"，得到皇帝的批准。由于对沈有容的依赖和对登州的重视，天启元年（1621）六月四日，朝廷下令"铸登莱防海总兵官关防给沈有容"。受此鼓励，本月二十二日，"登州防海副总兵沈有容，遣都司严正中等刺船六十余，往各岛侦探夷情"。山东巡抚赵彦建议将副总兵沈有容升为署都督金事，任总兵，率领以前布防的军队和新增的五万大军，在登州做好策应辽东的准备。最终，沈有容正式升为总兵官。八月七日，为了与朝鲜合力抗拒后金，熹宗"命登莱巡抚陶朗先发水兵一万，总兵沈有容主之；天津巡抚毕自严调浙水兵八千为后劲，参将管大藩将之"，共同攻击后金，虽然机会被错过，但是沈有容以总兵身份参与军事行动，则在实录中被记录了下来。七月二十日，辽东巡抚王化贞派毛文龙率兵200余人，从海上突袭镇江，但很快被后金打败，镇江得而复失。

天启二年（1622），由于辽东巡抚王化贞与经略熊廷弼不合，导致广宁失守，辽东百姓纷纷逃入沿海岛屿，急盼明朝水师救援。登莱巡抚陶朗先却拒不出兵，沈有容则上书力争，同时派数十艘船前往辽东，救回百姓达34000余人。熊廷弼与陶朗先下狱后，袁可立继任登莱巡抚。同年十月二十日，沈有容提出告病请休的申请，但兵部说边事告急，不愿他离职，"乞令沈有容仍遵前旨，择岛驻扎，督率诸将，策应毛文龙，不得推诿！"结果告病申请未被接纳。

天启三年（1623），明朝有通过海路向朝鲜运送粮食军器等物资，支持朝鲜牵制后金的计划，但是又担心后金和海盗驾漕船在海上潜伏，突袭拦截。于是，登州总兵沈有容提出新议，派出军队到旅顺皇城、广鹿、平山等岛，相机进剿海盗，如遇明朝运船经过，便拨兵防护，以保无虞。正在这时（二月），沈有容于收到生员金应魁拿来的后金驻复州世袭总兵刘兴祚（即刘爱塔）的密信，信中称他想反正并作内应，以报效大明，条件是要求登莱巡抚袁可立开具免死加衔的牌票。为了利用这一机会，袁可立便于二月二十三日开具了一张免死票，加上官衔，将免死票交付给沈有容总兵，转给金应魁，由他带给刘兴祚，让刘兴祚有所行动，而沈总兵于三月十三日率兵出海，相机接应。于是，总兵沈有容带领登莱精锐士兵 3 600 人，率领先发，副将李性忠带领家丁随后跟进，以支持山海关并策应毛文龙。只见"舳舻相接，奴酋胆寒"。四月一日，沈有容中军接收了一个戴罪立功的前参将管大藩。经督理辽饷户部右侍郎毕自严为管大藩求请，熹宗则将管大藩罢官后"发至沈有容处听用立功"。策反刘兴祚的工作也在顺利进行，塘报称刘兴祚将于七月来归。没想到四月间，后金忽然以金州近海不便控制为由，将当地百姓迁往复州。正在这当口，由于刘兴祚部下王丙泄露机密，后金觉察刘兴祚等人将叛，迅速抓捕了刘兴祚及部将李永芳长子，枷械而去，还杀了其弟刘兴仁和王丙，将复州阖城屠戮，剩下的人都向东驱赶，同时将永宁、盖州的人也都强行迁走，金、复、永、盖四卫已空其三，沿海四百余里之地，后金全部弃之而不占据。六月四日，袁可立令沈有容和毛文龙两位总兵"督兵过海，乘虚捣之"：沈有容出兵自皇城岛掩袭旅顺南四卫，从南进攻，毛文龙自皮岛掩袭镇江九连城，从北突袭。袁可立自信地上奏皇帝，认为乘此机会大举进军，可以取得成功。

于是，毛文龙派遣部将张盘连夜进军收复金州。毛文龙还声称，后金欲犯山海关时，他派军从后面牵制，取得了满浦、昌城之捷，斩获敌人首级 138 颗，抓获奸细 4 人，获得敌人的物资。后金自相践踏，而死者 20 000 余人，马 30 000 匹。但是，总兵沈有容在塘报中却说了实话：说自己统兵出海后，就已发现后金弃守金州。六月，得知张盘水师被风吹至麻洋岛，因船坏而寄居此地。九月二日，后金得知金州有张盘的少量军队进入，于是遣师攻城，将城内 200 余明兵掩杀殆尽，并焚烧城市，毁掉城垛、城角后撤走。这无疑揭穿了毛文龙奏报的大捷真相。皇帝狐疑，让兵部令登莱巡抚袁可立奏查明事实。袁可立则来了个活稀泥，认为二人所说，虽然细节有异，但基本相同。毕自严发现"登抚（袁可立）倚重沈帅而与毛帅相左"。袁可立勘查的结果，引起了兵科给事中方有度、御史乔仑对袁可立的弹劾。

随着袁可立连续被弹劾，地位岌岌可危，沈有容也萌生去意。根据十二月七日督理军务大学士孙承宗的一份奏疏，得知当时沈有容率军驻扎双岛，并分兵驻南北两汛及汶闷中岛。双岛距金州七十里，距旅顺二十里。在此驻防，对于辽东的后金产生了威胁。但是，心灰意冷的沈有容，在此向朝廷提出回家养病的申请。朝廷批准他辞职，由东兖总兵杨肇基代替他任登莱总兵。

天启四年（1624），时年67岁的沈有容回到家乡宣城洪林镇沈家边。三年后病世，明廷念其劳绩卓著，功勋炳然，追赠都督同知，并赐祭葬。

沈有容虽然以武功立名，但却出身于书香世家，祖父沈宠考

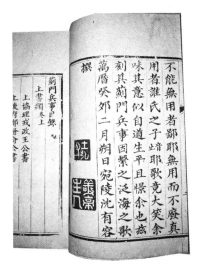

《蓟门兵事》书影

中嘉靖十六年（1537）举人，历任获鹿知县、监察御史、广西参议。初师贡安国、欧阳德，后又师从王畿、钱德洪，曾在罗汝芳创立的讲会上被聘为主讲席。对沈有容影响颇深的叔父沈懋学也是江南名儒，与汤显祖有密切交往。沈有容在登州任总兵时，与戚继光长子戚祚国结识，得知戚祚国兄弟正在编辑乃父《戚少保年谱耆编》，缺乏刊刻经费时，慷慨资助其出版。沈有容撰有自传式著作《仗剑录》，编有《闽海赠言》。

　　总之，明代宣城发生过许多事情，有的是历史大事，有的事虽小却见证了大明历史的兴衰。在那些事儿的背后，是宣城的那些历史人物，他们的活动，创造了明代宣城的灿烂历史。其中文官汤宾尹，武将沈有容，都拥有全国性的影响。以汤宾尹为首的"宣党"，一度主导了大明的政治风向；而武将沈有容，则位居总兵，在防边和海防上，为保家卫国做出了突出的历史贡献。宣城历史和文化在大明朝虽然略显平凡，但却有独特的魅力和意义。

清代宣城三题

故国忠义雄，绝世风尚宗

杨海英

中国社会科学院历史研究所

研究员 史学博士

故国忠义在宣城

拥有敬亭山和桃花水的宣城，拥有三千年忠义传统的滋养，宣城之光的继承者们，还将不断大放异彩于世界东方。

万历五年（1577）五月初五日，徽州歙县人汪道昆为《宁国府志》作序时写到，在"天运地灵于斯为盛"的时代，"章相之士、骨鲠之臣、赞持衡侍交戟者，祍相接也；异日者扶风云、起岩穴纷纷向用何可胜？原时诎而信，时翕而辟，天地且不能违之矣，其斯为群生之府乎？"指出人需要根据时代环境来决定自己的作为。天地不仁，时世不居。不到百年，当时流光溢彩的明鼎已经倾覆在地、铜驼荆棘，中国历史再次迎来了一个天崩地坼的时代。在长江以南这块小区域里，故国忠义的青磷碧血、壮志未酬的孤愤长泪与诗算（历）绝唱的经世转向，都是现代宣城永不言弃的前世乡愁。宣城在清代，包括宁国府、广德州和徽州府的绩溪县等地。

故国忠义在宣城

明末清初，在全球史范围内也存在一个"17 世纪危机"的说法。更具体地说，是这个世纪的三四十时代，在全球都存在一个衰退性危机：生态变化导致气候危机与疫病卫生灾难、经济衰退与白银减少造成经济危机、农民起义与社会动荡，影响意识形

闯王李自成起义图

态方面产生宗教异端和激进主义、资本主义与近代国家发展等各
种问题。在东亚的中国表现为明清易代；在欧亚大陆的中间地
带，奥斯曼帝国出现城市暴动和安纳托利亚叛乱；在欧洲则发生
了1640年的英国革命，由此造成了东西方的大分叉和大分流。
这些观点也在不断受到质疑和回应。

　　若将目光拉回中国，就能看到明代版图上的中原糜烂，使东
北有机会成为这个时代的焦点——原居山海关外的女真部族，乘
机建立了一个新国家：原建州左卫的领导人努尔哈赤及其儿子皇
太极，经父子两代的努力，先建后金政权，再改称为清朝，控制
东北、蒙古和朝鲜广大地区，并在顺治元年（1644），乘李自成
农民军推翻明朝统治的东风，在摄政王多尔衮为首的满族贵族领
导下，接到原明山海关总兵吴三桂的请兵要求后，迅速挥军入

关，并在山海关大战中击败李自成农民军，顺利定鼎北京。"朱家面，李家磨"，大明江山这个大"馍馍"意外地被"对门赵大哥"满族贵族得到了。

得意者的对面就是众多失意者。忠于明朝的官民，迎来了亡国奴的命运。他们或顺或逆，或死或活，选择相当有限。比如宣城南陵人朱懋华，字仲敄，崇祯十六年（1643）进士，授浙江定海知县才"数月，闻闯贼入京师，明社为墟，乃北望遥拜自缢于署"。遭遇时运不济、还没坐热县太爷这把椅子，朱懋华就选择了自杀。当然，如果想继续干下去，也是可以办到的。只是他没做别的考虑，慷慨赴死了，成为一个自动选择履行使命与国俱亡的文官。宣城的武官如泾县萧耀，是崇祯六年武进士，曾任两广总兵。"大兵下两粤，耀数战败，知势不可为，作绝命诗曰：'时危存苦节，国变胜微臣。血战孤城裂，一朝死报恩。'遂拔剑自刎。妾刘氏、幼子培，俱削发入空门以终。"自己自杀身亡，妻、子则在空门中度过余生。更惨的则是同县的"谢国斌，崇祯癸酉（六年，1633）武举，广东阳江守备。明亡时，阖门尽死"。他们死亡的具体年月失考，但阳江在肇庆府，从顺治二年（1645）年底至四年（1647）七月间为清军佟养甲及明降将李成栋部攻克，此前奉南明永历政权。可见崇祯武举人、担任广东阳江守备的谢国斌，是作为南明永历朝武官战死的，"阖门尽死"是全家被杀。

在明亡之前，已有不少宣城人殉职外地。如宣城人沈寿崇，字宗山，是万历朝被称为抗倭和保台（湾）"第一人"的都督总兵沈有容之子，崇祯元年（1628）武进士，累官兴都正留守。兴都留守司，是嘉靖十八年（1539）明世宗所设，位于荆州兴都承天府（今湖北省钟祥市），掌管防护其父之显陵。李自成农民军围城时，本已解职三月的沈寿崇和一子同时被杀。同县朱敏泰，字子颜，号少林，由吏员授山西宣府督粮通判。李自成农民军攻陷宣府，敏泰"同巡抚朱之冯自经死，家属七口同死"。《明史》未详其邑里，乾隆《宁国府志》据花林都后裔朱氏录入《忠义》。建平（今郎溪）人潘廷楫，字君济，光禄寺丞汝霖次子，任山东安东卫经历，崇祯十四年，安东失守"寇难"，"廷楫夫妻不屈并遇害"。泾县人朱仪，崇祯时为嘉定州牧，及管辖四川乐山、峨眉、洪雅、夹江、犍为、荣县、威远等七县的知州，死于张献忠农民军；崇祯四年（1631）武进士同县徐应第，官至武昌都司，十六年（1643）同死于张献忠军；宁国人屠绍皋，字士际，义英孙，崇祯元年恩贡，八年授湖广上津知县，任职数月遇张献忠军围城，"力竭不屈，死之"。这些明亡前被李、张等农民军杀死的文官武吏，就是宣城在天崩地坼时代里产生的首批"忠义"，也是阶级矛盾爆发、导致激烈政权颠覆中的失败献祭者。

除阶级矛盾外，清初更激烈、残酷的斗争是民族矛盾与征服战争。明亡后，全国各地掀起过三次抗清运动的高潮，斗争参与者从南明皇帝到明朝降兵降将乃至普通民众都曾倾洒热血，尤其是初次反剃发斗争，具有全国性规模和连绵不断、此起彼伏的特性，一浪高过一浪。泾县人萧家骏，字燕长，是崇祯末年武进士，任江苏吴江平望守备。"国初顺治乙酉闰六月，大兵南下，拒战死，无嗣。妻包氏为舅纳妾生子家骠，抚之成立，骠事嫂如母，以一子嗣兄。"萧家骏抗清拒战而死，可谓死得其所，妻子包氏则千方百计让他得到一个嗣子传承血胤。在浙江江山，宣城人"方召，字虎隣，以诸生入越，署江山事，缓征敛，民德之。国初顺治丙戌，大军至。召哭谓父老曰：'奈何以我一人，陷尔民屠！'遂冠带北向拜，赴井死。民为营葬，立庙祀焉"。方召没有在明亡第一时间殉国，却在清军南下时选择自杀。乾隆《宁国府志》说是为避免广大民众被屠，言外之意即江山民众存在反抗行为，方召作为署理知县为失败付出代价而赴死。

从顺治四年（1647）起，以吴胜兆、金声垣、李成栋、姜瓖等降清明将"反正"抗清为标志，全国性的第二次抗清高潮出现。宣城人朱国材变姓名逃到巢县，主周氏家，蔽衣草履，形容枯槁。当时江苏盐城的厉豫起义受挫，也逃到巢县，寓宋氏家。朱国材曾为史可法幕府，联络厉豫，鼓动周氏，称"我，史可法也，志存恢复，已约合兵数万，刻日齐集，大事可图"。顺治五年（1648）正月二十五日，率千余人乘夜袭破巢县，南下破无为州，"州人从之者甚众"。二十九日，有西乡民向清军报告"朱国材诡名冯宏图，假称史阁部，要来攻城"，与乡宦吴光宇、生员沈士简、吴乾生等里应外合，攻开南、北城门，清知州、山东拔贡孟可传弃城，"携带州印并收存银"4 100余两、金子88两，同家丁逃往东门。巢县、无为州相继被抗清势力攻陷。而早在正月初一日，无为州铜锣尖就有"张道人、伪史阁部多人"往九华山，就被清军"活擒贼首谢克均等七名，又在铜锣尖洞中搜获张道人等二名"杀死，仍有"九华山未歼孽贼潜入巢县、无为州，音信杳然莫闻，以致变起仓猝"。可见，九华山附近集结着打史可法旗号的抗清势力，包括张姓道人等，都与朱国材等互通声气。到二月初六日，朱国材等人被清军"当阵擒斩"死难。何龄修曾专门研究了史可法扬州督师时期的幕府人物共111人，其中30人殉难扬州，后来从事反清起义或复明运动死难的12人，宣城朱国材就是其中之一。剩下遗民43人、降清12人，存疑14人，表现在"主流方面有它的辉煌"，可彪炳史册。

现在有种流行观点，认为明末清初的战争是满洲贵族联合汉族地主进行的统一战争，出现了替降清明臣明将"翻案"的风气。统一与征服，本就是一个硬币的两面，何况清初的历史存在无数的变数。历史事实证明：对明亡后的下一步行动方略，清廷也是走一步算一步摸着石头过河，即使有心一统江山，往往也显得无能为力，尤其是在诸多转折关头。这一点摄政王多尔衮也很明白："何言一统？但得寸则寸，得尺则尺耳"！凭借手上一二十万满蒙汉八旗兵，只能是打到哪里算哪里。顺治元年（1644）七月，得知弘光政权成立，史可法督镇江北，清廷起草了措词强硬的致史可法书："兹乃乘逆寇稽诛，王师暂息，遂欲雄据江南，坐享渔人之利，揆诸情理，岂可谓平？将以为天堑不能飞渡，投鞭不足断流耶？……夫以中华全力受制溃池，而欲以江左一隅兼支大国，胜负之数，无待著龟矣。"清廷自认为出力打败了李自成农民军，就有资格自视为天命所在的"中华"，反指弘光政权为潢池一隅的割据势力，对前来谈判弘光使团，态度极为强硬、恶劣，旌德人刘统的命运就是这样被决定的："刘统，字君常，投监军道授守备，随征流贼。时江左福王监国拜左懋第兵部右侍郎右佥都御史使北，统晋秩都司，与同官张良佐、王廷佐及兵部司务陈用极、游击王一斌俱从行。懋第杖节死……统等俱不屈死。统妻赵，年少苦节，值蛟水不避，死……"作为弘光朝

史可法（1602—1645），明末著名的政治家

廷和谈使团的都司武官，刘统被不遵"不斩来使"传统的清廷所杀，预示着这个崛起于东北关外的女真部族政权，以强力拉开了与南明生死决战的序幕。

但是，顺治元年（1644）十月，退出北京的李自成农民军在河南怀庆展开反击战打乱了清廷的部署。清朝河南巡抚罗绣锦告急，这使摄政王多尔衮意识到在畿辅、山东、河南一线防守空

虚，很有可能会导致前途功亏一篑。于是，他指示原定分兵二路南进、西征的清军，多铎部由南下转为西进，先与阿济格部合兵夹击农民军，在潼关战役打败农民军后才汇合南下。顺治二年（1645）四月，清军所到之处，"两淮官民，诚心归顺。惟扬州逆命未服，旋被攻克，江东将士，鸟惊鱼溃，投降者二十三万，余皆奔窜"。被清军收编的南明军队，转过头来就成为清军的马前卒、攻城略地的劲旅。如弘光四镇高杰部总兵张天禄、张天福兄弟二十一日降清，二十四日即奉多铎之命，攻打史可法镇守的扬州；五月，李成栋降清，闰六月就在江南制造了著名的"嘉定三屠"。四月二十五日，扬州陷落。总兵高肇基等战死，扬州知府任民育、何刚等牺牲，史可法也在被俘后遇难。"南京文武群臣，皆望风开门迎降，俄刻之间，江南遂定。"弘光朝文武官员在忻城伯赵之龙、大学士王铎、礼部尚书钱谦益的带领下屈膝请降。南京轻易得手，使多尔衮壮志陡增："今江南平定，人心归附，若不乘此开基一统，岂不坐失机会？"他做出了两项对未来局势发生重大影响的决定：一是重新下达剃发令，二是派遣洪承畴任五省经略，前往东南地区招抚。前者引发了全国性的第一次抗清高潮，后者弥缝补苴，替清廷修补了政策上的重大漏洞，清初的历史在风云变幻中曲折前进。

南京的弘光政权虽已灭亡，但风起云涌的反剃发斗争催生了南明新政权及其抗清武装的崛起。顺治二年（1645）闰六月初七日，原明福建巡抚张肯堂、礼部尚书黄道周、南安伯郑芝龙等，

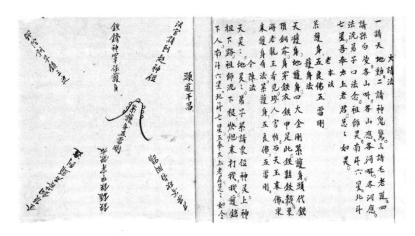

反清复明口诀歌《神法本》书影

拥立明宗室唐王朱聿键在福州监国，二十七日称帝，自七月开始
称为隆武元年。唐王"敷求耆硕"，召集了蒋德暻、黄景舫、黄
鸣俊、张肯堂等三十余人为大学士，入阁者 19 人，以黄道周最
为著名。闰六月二十八日，在浙东绍兴，有原明兵部尚书张国
维、兵部侍郎临海陈函辉、礼科给事中熊汝霖、职方司郎中孙嘉
绩等人拥立明鲁王就监，成立了鲁王政权，后定驻舟山。这两个
在浙东和福建成立的南明政权，前后只差二十天，成为江南民众
反剃发斗争的旗帜，团结、鼓舞了不愿剃发的基层百姓，但也分
散了抗清势力、难以形成合力。

　　乾隆《宁国府志》记载："国朝世祖顺治二年五月，大兵定
南京。明叛将方国安率兵数万薄郡城，会闻大兵檄至，即解去。
由宁国县之千秋岭入浙，所过杀伤俘掠、焚庐舍甚众。六月，豫王遣原任工部郎中邑人徐之庆招抚宁国府，知府朱锡元以城归附。"宣城大部归清，但遭到南明方国安军反攻。光绪《广德州志》记载："顺治二年五月，马士英以黔兵四百人走浙江，经广德，攻破之，杀知州赵景和，大掠而去。"广德被南明军队攻破，知州赵景和被杀，只是斗争的背景被省略了。

于是我们看到了泾县人赵玮（字太璞），崇祯十三年（1640）岁贡，与同县诸生张载述共同守城，"倾家财赡兵，城陷遁走。后仕闽为兵部郎中，闽亡自杀"。这位誓死跟随隆武政权的文官，与同仕隆武政权的武官吴大鼎（字席儒，武庠生），为湖南巡抚何腾蛟识拔，由守备超迁总兵，先镇荆州，后移岳州。顺治三年（1646），清兵至，不屈死。赵玮还有一位同志张载述（字又彭），在明末见时事孔棘，就到南京"三上枢部史可法书，陈足食足兵之计，语俱切要"。顺治二年（1645），与赵玮等集兵守城，城破逃走。在清兵占领庐州后，又与同县贡生魏一柱等画策守卫，后随永明王入广西服务永历朝，直到"以阻孙可望王封"而被杀。可见宣城人在清初历次抗清斗争中都未缺席，不乏勇敢的坚持者。

清徽宁池太巡抚刘应宾《江南抚事》记载："剃发一事，各处汹汹，而独徽州为甚。恃其山溪之险、经商之富、不识王化久矣。"视力反剃发为"不识王化"之举，也够无耻！在宣州及附近地区，先后有金声、尹民兴、万曰吉、丘祖德、朱盛浓、吴应箕等起兵反抗，"徽人拒道府县官之任"，乡民踊跃参与，富人多为捐金，使得清军东奔西扑、应接不暇。尤其是宁国泾县尹民兴、徽州绩溪金声等接受隆武政权的指令，"以徽之肤发，还徽之人民"，与不愿投降或者剃发的宣城官绅士民，共同谱写了一部壮丽的英雄谱。

金声在绩溪起兵时，原任山东巡抚邱祖德，与宁国举人钱文龙、宣城诸生麻三衡、沈寿崳等各举兵响应。沈寿崳即原明总兵沈有容之子，死难兴都的寿崇之弟；麻三衡是布政使麻溶之孙。当时郡城已为清兵控制，邱祖德驻兵华阳，麻三衡驻兵稽亭，民众"蜂起十余部"，吴太平、阮恒、阮善长、刘鼎甲、胡天球、冯百家等号"七家军"，都是秀才起兵，约攻郡城"不克"，沈寿崳阵没，麻三衡败死。钱文龙本名钱龙文，《明史·邱祖德传》记载有误。另有"徐肇基，字绍先，幼颖异，好读古文词及九州形势、将略诸书，以孝友称里党。性豪侠，赴人急难，奋不顾身。甲申年，闻国变，向北大恸，几绝。及麻三衡起兵麻姑山，即往同事"。他的妻子刘氏是南康同知刘汝芳之女，劝他"天命有归"意思是不要硬扛，但肇基流泪说："吾惟死耳！"后随麻三衡起兵而死。诸生吴汉超，"国初顺治二年，大兵下江南，

清·粉彩"剃发乞降"故事图棒槌瓶

弃家走泾县，从尹民兴起兵，败匿华阳山中。先是，邱祖德、麻三衡诸军溃保华阳。有徐淮者部署之，汉超与合，连取句容、溧水、高淳、溧阳、泾、太平诸县。明年正月袭宁国，夜缘南城登，兵溃城中。按首事者，汉超已出城。念母在且恐累族人，入见曰：'首事者我也。'剖其腹，胆长三寸，妻戚氏，自掷楼下死"。吴汉超加入抗清队伍，曾进攻江苏、安徽两省多个县城，最后在进攻宁国失败后死难，被剖肝取胆——"三寸"长的胆囊是他勇气的来源吗？这些不愿认命、奋起抵抗、保卫桑梓和父母发肤的宣城人，却都是文弱书生。

清代宣城史就在刀光剑影中书写下来。顺治二年（1645），泾县城破，范云龙仓猝集众于城东，万庚（字白叔）前往应援。清军大兵至，"云龙与庚俱被系。会军中胁留一蒙师作书记，已得释。蒙师指庚曰'此亦胁留者'。庚呼曰：'彼是也，我非也。我将往白门，面责洪承畴负先朝建祠忠庙之恩耳。'遂解江宁，与金声等同被刑"。这个挺身而出的万庚，对清江南招抚洪承畴的嘲讽和蔑视并非孤例，金声不认洪亨九，江天一痛骂其无父无君、禽兽不如；松江孙兆奎、昆山顾咸正或视洪为假冒，或以史可法羞之。洪承畴面对这些视死如归的顽梗之士，包括后来一些不肯合作的遗民，难免不得不唾面自干。

泾县人、崇祯副榜赵初浣（字雪度），"与邑诸生赵崇雅、张载达、赵纯仁等，迎旧令尹民兴，据城以应金声。城破，初浣、崇雅、纯仁及王大新、左宜之、王日望、张一俦、张学载俱死"。

同县赵鹤，字于九，邑庠生，习技勇，谙韬略，城破时"跨马挥刀出北城，格杀数十人，没于阵"，妻汤氏另载《烈女传》。这四赵、三张、二王、一左的名单还不全。同城沈懋贤（字德臣），曾捐两筐金银及五百余石谷子作养军费用，以督守北城。在尹民兴等退走之后，追赶不及，惆怅归家，题字于壁"空余一腔血，乾坤何处家"，在破城后也被杀。这些貌似蚍蜉撼树的勇士，以唐吉珂德般的忠义之举，构建了明代中国最后的脊梁：他们自告奋勇请死而不愿苟且偷生，即使有机会逃脱也不愿走避的担当，在今天也许已经很难被精致的利己主义者所理解。但从中国具有三千年历史的"士"文化的传统脉络看，对这些古人所处的环境和他们做出的抉择就能有较为深入的同情理解，而不至于古今之间鸡同鸭讲。

当时即使不反抗、仅因不合作就被杀死的也大有人在。如泾县赵大中（字黄吉），在顺治二年（1645）县城即将被攻破时，作书别妻子，题诗藏衣带中，是四字诗"生亦报国，死亦报国；忠荩靡他，生死两得"，事先就做好了赴死的准备。他被抓后，"当事怜其才，欲用之，不屈，遂伏法（或作赴水死）"，遗著《有自集》。泾县旧令尹民兴退兵后回乡，追忏国殇，见赵大中端坐于香烟上，"惊异汗流，因为僧"。赵大中没有参与起兵，因不愿与清合作而被杀。可见城破之际，作为普通官绅士民的选择实在有限。泾县忠孝人刘嘉（字亨父），靠做塾师授徒的馆谷赡养母亲和弟弟。泾县城破时，因大堂中有母亲棺材不忍走避，被清军抓住杀死。亡国百姓的命运，就像涛尖浪底的小舟。如苏州松江民众，在清兵来时，城市村镇家家都用黄纸书写"大清顺民"贴在门上。当地秀才孔思反剃发起兵下海，百姓闻其来，即扯去黄纸；闻清兵来再贴上，"如此光景，非一朝一夕，朝秦暮楚，亲历其时。毋论贵贱老幼，皆剃头编发。……甚有哭者，因怕剃头，连日不归"。大部分百姓逆来顺受，"自此而编发小袖矣，自此而富且贱、贱且贵矣，自此而边关羌调、夜月筘吹，遍地吸烟矣，自此而语言轻捷、礼文删削，另自一番世界，非复旧态矣，即称顺治二年"。

清初顺治年间甚至康熙玄烨亲政后都不能说清朝统治已经稳固。虽已建立有年，但康熙十二年（1673），明叛将吴三桂、耿

清代剃发易服图

精忠、尚之信等复反叛称"三藩之乱"延续八年，清军以吃奶的力气，才趁吴三桂之死勉强平定。清初的中原大地究竟会鹿死谁手？无论是清军，还是推翻明朝的李自成大顺农民军、四川的张献忠农民军及余部，包括几个南明政权：弘光、隆武、鲁监国及永历甚至还有短命的绍武政权，都没有压倒性优势。只是最终，清军犯的错误更少、抓住了更多机会，造成了统一中国的事实。但这并非是清朝"必然"取代明朝统治的历史规律，也不是天、地、人三极所归的"大一统"：某些历史学家口中的事后之明、倒果为因的草率和粗疏、成王败寇的任性和投机，显而易见地不符合历史事实。清朝的成功，是明朝和后继的南明以及农民军这殊死决斗的双方领袖和统治者，各自失机送给对手的礼物：在明末清初大约半个多世纪所谓天崩地坼的时代里，历史给这个舞台上的活动者提供了多个演练、操盘和翻复盘的机会。郭沫若《甲申三百祭》说的是农民军进京赶考失败的教训；顾诚《南明史》述说的则是南明政权在前赴后继内斗中失机的遗憾；还有柳亚子《南明史纲》、钱海岳煌煌 12 册未能完成的巨著《南明史》都还有很多想说的话。

广德建旌双宗王

光绪《广德州志·兵寇》记载："（顺治二年）闰六月二十八日，建平县土兵作乱聚众环城，杜令自度不免，以一孙托吏程应柱匿之而活之。七月朔，令被戕于仓巷，城市尸相枕藉，旬日乃定。"这里提到的"建平县土兵作乱"，就是指顺治二年（1645）闰六月反对清廷剃发令、广德抵抗的民众。旁边还有一条注释不引人注目：是年，瑞昌王兵逼城下。时郡无备御。知州闵以栋率众固守，待援至而解（小字：张玉书记平定江南事云："三年瑞昌王、潞安王率兵三万攻江宁"见《文贞公集》。闵以栋续《万历志》跋："州始残于马孳，继毁于土妖。郊原城郭间白骨如莽，行旅绝迹。余单骑之任，席未暖，瑞昌之兵已逼城下。时应敌无械，守备鲜从。集遗民撄堞环视，已溃复完、不合睫者阅月，赖援戎而解。"顺治三年（1646）九月，土寇薄繁昌，又掠广德州。知州崔成名率兵捣其巢，擒馘数千。）这里提到瑞昌王兵逼广德以及清知州闵以栋眼里的"土妖""土寇"究竟是些什么人？他们是普通的"兵寇"吗？清代的广德州包括现在的郎溪县和广德市。

随着清朝曾被严行禁毁的史籍（尤其是相关南明史籍）重见天日，清初抗清英烈黄道周、张家玉、吴应箕、金声及遗民李盘、李长祥、彭士望等人的著作，与清廷的"烂断朝章"包括各级官员的汇报档案等，共同揭出瑞昌王的身份和事迹，才将这段可歌可泣、壮志未酬的凌云史篇，还有南明隆武帝短暂而辉煌的一生呈现出来：正是"兵发五路、恢复南都"的北伐中兴计划，指导了瑞昌王在广德的行动，它是南明北伐中兴大计中的重要一环。

1646年，隆武政权在建立之初，就制定了一个北伐中兴计划：近期目标是恢复明朝南都金陵（即南京），远期目标是恢复大明天下。顾诚《南明史》也提到隆武帝"朱聿键的意向是以恢复明室为己任，具体目标是首先恢复以南京为中心的江南（他称之为'半功'），进而收复北方（他称之为'全功'）"。具体地说，隆武政权的北伐计划是以"兵发五路"为开端，由大学士黄道周导以先声，七月二十二日出征，"联络江西，救徽援浙"；第二路是隆武帝朱聿键亲征，八月十八日出发，目的地是出仙霞关、驻跸金华或衢州，期望隆武元年秋末冬初或次年冬春之际"恢复南京"；第三路是太子太师、肃虏伯黄斌卿率水师，八月初二日"从福宁出宁、绍、金、衢等处，合兵进剿，恢复南都"；第四路是八月二十八日发"御营右先锋、永胜伯郑彩统领大兵，由杉关接应虔、抚，收拾抚、建等处，为恢复要著"，由翰林张家玉监军郑彩部，于九月初四日实发，经崇安、杉关、铅山等地，十月到达广信。第五路是御营左先锋、定清侯郑鸿逵兵马，动身最迟，十月"率周鹤芝、张明振、杨济时、陈秀、郭曦、陈霸、郑升等领兵五万，诸葛倬等为监军，道出仙霞关，往严州、衢州，接应张国维、方国安部众，恢复浙东"。从以上时间表可以看出，隆武政权的北伐计划，与徽州金声、泾县尹民兴等起兵响应桴鼓相应。如果实权派郑氏兄弟能够积极配合，八月十八日隆武帝亲征未延迟至十二月初六日，恢复南都的计划恐怕就不是梦想——从五路人马的安排看，经营江西、浙江是构筑战略前沿，集结闽、浙、徽宁等地的武装力量从海、陆两个方向进攻南京的大棋，正是以大学士黄道周先声为倡，隆武帝亲征和瑞昌王进攻南京为局中二眼，都曾得到切实有力的推进。

大学士黄道周是隆武政权北伐计划的策划者和坚定支持者。最初，他就"意欲唐驾驻跸衢州方可号召二浙，联络江右，不欲偷安入闽"，但唐王朱聿键被郑鸿逵等拥入福建，监国正位。黄道周即再三疏请"为中兴恢复之计，早一时即易一时"，自告奋勇"纠合义旅九千人，从广信而出金衢"，为的就是实现"救徽援浙"的战略意图，"布置中道，疏通克复"——即从徽州入浙，经富阳、余杭一路夺取南京，这是淮阴王韩信取齐、王濬取建业之途，"臣意以为恢复之事，止宜直捣南京，以浙江豪杰自理浙江，以江右贤者自理江右"，还有"祁门黟县，精兵不乏，六邑山寨，义勇所栖常数万人"，进攻金陵或退取杭州，一举两便。黄道周始终认为若能一鼓作气，先声夺人，从中道攻下南京，就能号令大江左右，使全国形势完全改观。八月初七日，黄道周到达建宁，九月初十日到崇安，十九日本欲出关又因隆武帝谕留一周，至二十五日出关，十月初一到达广信。广信位于闽、浙、皖、赣四省交界，地理位置十分重要。从广信到南京有东、西、中三条路线：东路经玉山、常山、衢州、龙游、兰溪、严州一线，进攻南京有建瓴之势；西路从铅山、弋阳、贵溪、饶州，出湖口，可顺流而下直达南京（也可从浮梁入祁门至南京）；中路从玉山、常山出开化、婺源、徽州，经宁国、广德到溧水下南京。

黄道周走中路，"不与浙东趣利，不与江右趣功，结束十数旅，
欲逾重险出徽宁，以直抵金陵之下"就是与隆武帝有约在先，
"从中路出会徽州……执殳前驱"，并催促隆武帝"命将专征，直
出中道"前往南京。可惜的是，郑芝龙、郑鸿逵兄弟掌握着隆武
政权的兵权、财权，隆武帝本人也需仰郑氏鼻息行事，黄道周空
有声望却无实力：募兵和出关耽搁了近两个月，他到达广信时，

清宁国府行政区域图

徽州已在一周前陷落，金声等人被俘、死难。

九月二十三日，徽州陷落后，黄道周仍想"急救徽州"。十月初六日，他遣兵1 900人，出马铃、大铺二路"急救婺源"。他认为"池、宁民心未服，祁门、歙县等地义师尚斗"，还有许廉、汪涞、杨振新、程应昌、张大庚、洪作霖、许文玠、吴之复等尚十、百人"联络山寨，动称数万"；"北通宁国、宣城，西通青阳、建德，欲南导余杭、出独松、趣四安，疾走秣陵之道，所遣僧徒散手行探之辈顶踵相接"。十月十四日，八都牛头岭之捷，黄道周军颇有斩获，随直趋婺源，临河陈兵。黄道周先遣监纪王纲到海口，约参将董寿庚、董鹏庚率乡众800余人"预为接应"，又约婺源原副总兵游麟、汪自强等率义勇百余人佐之，"自十九日至二十三日，屡次打仗"，参将应天祥擒杀清官姜美光，游击李芬、董寿庚、余勋、翁良松、李纯等均射杀擒斩敌将一员；建宁右卫世袭千户、参将王加封手杀十数人乃死，游击李忠远身批重铠登山为敌骑所得，"奔陷将士无名目者三十余人，所杀敌可八九十，获马八匹"。抗清军的缺点是不懂得砍马腿，只顾砍骑兵而被射程30步的短箭杀死了不少人，漳州兵会用被子遮挡短箭，打得较好；延宁军只顾发火铳却不注意防护，损伤较重。黄道周总结婺源之战，守卫海口、退屯八都有1 500人，东出马铃有700余人，西出饶州有1 200人，帐下只有1 200人，这四千余人就是他所率"自八月以来，东弥台宁之衅，西消金贼之孽……为爱己所怜、异己所笑"缺衣少粮的"君子兵"，不惜以卵击石，只不过为"以徽之肤发，还徽之人民"。

为镇压黄道周军，清朝江南招抚洪承畴派遣的方面大员有安徽巡抚刘应宾、巡按毛九华、徽宁道庄则敬等，提督总兵张天禄指挥战斗，包括宁国总兵胡茂祯、池洲总兵于永绶、徽州总兵李仲兴、芜采总兵卜从善及安庆总兵黄鼎、广德总兵郭虎等参战，而由胡茂祯所属副将张鹏程、中军参将孙喜策等冲杀明堂埠；池州总兵于永绶所属副将高守贵、参将高三才等攻杀东北山，张天禄手下婺源副将许汉鼎攻取西南山，徽州总兵李仲兴负责东南山——他们大都是能征善战的西北"辽将"，原就属明军精锐，战斗素质很高。甚至在十年之后洪承畴出任西南五省经略时，麾下所用大致还是这班降兵降将。黄道周最后被宁国总兵胡茂祯手下的都司白世彦、张养忠擒获。顺治三年（1646）二月十九日，洪承畴报告"生擒逆首，东南事从此可定"，终于大大松了一口气。

南明方面早在隆武元年（1645）七月十二日，隆武帝朱聿键给"句容知县宗臣议滠"颁布敕书，任命朱议滠为"南直巡按兼摄巡抚，料理恢复南京兵马钱粮事务"，正是亲征南都的第五纵队。当时，徽州金声义军声势正盛，畿辅附近句容等地又有何成吾、敏吾兄弟可赖，隆武帝"期在今之秋末冬初，与卿兄弟握手南京"，"中兴大明"的机会就在眼前。除南京地区责成宗室朱议滠及何氏兄弟外，以御驾亲征浙江及福建北上徽宁的黄道周，包括郑鸿逵、黄斌卿等水陆夹攻南京，张家玉监郑彩出兵江西庇护后院，这是一个有攻有守的战略计划。

隆武帝派任的衢州巡抚徐世荫，字尔绳，开化人，天启五年（1625）进士，曾为福建按察使，后升安庐巡抚。朱聿键在给他的敕书中透露了原欲立国衢州、后迁延入闽的无奈及恢复南、北二京的凌云壮志，指示前来迎驾的徐世荫"朕今暂住建宁，不时即要出关"，将衢州视为棋中二眼之一。徐世荫的族兄徐应秋也接到诏书，他是万历四十年（1612）举人，天启年间死于四川奢安之乱的巡抚徐可求之子，后任福建布政使。徐氏为衢州大族，族中子弟官绅众多，被隆武帝视为"江东父老"表率，御驾亲征驻跸金衢的计划，"必借金衢之力"十分明确。

十月底婺源危急时，黄道周还建议派能臣一人总督徽宁池太。次年五月，金衢巡抚李蓬擢升总督，管辖徽宁一路。而十二月底，黄道周军在婺源被清军击溃。被俘后的黄道周寄家书云"二十五日至初三日发婺源，初六日至新安，欲往金陵。当在五、六日之间，此行洪亨九决不可与相见。即见，亦无全理。夷、齐、巢、许之间，吾知所处矣"。《甲申朝事小纪》记黄道周到南京后大骂洪承畴，《广阳杂记》说他"闭幕不视"，联系家书，后者所记更实，洪承畴与黄道周的历史性会面以无声的尴尬闭幕。三个月后，黄道周在南京被杀，他想做遗民的理想也未实现。隆武帝读到黄道周遗诗，刺心流泪地说："朕负道周，未能救于事前。道周不负朕，真诚拥戴于先，力恢危疆，垂毙不辱于后。此后必要奋志杀敌，雪我忠良。"仍然没有放弃复明的希望，只是

《广阳杂记》书影

　　将恢复南京的最后时限推迟到元、二年的"冬春之际"。

　　隆武二年（1646）正月十九日，瑞昌王、朱议滃等人发动了南京攻城战。清内院大学士江南总督洪承畴报告："江南归附年余，人心尚属未定。有伪瑞昌王朱议滃、伪总兵朱君召奸恶异常，到处号召同谋叛乱。今年正月十九日，既密图江宁里应外合，职与操江陈锦等诸臣事先发觉，合满、汉官兵奋力擒剿，旋就底定。然大逆朱议滃、朱君召犹未就擒，祸本未拔，职等无日不内严外防。惟江宁旧有孝陵等七十二卫，合计卫官数百员，兵丁数千名，每名月支米一石，皆居住朝阳、太平门外，借月粮度生，自改革后，月粮裁革，衣食无出，不肯安分守法，每生事好乱。又江南地方多废闲武弁，裁汰兵丁，亦有西北辽人无处归着，加以奸恶假造讹言，惑乱人心，但有召集，遂多蚁附。虽时时督剿，而地方未得安宁。"这说明黄道周先前的联络和布置取得成功。他在《与姚霞溆书》中说："今真主已出，发表南极，想念孝陵，动辄悲涕。下拜百姓，求言图治，薪胆余烈，渺不足称也。仆最无事，又老且朽，提数千之师，欲与正希会于芜湖……黄斌卿水师三万，早晚出定海，直趋江阴。"走中路的黄道周与金声最后殉难南京，走东路的黄斌卿虽未到达江阴，但仍屯兵舟山。

　　隆武帝北伐走到了建宁。隆武二年（1646）正月，衢广都督同知蒋若来派人前来迎驾，隆武帝敕谕以"所领兵马，候朕出关调用"；又谕巡关御史郑为虹"前往仙霞巡防"，百官则穿上吉服到松溪王府捧迎太祖圣容"俟朕迎入行在"。松溪在建宁以北，境内永和里与浙江处州府庆元县只隔着一个伏石关。正当隆武帝急欲出仙霞关前往浙江之际，在江南的内应瑞昌王及其抗清武装已经开始行动。

　　早在隆武元年（1645）七月二十一日，侍讲兼兵科给事中张家玉在奏疏中提到"在句容，则有诈降

隆武帝朱聿键（1602—1646）

灭房、联结七十二村啸聚子弟至八千人如朱议滩、朱议泐、何成吾、何敏吾、张仲区、项仲甫、胡亦恕、吴德孚等矣"，明确提到在江南句容有朱议滩、朱议泐等人领导的抗清武装响应、拥戴隆武政权。朱议泐是明江西瑞昌王宗室；朱议滩是江西乐安王宗室，第一代乐安王与瑞昌王是亲兄弟，从辈分上说朱议滩、朱议泐是从兄弟。后者也是隆武帝任命的南直巡按兼摄巡抚，曾推荐常熟人徐锡禧等六人任职隆武朝。据《松下杂抄》徐锡禧是万历朝南工部尚书徐栻曾孙辈，字纯仲，曾任抚州通判。九月中旬，他与王仙声等六人入仕隆武朝。十一月八日，徐锡禧就任衢州督饷监军。在衢州他看到从宗藩到地方文武官员、普通百姓及不断来会的四方义士、义师济济一堂，是十分珍贵的隆武朝亲历见闻录。

八月间，瑞昌王派人联络浙江方面的抗清力量，在临安被清兵查获。浙江总督张存仁奏湖州总兵张士元辖下驻防副将马信等，顺治二年在"临安途间擒拿瑞昌王委官，搜出关防并兵役三名，本官中箭身死"。当时南明方国安等率众二万过江，准备进攻杭州、湖州，与《弘光实录钞》记载瑞昌王破临安、宁国可以互证。二年八月进攻湖州失败后，"叛宗朱盛廉"兄弟三人失散，兄盛真、弟盛隆"于十一月往安吉、孝丰去了"，在那里"遇著瑞昌王他兄弟贰人"，这是顺治九年（1652）十二月初三清江宁巡抚周国佐的报告，提到"瑞昌王兄弟二人"正是朱议滩、朱议泐这两个并肩战斗的兄弟。十月，瑞昌王、朱议泐聚众万余人，进攻孝丰、广德等地，吸引宗室通城王朱盛廉兄弟前来投奔。朱议渢即朱议汈（渢、汈通假），其长女嫁与江西"易堂九子"之一、南昌人彭士望为妻，翁婿两人都积极抗清。彭士望后为遗民，与桐城方以智等互通声气，往来密切。洪承畴在报告中称"伪瑞昌王朱议漼"，是不清楚瑞昌王和朱议漼实为两人，都参加组织、领导正月十九日南京攻城战并脱险而去，没有抓到人的洪承畴最多只能依靠被俘者的口供，而后者故意打马虎眼也未可知。《清史列传·洪承畴》传记载顺治三年（1646）正月"江宁有叛应朱谊石和朱谊渢者"已弄清楚有两个人，但仍误"漼"为"石"。

瑞昌王、朱议漼领导的顺治三年（1646）正月十九日南京攻城战，比隆武帝与何氏兄弟约定"握手南京"的"秋末冬初"稍晚，而与后来敕谕黄道周的"冬春之际"正相符合。可见，瑞昌王、朱议漼等受命"在京左右，相时而动"，组织、发动正月十九日攻城战，依靠的是原明守卫孝陵等72卫官兵，实际上这就是明朝全部拱卫南都的军事力量，据张家玉报告有8 000人。《明孝陵志新编》记载孝陵外郭周长约45里，拥有巨大的陵域空间，"为我国古代规模最大的帝王陵墓之一"，自花山以下属句容管辖，以上属上元管辖。洪承畴也说原明数千兵丁"皆居住朝阳、太平门外"，分布于从花山空心寺、龙潭一带、与镇江、丹阳交界的村庄，符合明代的制度。这说明瑞昌王抗清武装还包括流落南京的退伍军人及南京附近州县乡村群众，拥有广泛群众基础，攻城时人数达到两万，事后有南京城内及附近乡村 100 多人被捕，万德华、郭世彦、尤琚等三、五十人死难，瑞昌王抗清武装的规模和影响可见一斑。

瑞昌王第一次南京攻城战虽被挫败，但他脱险潜回广德，复联络江南抗清势力、浙东江上之师准备发动第二次攻势。徐芳烈《浙东纪略》记载顺治三年（1646）二月间，鲁王方面熊汝霖、吴易等人努力推动，原任礼部主事曹广全就任长兴知县，宜兴密报恢复，吴江、嘉善"近复底平……又广德瑞昌王亦率敢死壮士以待，人心思汉，引颈西征，以日为岁"。至五月，议定分水陆两路：一路由肃虏伯黄斌卿、总兵张名振等率师从海上入黄浦，取苏、松与太湖兵合，一路由督师张国维、平原伯姚志卓、张名宿等率领，从安吉、孝丰出湖州、广德，"与瑞昌藩合"，以便"引太湖诸军以为犄角，足踞浙西之肩脊而困之［清军］"。鲁监国浙东江上之师和隆武北伐之师终于准备联合作战、携手对外。但部署尚未完成，清军已开始渡江钱塘，第二次攻势又被瓦解。

隆武朝廷和瑞昌王的抗清活动，对江、浙、皖、赣等地的民心鼓舞极大。三四月间，安徽巡抚刘应宾写信给提督张天禄："闽兵死战不休，各郡民心俱为所惑，宁、太遍地是贼"，还提到"闽藩家家都督，人人总制，大张伪示，征兵征饷，乡愚趋之若鹜，举国若狂"，证实隆武政权的号召力及其抗清武装的影响力。利用各地民心组织抗清活动，是隆武政权高于弘光政权的地方，也是它能从南明诸政权中脱颖而出的根本原因。

在顺治三年（1646）八月三十日同一报告中，洪承畴还提道："今八月初，有江宁省城四五十里花山、龙潭民人奔赴操江衙门密禀，本处群贼皆受伪瑞昌王号召，歃血同谋，即省城朝阳门外沧波门、孝陵卫等处，仍是土贼结聚，且声言要暗渡江北，先图起事等情。"这是瑞昌王在南京及附近城乡进行秘密联络、准备第三次起事的事实："伪瑞昌王及朱君召等图谋以各处贼党众多，惟缺少钱粮器械，要先谋渡江北，用奸细攻取六合、仪真二县，得了钱粮器械，便倚据山险，纠江北各处贼党，成就大事。又审供：见今江宁城内外，自今年正月十九日杀散之后，又有潜藏谋叛头目，会合多人，皆听瑞昌王号令行事。"瑞昌王联络南京城内及江北各地群众武装准备发动第三次攻势，确实瞅准了一个好时机——当时南京城内的满兵得到"圣旨将江宁满洲官兵多发赴湖广"；绿营官兵也被连连派往江西，只留下四千名"全无马匹，即盔甲、弓箭俱称缺乏"的"脆弱南兵"。因此，洪承畴紧急请求留下提督巴山所率满兵，或将出征江西的高进库部调回防守南京，同时加紧搜捕瑞昌王：仅在八月份，从江北六合、仪征与镇江、丹阳交界的村庄，到江南花山、龙潭空心寺一带，从南京城郊到城内，最后关闭南京各城门清剿一周，步步缩小包围圈，经三次大清剿共杀了五百多人。大开杀戒的洪承畴，与孟森所说的"狼藉武夫"并无区别，最重要的原因就是南京局势危殆，瞬息万变，而洪承畴手中兵力短缺，只能杀一个算一个，这恰恰反映了当时形势的险恶程度——最值得注意的是，尽管洪承畴大费周章，在南京及附近清剿三次，都未抓到瑞昌王与朱议滠。

九月初六日，《清世祖实录》记载："招抚江南大学士洪承畴疏报：伪瑞昌王朱谊［议］氿结连江宁、常、镇、平、广逆党，谋犯省城，官兵进剿，擒谊［议］氿并其党伪经略韦尔韬、伪总兵杨三贯、夏含章

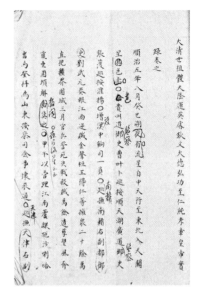

《清世祖实录》书影

等，命斩之。"因为瑞昌王所部评事喜正到镇江买弓，意外被捕，熬不过严刑拷打，供出了瑞昌王的下落，《弘光实录抄》说是在茅山王家庄，《南疆逸史》说是从丹徒喜正家迁到镇江蒋生家时。十二月初二日，清廷指示洪承畴将朱谊［议］氿、韦尔韬、杨三贯、夏含章、喜正、倪于耀等六人"枭斩正法"，并将首级"遍传江南、江北各地游示，以儆叛乱"。事后，清廷却认为瑞昌王是"未发先露……原非血战之功"，把洪承畴及其手下的功劳一笔抹杀。《清代全史》注意到了瑞昌王抗清武装："句容农民……奉明宗室朱谊［议］滠、朱谊［议］氿为主，曾在顺治三年（1646）三次进攻南京，江南震动。"但过于轻描淡写。何止是句

容农民？恰恰相反，事件涉及明朝南都几乎所有的原守军，是由隆武帝直接领导的南明北伐的第一次行动：组织者瑞昌王朱议泅〔氿〕与朱议滰以广德为根据地，共发动了三次攻势，由于叛徒告密和配合不周，都被清军挫败或瓦解。瑞昌王战友的名单很长……包括宜兴卢象观、朱君召、方明、潘文焕等，均载南明史籍；无锡人金华知府钱振光"奉瑞昌王起兵孝丰，死之"；溧阳"义民狄奇节奉瑞昌王其兵于南山"。明天启朝大学士朱国祚第六子朱大定，顺治二年（1645）八月十七日亲至浙东请鲁监国言"嘉善、长兴、吴江、宜兴皆有密约，而瑞昌王在广德，引领以待"。光绪《孝丰县志》也证实"鼎革之秋，乱兵两陷郡城，戕杀太史，焚掠纵横，烈于咸阳之火。"这里的"乱兵"就是指瑞昌王的抗清武装，"烈于咸阳之火"显示了当时斗争的激烈程度。

顺治三年（1646）五月，清安徽巡抚刘应宾报告：三月二十八日，宁国县有"西坑高峰贼叶俊，系瑞昌王伪副总兵，统五百余人"同参谋管一翰等百余人投诚；四月初六日又有"东狭□关与广德黄渡连□，有瑞藩伪将耿龙、裘任、程瑞聚兵三百余名，在□家塔等处□□招安解散，止留耿龙等三人效用"。四月初八日，清泾县参将李之珍报"本月初四夜，本县东路新丰地方团保长洪葵等擒得瑞昌王下伪总□洪士忠、伪监军道朱蔡、伪将官胡□□，又擒得程□□，伪将洪士寿并贼兵僧□文等"。还有四月十一日"擒鲁君美"；四月二十三日又有"投诚渠首如太平之丁子龙、孔千斤、陶起松、袁复等；宁国之郑璧、施晋、郑守德、刘耀、吴焕、汪之灏、夏士辅、叶俊、包国鼎等；广德之袁方正、杨君禄、范理等，皆蜂目豺声，能服役众贼，一就戎索，千人立废，诛戮者数千，投降者数万"。瑞昌王抗清武装的骨干，仅在宁国，就有率五百余人的副总兵叶俊及参谋管一翰及将领郑璧、施晋、郑守德、刘耀、吴焕、汪之灏、夏士辅、包国鼎、耿龙、裴任、程瑞等；泾县新丰等地有总兵洪士忠、监军道朱蔡、将领洪士寿等人活动；广德则有将领袁方正、杨君禄、范理等，各领兵三五百，不断遭到清军的剿杀、瓦解、分化。六月十五日，刘应宾给总兵张天禄写信提到在汶口、深潭、东阳村唐山寺"三战"后，"当阵生擒巨寇程济，杀贼千余"——"旬日之间，东擒程济，西擒金光玉，江南四郡凶渠，俘获殆尽，□有一瑞昌王耳。前已密计胡镇，料不出吾手。"所以，当刘应宾后来被"洪承畴弹罢之"时，曾上疏自理"江南之贼，有大于朱盛浓、吴应箕、金声、黄道周者乎？皆臣擒之，

洪承畴（1593—1665），明末清初政治、军事人物

臣戮之"。这是遗民郑与侨《郑确庵遗稿·客途记异》中的记载。在遗稿手稿本前,有邓之诚民国二十九年(1940)七月二十四日"识于风烟旧里"的二页手稿,这段话的页眉有红字批语"天下万世何在!"表达了对刘应宾痛心疾首的鄙视。

　　洪承畴及清廷的镇压,瑞昌王及其战友的死难,故然是隆武政权北伐中兴夭折的外因,但更重要的内因却在郑氏出于"海商资本利益集团"考虑,不愿全力以赴地支持朱聿键,造成北伐计划"兵发五路"延期,失会导致金声等徽、宁义兵崩溃,黄道周军被消灭,瑞昌王抗清武装孤掌难鸣,隆武政权存世仅一年即告失败;而郑氏三世的"海商资本利益"集团,最终也没能成功建立自己的海外商业帝国——南明的失败就根源于此。如果,这些力量团结起来抵抗清军,清代的历史会何如书写?宣城的历史又会如何书写?只是,历史不能重来!

　　隆武政权及瑞昌王进攻南京,是南明抗清武装首次恢复南京的尝试,他们团结了原明朝南都剩余的军事力量,对清朝的统治造成极大威胁;郑成功有过对南京的第二次围攻,曾在力量上占有十足优势,却以围而不攻的失败宣告结局;永历朝的李定国也曾有过设想,但都没能付诸实现。而局促福建一隅的隆武政权,却以广德瑞昌王进攻南京的壮举,挥出有力铁拳,直击江南心脏!这说明隆武帝恢复明朝南都的北伐计划是切实可行的方案而非遥远、虚幻的梦想!如果没有隆武帝、黄道周等苦心孤诣的五路出兵北伐,没有他们三番五次的竭力争取和"宁进死、不退生"的誓死抗清决心和行动，南明的抗清斗争将失去一抹亮丽的光彩——作为南明诸政权中最有作为和最具中兴胆略的隆武政权，比起弘光朝廷的方向错误及腐败、永历朝廷的琐尾流离和因循，反对清军征服，立志图谋恢复，制定中兴战略，克服重重困难，千方百计付诸实施，确实是值得称道的。以朱聿键为首，追随者瑞昌王、朱议溰、卢象观、黄道周、金声、尹民兴及活动在宣城广德的大批抗清志士，坚韧不拔、前赴后继、不惜牺牲、顽强奋争，正是他们及千千万万普通百姓的抵抗和斗争，铸造了南明史的灵魂和不屈精神，成为中华民族屹立于世界之林的一笔宝贵精神财富。清代统治者为了巩固政权的需要，也在中期持盈保泰成为急切需求后，开始提倡南明史上矢志不移的仁人志士精神。正是这种精神，铸就了中华民族傲然屹立世界东方的铮铮铁骨，任何朝代、任何情况下都不会失去意义或避开不谈。现再回头看光绪《广德州志》有关"土妖"的记载，读者诸君又有何感想呢?

施梅双绝徙宗风

精神世界花开，必将枝繁叶茂。在讲究气节、提倡舍生取义的理学家眼里，也许还有一类行为虽算不上体面，也属有益的经世之举。如宣城人陈龙，字起潜，为崇祯末年武进士，曾任湖南偏沅旗鼓都司。作为一个中下级军官，当地"陷贼"被大顺农民军占领后，他选择归顺。而清军来时"龙投诚释归"又"投诚"降清，被释放归乡。顺治二年（1645），"群盗"蜂起，即反剃发民众纷纷起兵，"总兵胡茂祯等将议剿。龙虑戮及无辜，叩军门请躬任招抚，宣谕威德"。为减少乡民生命损失，陈龙自动到胡茂祯军中请任招抚，劝降"贼党"，瓦解抗清武装，保住了不少乡民的性命。这种先顺"贼"后降清的"两头蛇"，也因有功桑梓被乾隆《宁国府志》归入"武烈"——两次投降，不妨碍陈起潜书写事功履历，关键是所做之事是否有益百姓。故金声在起兵失败后曾遗言《与长男》："我往南京去。道炤等闻我信必求自尽，可且止之。……自闰六月来，一身久如浮云，今无一毫丝恋。但念郡事未定，此心实实不安。倘百姓幸安堵，则我瞑目矣。各乡尚有好事言兵者，此实无益。我死口甘徒杀，百姓何辜！"这对生存在玄黄未判之际的历史夹缝中人，具有普遍参考意义。《宁国府志》还有一条杂记："顺治丁亥间，寇乱小定，守兵横恣。有厮卒放牧泮宫，夏日裸体卧殿阶石上，无所忌。突狂叫曰：'顾而黑者蹴杀我'。同伴惊讶，亟呼其子，至已喘绝矣，岂

《宁国府志》书影

非圣怒无体立殛之哉!"这对无体统的胜利者也有微言大义的告诫。

虽然南明抗清英杰已逝,但播下的种子却在萌发、生长。黄道周曾给降清的原毛文龙部将金声桓写过三封信。第一封《与金将军书》言:"闻麾下驻豫章,号令严明,贤良诸家,烽火不及。……□□痛秽,刻于人心。明家渥泽,尚留天下。麾下必欲竖旗常之勋,垂钟鼎之业,则今其时也。……以不佞之意,欲借健士出九江,操舟东下,扫宁国、宣城之□,于势甚便,于朝廷甚忠,于勋业甚大。"第二书则曰:"先生何惮不用反手之力,成千秋之业耶?"第三书更具体提出希望金声桓能以三千兵力相从:"不肖拿舟十数日,将过星子,以濯龙关。麾下能出三千人相从,虽万户侯,岂足道哉?……唯麾下千万留意,留意千万!"虽然在当时看来显得很幼稚,无异于与虎谋皮,但到顺治五年(1648)正月,金声桓却真的在江西南昌反了正,掀起了降将反清的第二次全国性抗清高潮;三个月后,在江南、广东杀了大批抗清志士的李成栋也接踵而起,谁能说这其中就没有隆武帝、黄道周们感召、鼓舞的作用?

康熙十年(1671)秋,在江西万安县文天祥尽节的惶恐滩头,还有徽州方外士方以智(1611—1671)蹈水尽节,但一般人都认为他是病逝。研究者冒怀辛《方以智死难事迹续考》、任道斌《方以智年谱》及《关于方以智的晚年活动》《方以智简论》等均持后一种观点。黄道周曾在《与方仁植书》中请方孔炤负责说服儿子出山，服务隆武政权，共谋恢复大业："新主英明，为高皇九世孙，又不饮酒，喜读书，动遵法度，精于吏事。……仁翁能令密之起而仕乎？"并说自己"不肖早晚下浮梁，直趋芜采，与正希、慕庵（林贞）共问秣陵之业"。当时方以智正值而立之年，虽未入仕隆武朝成为朱聿键的肱骨大臣，但他与钱谦益一样，虽居方外却与福建俗世士大夫密切交往。其时"郑延平虽已死，郑氏在漳、泉一带仍有据点，其后三藩乱起，郑氏武力即攻陷莆田等地，不然密之何以又与钱澄之相遇，有如是之巧哉！"郑成功虽死，但其子孙仍在经营福建、台湾，方以智与钱澄之的相遇也非偶然，"大抵密之之复明活动居常幕后为暗地之策划，而实际之执行联络或皆由其三子为之"。到康熙十年（1671），因"粤难作"，终以遗民禅师之身殉节于惶恐滩的波涛中，"密之盖至死未忘复明焉"。囿于"成见"者"虽尽得见第一手资料，而竟获致完全错误之结论，此即密之之死节事也"。可见，"以虚证实"或"以实证虚"的方法，因存在史观、史识的差别，在同一研究对象身上，所得出的结论会有多大区别！"于有疑处不疑，而又疑其所不当疑"，研究方法受制于史观和史识的差异，在方以智身上有着生动的体现。

而施闰章（1618—1683）在"密之晚年之重落尘网"过程中起过重要作用。施闰章貌似胆小，这位宣城双溪里人，比方以智小七岁，祖父三代以上仅为郡学生员，以耕读传家。顺治六年（1649），施闰章考中进士，为的是"亲老食贫，冀得升斗禄养"

养家糊口而已。康熙十八年（1679），他在博学鸿儒特科中被征招，以二等第四名授翰林侍读后，曾作家书云："今我虽薄宦，世事日难，吉少危多。汝辈一切收敛，止作穷贱寂寞想，切莫与人争利惹祸，是寻常保守家俗计。"小心翼翼、谨慎恐惧之形跃然纸上。他在另一封家书中也说："我前书屡言要极意收敛，只当我家不曾做官，地方不觉有此乡绅，乃是好消息。"所以他"行藏半明

施闰章（1619—1683），清朝著名诗人

晦"，自号"愚山"，想归隐却不敢，借《登署中台有感》发声："心伤词赋徒多病，梦想田园未敢言。"邓之诚赞赏他，称"宣城诗教，倡自梅尧臣。闰章由之，加以变化，章法意境，遂臻绝诣。愁苦之事，皆温柔敦厚以出之。尤工五言，王士祯为作摘句图，载于《池北偶谈》。顺康间，好事能主持风雅者，推周亮工、龚鼎孳，士多归之。闰章后起，而收恤寒畯，得士与埒，为世所称"。温柔敦厚的施闰章和他在清诗及清代文学史上拥有的"南施北宋""燕台七子""海内八大家""清初六家"等诸多声誉，都显示了他的造诣为一绝。他最动人的诗篇，莫如《上留田行》

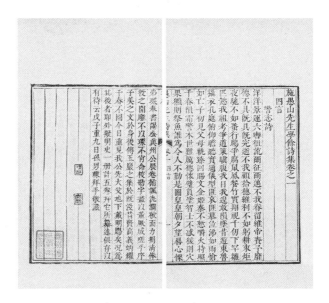

《施愚山先生诗集》书影

施闰章书法诗扇面

等："里中有啼儿，声声呼阿母。母死血濡衣，犹衔怀中乳。"歌咏亡母啼儿，催人泪下；《皇天篇》题"悯饥民也。都城外数百里，积霖成壑，民匍匐转徙。时逃人法重，州邑闭关不敢纳，死者相枕，哀声动天地"，对清初弊政之一的"逃人法"提出了无声控诉！《仙霞岭见闽妇北行》："故乡南水去。薄命北随人。辞家远万里，附书无六亲。谁怜眼中泪，湿尽岭头尘。"代替被清军北掠的福建女儿，在仙霞关流尽了生离故乡的血泪。《海民篇》记载清初东南地区的迁界令："妙算清海疆，编户悉内迁……蒙袂羞扣门，接踵吞声死。生时背邱壑，归魂恋桑梓。何如委白骨，东流葬海水。"可谓字字血，声声泪。清初五大弊政：圈地、投充、逃人、剃发、迁界，施闰章或直或隐，咏之于诗，这就是高度，是作为"诗史"的价值所在。在他的身后还站着一批同乡：高咏、梅清、梅文鼎、袁启旭等，他们共襄筑成了"宣城体"的高峰。但高咏"通籍后所作，非颂圣即贡谀，连篇累牍"，令人"读之生厌"，邓之诚的点评也是直抒胸臆。

宣城还有另一绝。梅文鼎（1633—1721）被邓之诚推为"历算之学，当代第一"；梁启超也说："我国科学最昌明者，惟天文算法。至清而尤盛，凡治经者多兼通之，其开山之祖，则宣城梅文鼎也。"梅文鼎也曾被法国耶稣会士宋君荣称为能干的"博士"、"并且实在是欧洲人的敌人"，指的是梅氏家族存在反对天主教、反对西学的倾向。但韩琦认为："实际上，梅文鼎对西学大体上采取的是折中的态度，试图调和中西、缓解矛盾。他的言

梅文鼎像

论温和而不偏激，但内行人读之，仍可从字里行间体会到其间的反教倾向。"康熙十八年（1679），博学鸿儒科特科试题之一即"璇玑玉衡赋"，璇玑、玉衡都是古代的天文观测仪器，"康熙之目的可能是想借此考察汉人的历算修养"。二十八年（1689）梅文鼎为访问传教士南怀仁到北京后，曾拟作一篇《璇玑玉衡赋》"工丽过于鸿博诸君"，但文鼎不为"噉名"，只"以历算为专门名家之学"，并参与《明史·历志》的部分修订工作。他在北京四年间，居福建安溪籍大学士李光地府中。当时李光地已失宠，为迎合康熙帝对西学的爱好，达到与湖广孝昌（今孝感）熊赐履争宠的目的，特聘梅文鼎入幕，"使后来康熙时代一系列历算活动成为现实，清初西学传入呈现丰富多彩的局面"。康熙四十一年（1702），李光地重新受宠，将梅文鼎《历学疑问》呈览帝观，次年又邀梅文鼎到保定教授历算，培养人才。李光地两次邀请梅文鼎，在北京和保定培养了不少历算学人才，包括其孙梅瑴成和李光地的学生王兰生等，后来都参与《律历渊源》编撰，雍正初年刊成《历象考成》也有很多编修与校对者为梅文鼎培养或提携。其孙梅瑴成"在科学史上占有重要地位"，最重要贡献是将耶稣会士杜德美传授的"杜氏三术"即西方数学的新成果——牛

《梅氏丛书辑要》书影

顿等人的三个无穷极数公式，收入《宣城梅氏历算丛书辑要》附录《赤水遗真》中，称为"求周径密律捷法"和"求弦矢捷法"，为计算圆周率和三角函数提供了新算法。而李光地也"苦心经营十余年，完成了学术宗尚向朱子学的根本转变"，使朱子学和历算成为其与康熙"君臣之间唱和的绝好话题"，为最后"赢得康熙信任而荣登文渊阁大学士之位"的独门绝器。韩琦的考察也为我们观察康熙帝的君臣关系提供了一个有趣的视角。

正是从康熙帝口中的"宣城处士梅文鼎"开始，宣城士人求实问道的"经世之学"成为时代的新风尚。嘉庆、道光年间最著名的学者是被称为"安吴先生"的泾县人包世臣（1775—1855），他嘉庆十三年（1808）年中举，但其后三十余年只能作幕各地，直到64岁道光十八年（1838）就任江西新喻知县，虽有惠政，也仅年余即被罢官，"复随明亮征川、楚，发奇谋"不用归卜居金陵南京，"精悍有口辩，以布衣邀游公卿间。东南大吏每遇兵、荒、河、漕、盐诸巨政，无不屈节咨询，世臣亦慷慨言之"，《清史稿》入《文苑传》。他最有价值的贡献是对当时与经济、社会、民生相关的重大问题，诸如漕运盐务、农业水利、钱法货币、民俗吏治、刑法军事等，都有自己独到而深刻的见解，具见《安吴四种》、《齐民四术》《中衢一勺》诸书。嘉定学者兼书法家钱坫（字献之）誉为"吾周行天下，识人无如包君者"。如被收入贺长龄、魏源所编的《皇朝经世文编》的就有《户政·盐课》中的"淮盐三策"；《户政·漕运》中的"剔漕弊"及《工政·河防》

忌我焉知非賞識　欺人終不是英雄

石舲四兄愛此聯語屬世作書之

道光壬寅仲冬同在白鹭洲上

忌我欺人联（清·包世臣）

中有"论治河优劣""论逢弯取直""对壩逼溜说""辨爬沙船转水墩之误""说壩"等，都有切实可行的具体措施。包世臣被尊称"包安吴"，安徽巡抚朱珪、常州李兆洛及两江总督百龄都曾聘他入幕，而幕主们的工作和建议中，又有多少出自包世臣的贡献？这可能也是一个需要仔细研究和考辨的题目。李兆洛有《怀远水利志》《凤台县沟洫志》《凤台县论田赋疏》《书焦岗湖考后》诸篇，百龄有《查勘海口束刷通畅疏》《治黄河清四条疏》《极陈借黄济运之弊疏》《论河工与诸大臣书》《勘海口筹全河疏》诸篇入编《皇朝经世文编》。包世臣筹划的海运漕粮，详列各种途径和方法大受赞赏，正如朱维铮所说"不意海运成功，反而使此编（即指《皇朝经世文编》）化作兴利除弊的必要性和可行性的论证。"林则徐赴粤禁烟也曾问计于包世臣，他所作的《歼夷议》对我们了解嘉、道年间士人筹国之见有重要参考价值："今鸦片禁绝，则该夷岁入什去五六……此英夷不得不以全力争此局者，固情势所必至，非仅前明倭患之比也。"主张抗英"必宜通筹全局"，尤须重视台湾和福建的防御力量。他还反对"重农抑商"，提出"本末皆富"，抨击所谓"人多致贫"论："夫天下之土，养天下之民，至给也；人多则生者愈众，庶为富基，岂有反以致贫者哉？"在今天看来也是颇有先见之明的。包世臣在艺术上也有很大的成就，长于书法鉴赏，尤擅行书、草书，与怀宁前辈邓石如为莫逆之交，邓工篆、隶，尤其注重临摹金石碑刻，他所谓"字画疏处可以走马，密处不使透风，常计白以当黑，奇趣乃出"，对包世臣产生了不少影响。正是从邓、包开始，启发一代宗风之变，改变了自宋代以来中国书法的发展趋势，对清代中、后期的书风变革有重要作用。包世臣的艺术见解集中于《艺舟双楫》，后经康有为发展扩大为《广艺舟双楫》。

　　风气一变，即不可遏止。最后，仅简单地以两位开近代风气之先的宣城男女结题。光绪九年（1883），中国女权运动的首倡者及近代女子教育的先驱吕碧城（1883—1943），在旌德出生。这位主要活动于民国年间的奇女子，曾与秋瑾同称"女子双侠"。在二十世纪头一二十年间出现的"绛帷独拥人争羡，到处咸推吕碧城"的奇观，描述的就是这位被沈祖宪称为"北洋女学界的哥

《吕碧城集》书影

伦布"。1908 年，吕碧城任北洋女子师范学堂监督（即校长），为近代中国女性高职第一人。1912 年袁世凯任民国总统时，以吕碧城为机要秘书。至袁蓄谋称帝，碧城辞居上海，与外商合作，两三年间即在上海静安寺路自建洋房别墅，为人欣羡。1918 年，她前往美国哥伦比亚大学攻读文学、美术，同时兼任上海《时报》特约记者。1926 年再度漫游欧美七年，著有《欧美漫游录》（又名《鸿雪因缘》）。她尤擅填词，被誉为"近三百年来最后一位女词人"。传世著作有《吕碧城集》《信芳集》《晓珠词》《雪绘词》《香光小录》等。她不仅是宣城之光，也是中国女性之光。

比吕碧城晚八年出生的是曾被批判者称为"当今孔子"的胡适（1891—1962）。光绪十七年（1891），绩溪人胡适出生于上海，回绩溪发蒙，后来他担任过北京大学校长、"中央研究院"院长，毕生提倡科学民主、思想自由和理性主义。学生唐德刚认为胡适和孙中山"都是开这个五百年中西文化新运的旗手"，"我们如果把胡适看成个单纯的学者，那他便一无是处"，《水经注》做不好，几本破书也不值几个钱，但作为传统中国迈向现代化过程中的推动者，他就是一位继往开来的启蒙大师。

现在已是 21 世纪。尽管世界形势复杂，但我们仍有理由期待：拥有敬亭山和桃花水的宣城，又有三千年忠义传统的滋养，经世奇绝的宣城之光继起者，必将不断大放异彩于世界东方。

晚清宣城之于近代中国

郦波

南京师范大学文学院

教授 博士生导师

从中我们可以看到宣城文化，一方面山水宣城，一方面人文宣城，只有山水不行，一定要有人文，那人文精神的延续才是一个山水之地的精魂所在。

这就是知识分子的品格：实事求是，坚持真理。从王稼祥身上，我们能看出文弱书生的铮铮铁骨，知识分子的精神和脊梁多么坚实，这也体现了我们宣城的革命精神。

来到宣城，我感到非常荣幸，心里也比较激动。一是因为中国文人都有一个宣城情结，二是因为我个人的出身，因为我的祖籍是江苏丹阳，又从南京来到宣城，了解历史的朋友自然就明白我这份情结了。因为中国最早的丹阳郡就在宣城，郡治治所就在宛陵（今宣州区）。当时的丹阳郡包括了像金陵、曲阿（今江苏丹阳）等地，而我作为一个现在的丹阳人，从南京来到宣城，等于是当时从边远地区来到了省城，从这份情结上来讲我真是很激动。

来到宣城，看看这个当时规模远超金陵的通都大邑，我心里有很多感慨。我的专业本是研究训诂学的，训诂学就是古代的小学，是一门比较艰深的学问，包括文字、音韵和训诂。我偏重于训诂这一块，包括甲骨文的字义。因为研究汉字，所以就研究语言，尤其是汉语，我个人有着强烈的汉语情结，也一直认为华夏文明作为远古四大文明延续至今，其他文明都断裂掉了，只有华夏文明没有断裂，最重要的根本原因是因为我们有一套人类迄今为止还在使用的、唯一的、独一无二的象形会意文字系统，那就是汉字系统。在这个系统上产生的汉语系统成为我们文明向前发展，而且生命力顽强的最深的根基，最坚实的平台。有这个平台在，才能保证我们的文明历经人类各种沧桑变化始终没有中断。

　　我研究文字，到了宣城，一听宣城人讲话，就引发了我的深思。虽然说南方人讲话五里不同音，十里不同调，隔了一个村子，人们讲话可能就互相听不懂了。但是它总的语言区，分为方言片，全国的方言分为七大方言区，而宣城属于吴语区宣州片，应属于典型的吴语。但现在的宣城人讲话已经有很多受北方语系影响的特点，和南京话很相近，包括音调、语气都很相近，这是一个典型的江淮官话的特点。江淮官话和吴语是两大语言区，江淮官话和吴语的分界线就在丹阳的城西门，以西门为界，然后西门以内开始就算吴语区分界了。

　　在语言学上有一个观点，如果一个地方它的整个基础方言的面貌都被改变，比如说现在我们宣城人的日常会话90%的语言面貌已经不是吴语的语言面貌了，而是典型的江淮官话了，按照语言学上的规律，可以认定为这个地区至少产生了70%以上的人口变化，就是70%的人都换血了，才能导致这样的语言变化。人口流动会带来整个方言区的语言变化，形成另外的方言特色。想到这个问题，我就觉得值得深思。宣城在历史上是兵家重地，五代的时候韩熙载曾说过"宁国重藩，宣城奥壤。星分牛斗，地控荆吴"，是吴越荆楚的吴头楚尾之地，更是兵家必争之地。

　　在太平天国时期，史书里记载的说法有"宣池九空"，宣州池州十室九空，人烟了绝，属于重灾区。我们知道在泾县，太平军和湘军相互争夺叫"六占六失"，太平军占领了六次，湘军又夺回来六次。宣州这个地方"三战三得"，因为是通都重邑，被

平定太平天国陆战图

太平军占领三次，又被湘军夺回三次。当时太平军与湘军相互屠城，杀人如麻。

复旦大学葛剑雄教授是人口地理学家，他根据清代的户籍资料以及一些史料考证，太平天国时期有着人类迄今为止可以考证出来的伤亡最惨烈的战乱。你不要以为世界大战是最惨烈的，第一次世界大战总共阵亡人数是 1 800 万人，第二次世界大战总共阵亡人数是 5 600 万人，中国战场死亡人数是 3 000 万到 3 200 万人。而太平天国时期，据葛剑雄教授考证，根据清代的户部的户籍档案，14 年里死亡人口和锐减人口有 1.36 亿人，而江南地区直接死亡人口至少不少于 7 200 万人。在这场战役中，最惨的还不是湖北、湖南这些地区，而是江西、安徽，还有江浙一带，尤其是安徽战况最为惨烈。当时洪秀全定都南京，改名天京，从皖北皖南进攻南京是湘军采取的最直接的路线，而太平军保护南京的重点就是守住皖北皖南，双方拉锯，这里就免不了一番苦战。

"宣池九空"说明了死亡人口非常之多。从这个语言学的现象可以证明，战争导致宣城本地人口锐减70%到80%，外来人口填补之后，导致表层语言面貌发生了彻底改变。所以我来到宣城之后感慨很深，在走访了当地的乡村，看到他们宗祠里祭祀的先烈祖先、仁人志士，再结合我以前读到的一些文献，就发现宣城地区在晚清时期打仗是非常厉害的，民团非常厉害，像是查济古村，泾县二十七姓民团，都很擅长打仗。

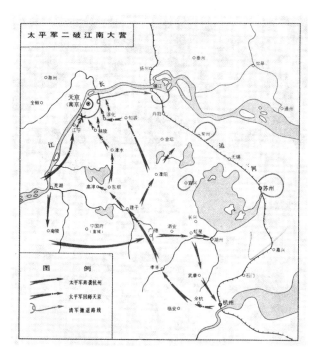

太平天国二破江南大营图

　　所以湘军之后真正崛起的是淮军，因为李鸿章是皖北人，但淮军也不光是江淮皖北的民团，还有很多皖南的民团加入淮军体系。因为这个地方是重灾区，大家保家卫国都拼尽全力，战斗力非常强，宣城地区的很多宗族叫作"保家卫族"，而当时的这些民团组建后都选择加入了曾国藩阵营来抗击太平军，这和宣城地区的宗族发展有根深蒂固的关系。

　　除了很多民团之外，还有很多个人。比如说周浩，当时宣州周氏也是一个大族。周浩是一个秀才，没有考中举人，在太平军攻来之前，宣州是被鲍超占领的。鲍超是湘军中一员名将，四川人，打仗厉害，但是个文盲，只会写不到十个字，其中就有他的姓氏鲍。有一次鲍超在皖南被太平军团团围困时要求救，他不会写信，就写了个鲍字，又在鲍字四周画了四条狗围着他，并赶快派人送给曾国藩，曾国藩看到后知道鲍超被围，就派人去解救。但就在宣州这战之后，鲍超再也没写过这样的救急信，因为周浩投入了鲍超门下，成了鲍超的幕僚，以后的文件都由他来起草。

　　周浩本人很有眼光，很有

曾国藩（1811—1872），晚清政治家、军事家

思想，鲍超一直把他当作智囊，也把他当作文字秘书。在当了一段时间的鲍超幕僚后，他又转投到了李鸿章的哥哥李瀚章的门下。李瀚章是合肥人，虽没有弟弟李鸿章的霸气，但却是很稳当的一个人。曾国藩当时还没打出湖南的时候，他就投在曾国藩的门下做幕僚，那个时候李鸿章是曾国藩的入门弟子，在北京的时候就拜曾国藩为师了，并跟曾国藩一起合编了《经史百家杂钞》。但李鸿章那时候抱负很大，曾老师在湖南办团练，办湘军，他不想投在老师门下，想自立门户，所以就跑到安徽合肥自己办团练，结果九死一生，最后没办法再投到曾国藩门下。但在那个时候李瀚章早早就投到曾国藩门下，且已经自立门户，成了一方督抚。周浩就投到李瀚章门下，结果两个人一见引为平生知己。周浩年龄比李瀚章小很多，也非常钦佩李瀚章，所以他就把自己字改为翰如，意思是希望自己能像瀚章兄一样。如今史书上看到的周瀚如就是周浩，后来他们两个人还结了儿女亲家，关系很好。李瀚章主政两广总督期间，所有的剿匪事宜都是周瀚如帮他处理的，因此周瀚如后来也成为一代名将，一直做到甘肃新疆布政使、直

周浩用章

隶布政使、江西布政使二品大员。

　　周瀚如一直被视为李鸿章李瀚章淮军门下的重要的心腹部僚，虽然他带兵打仗不多，但是他出主意。一直到1899年，李瀚章死了，1901年李鸿章也死了。按道理，李鸿章死了之后，淮军时代过去了，淮军的众将都不受重用了，但慈禧太后特别喜欢周瀚如，一直重用他。我们从周瀚如身上看得到中国读书人的血性。

　　而在现代革命史上，则有泾县的王稼祥。了解历史的人都知道，在长征遵义会议前，毛泽东在红军中的地位几起几落，因为他曾经是苏维埃主席、中央局书记，受到了王明的排挤，在第五次反围剿的时候，完全不让他参与任何事情。虽然还担任着苏区苏维埃主席，但是长征的时候，王明的意思是不许毛泽东跟着走的，后来好不容易争取，才让毛泽东跟队。王稼祥在当时就是红军总政治部主任，实际地位比毛泽东要高。王稼祥曾在苏联莫斯科深造，被称为"红色教授"。起初，他和王明的关系很要好，两人同为安徽人，又都在苏联留学。但是后来在长征途中的一次际遇，拉近了王稼祥

王稼祥（1906—1974）

和毛泽东的关系。

湘江战役中红军遭受巨大的损失，8 万人锐减到 3 万人。王稼祥当时在突围的时候被炸弹的弹片击中。因为弹伤未愈，王稼祥在整个长征过程中都是担架担着走的，而毛泽东当时因为得了疟疾，也是乘坐担架的。有一次下大雨，到了驻地之后，王稼祥的警卫员给他找了一间民房避雨，恰巧毛泽东的担架也来到这个民房，于是王稼祥就请毛泽东一同进屋避雨。两人同在一屋避雨，又都因不便行动，百无聊赖之际就开始聊天。毛泽东指挥前三次反围剿时用兵如神，第四次虽然没让他直接指挥，但周恩来指挥时还是用的毛泽东的谋略。到第五次反围剿时，当时是由博古、李德、周恩来三人组成的最高"三人团"指挥军事，所以毛

王稼祥故居

泽东在看到第五次反围剿失败后痛心疾首，逐条分析战略上的错误。王稼祥这个人有知识分子的本色，不轻易为人左右，在听完毛泽东的分析之后，王稼祥很是认同，于是在后来的行军路途上，始终要求毛泽东与他同行，两人一直聊军事，聊到最后王稼祥深深地被毛泽东的军事思想所折服，而张闻天也常和他们一起交流意见，渐渐地形成了共识，他们一起随军委纵队行军宿营，后来被称为"中央纵队三人团"。在这个过程中，王稼祥、张闻天，周恩来他们都被毛泽东的军事观念所折服。

遵义会议上，博古作为当时的总负责第一个上台发言检讨了第五次反围剿失败的原因，但是他这个检讨只是名义上的，他主要说的是因为敌人太强大，而不是我们错了，是不可抗力。接着周恩来作为军事三人组负责人发言，深刻检讨了自己的指挥错误。他俩作为当时的总负责人发言，会议程序没有问题。但是紧接着在自由发言阶段毛泽东开始了出人意料的发言，他把第五次反围剿里的种种错误指挥狠批了一通，这一下全场哑然。就在李德还没有完全弄明白而博古还在琢磨的关键档口，王稼祥抢先发言，全力支持毛泽东，一下子就定下了会议基调。王稼祥发言之后，朱德、周恩来、张闻天都发言，认可毛泽东的发言，所以最后博古做的中央军事路线的这个报告没有通过，然后遵义会议重新确立了军事三人组——王稼祥、毛泽东、周恩来；周恩来军事总负责，作为定最后意见的人。

这就是知识分子的品格：实事求是，坚持真理。从王稼祥的身上，我们能看出文弱书生的铮铮铁骨，知识分子的精神和脊梁多么坚实，这也体现了我们宣城的革命精神。

作为文人，我们都很喜欢宣城，一般人说到宣城首先想到的就是山水宣城，人物兴盛，文脉悠远。大诗人李白说"一生低首谢宣城"，而苏东坡也有一个偶像，就是他"一生折服"的宛陵先生，宣城的梅尧臣。苏东坡的《刑赏忠厚之至论》还是梅尧臣发现的。嘉祐二年（1057）正月，宋仁宗命礼部侍郎欧阳修为礼部考试主考官，梅尧臣是副主考官，两人共同主持这一年的礼部考试。梅尧臣发现了苏东坡的文章，然后拿给欧阳修看。欧阳修一看文章写这么好，一般人写不了，估计是他的学生曾巩写的，要是给他点个第一名恐怕有人会议论，应该避嫌，结果就把这篇文章点了个第二名，发榜后才发现是苏东坡写的。所以后来欧阳修就说"吾当避此人出一头地"——我现在是文坛盟主，过三十年就没人知道我欧阳修了，都要知道这个叫苏子瞻的年轻人，这才有了苏东坡声名鹊起。

明清之际，宣城本地的文化艺术也开花结果，成就卓越。而它又和什么有关呢？当然有一些外来的像石涛这样的大画家，石涛是宣城画派的开山宗师。石涛有很长一段时间住在宣城，有一段时间住南京、扬州，过一段时间又回到宣城，他很喜欢这个地方。宣城画派还有另外一位代表人物就是出自宣城梅氏的梅清。我对宣城梅氏、泾县吴氏等宗族的形成、发展十分感慨。正是这些宗族的发展，接续了宣城的唐宋文脉，使宣城本地的文化艺术

《山水图页》（清·梅清）

开花结果。

我们知道中国古代是宗法社会，没有典型的鬼神崇拜，而是崇拜祖先，所以文明源远流长。皖南这个地方，它的地势山水特别适合聚族而居，经过世代的绵延和积累，得以厚积薄发。最典型的是绩溪胡氏（当然胡氏又分龙川胡、明经胡等）、宣城梅氏、泾县吴氏。泾县吴氏的吴作人是徐悲鸿之后中国画坛的领军人物，出生在晚清。大书法家吴玉如，他的长子吴小如也是历史学家，这都是世代相传的。宣城梅氏，从梅尧臣开始代代英才辈出，除了梅鼎祚、梅文鼎，还有梅鼎祚的堂弟，训诂学大师梅膺祚，他写了一本书叫《字汇》，是《康熙字典》前最完备的一本字书。到清初的梅文鼎，是世界上可以和牛顿并列的大数学家。

《字汇》书影

梅文鼎一生的天文历算专著有八十多种，他在数学史上，尤其在中国数学史上，是非常重要的一个人物。此外，还要提到梅光迪，梅光迪先生原来是国立东南大学的英文系主任，后来又任浙江大学文学系主任，是非常有名的大学问家，和胡适关系很好。

人文精神的传承，从艺术精神、文学精神一直延续到学术精神，都是这些宗族开枝散叶结出的累累硕果，所以这种传承积累，结合了山水之力、地利之便，除了山水人文，还在于宗族文化。唐宋以前士族垄断文化，科举创制以后寒门渐出贵子，经宋代儒者的努力，宗族慢慢兴起，遂在明清之际结出硕果。在皖南，龙川胡、明经胡，宣城梅氏泾县吴，还有查氏、江氏，宗族聚族而居。宣城梅氏出过 29 个进士，2 000 多人拿过功名，举人也非常多。在古代出一个进士非常难，而一个梅氏家族就出这么多，代代积累之后，到了晚清时期就结出了丰硕之果，不仅使得宣城本身所具有的人文精神在宗族内部得以开枝散叶、结出硕果，它还产生另外一个效果，即这种聚居的宗族绵延数十代的发展，对整个地区的影响非常重大，这产生的第一个效果就是徽商文化的兴起。

徽商有两个概念，狭义的是指徽州商人，绩溪本来也是属于徽州地区，广义的就是整个安徽的商帮，中间的过渡就是整个皖南。而从文明史的发展上可以看到，安徽的商业精神最早的体现应该是在宣城地区，只要考证一下敬亭山就能知道。我们都知道文人很喜欢敬亭山，但为什么讲商业精神

《梅氏家族家训》书影

还要讲到敬亭山，这和我研究训诂学有关系。

敬亭山我们都知道他原来不叫敬亭山，叫昭亭山，是西晋避司马昭的讳而改为敬亭山。甲骨文没有"昭"这个字，但是金文里有，金文中可以看到"昭"的字形原意。金文里的"昭"，右半边是一个人跪在那儿，其实这一个人跪在那儿是代表了一批人跪在那儿；左半边字是一个人站在高处，然后底下是一个口的形状，结合起来，左半边是代表一个人站在高处在说话，右半边是代表一批人跪在那儿，然后中间画了一个"日"，这是"昭"的

古昭亭牌坊

象形文字，意思是一个人在说话，一群人在听他说话，而他说的这个话就像日光普照大地一样。所以《说文解字》说"昭"者如日之明也，日光照射下来，大家都感觉很光明。所以在文字学上认为这个日字旁的"昭"是"召"的本字，意思是把最高旨意宣读给大众听，天子，再往上就代表天的旨意，神的旨意，大家听得豁然开朗，就是"昭"的意思。再说"亭"字，语言学家发现在甲骨文中"亭"字、"高"字，形状很相似，"亭"本来就是个象形文字，就是一个很高的有筑无墙的建筑物，在这个建筑物上视野开阔，说明敬亭山当年建了很多亭子，有很高的建筑物，人上去视野开阔，心中开朗。

那为什么要取"昭亭"这两个字，有什么人要上这个山，在山上视野开阔，心中很舒服？这和昭亭山下的水阳江大概有关系，我估计水阳江是昭亭山得名的一个关键。宣城有两条江，青弋江和水阳江，水阳江是流过这个昭亭山下的，而青弋江是流到长江里的，是长江中下游最大的一条支流。水阳江在春秋战国时期很重要，楚国要和吴越之间产生联系，尤其是产生贸易联系的话，必须要走这条水阳江。有史料证明楚国贵族鄂君有一个庞大的商队，150多条商船，他每次进行贸易交易就要来到宣城，和吴越之人进行交易。所以宣城为什么在古代就非常重要，在战国时期就是通都大邑呢？因为在中国古代最重要的交通运输工具是水运不是陆运，所以在中国古代，但凡能有水运之利的城市都是通都大邑。扬州后来能发展起来，就是因为京杭大运河开通了，唐代以前扬州默默无名，而到唐代以后，"扬一益二"，扬州天下第一益州排第二，京杭大运河的节点在扬州这个地方，谁占据了水运之利，谁就是当时的中心城市，既是商业中心城市，又是文化中心城市。楚人和吴越进行商业贸易是从水路到水阳江来，然后到敬亭山下，贸易进行完了之后都很开心，就要登山望高，以示庆祝，山间多修亭阁，以便庆贺游赏。所以昭亭这个地方很高很开阔是因为这里是人文荟萃之地，是水运中心城市，而这个水运中心城市最后变成了文化中心城市。到最后析丹阳郡，把丹阳郡一分为二，分出宣州郡来。

为什么叫宣州？"宣"字在甲骨文里是一个东西卷在那儿，底下有一横，上面还有一个宝盖头。一横指示"宣"字就是卷轴上的内容，而宝盖头，最早的作用是房子，但不是给人住的，是给部落祭祀祖先用的，所以在祭祀中古人宣读的神意才是宣的内涵。《说文解字》解"宣"，"宣者天子宣室也"。从这里可以看出，西晋之后，宣城的地位明显不同了。原来是因为商业文化的繁荣，导致人文精神的繁荣，而人文荟萃之极，则开始成为天下文化散发的核心所在，所以叫宣城。对于文人来讲，古代的帝王谥号，像宣宗，仁宗，都是不轻易用的，所以"宣"很重要。

前面说安徽的商业精神最早的体现在宣城，首先从敬亭山原名昭亭山乃至宣城之为宣城的解释中可以看出，这个地方商业荟萃，人文荟萃，有强烈的商业文化基因。第二个重要原因就是聚族而居产生的文化辐射力，产生的一种传承和凝聚的力量。徽州商人有个特点，在外头挣了钱都要回家建房子，这也符合水运的特点，在外面挣得盆满钵满的然后回家盖房子。沿着水道我看到徽州，包括皖南很多地方的村镇，最好的房子都修在码头旁边。这种凝聚力辐射了整个地区。

我研究儒商文化，发现徽州商人的特点和当下结合非常紧密。山西商人最大的特点是开辟金融业，山西票号；洞庭商帮最大的特点是做买办；徽州商人初期也是经营物品，经营文房四宝，但据史料记载，徽商做的最大的生意是茶业、盐业。安徽茶业并不是说贩卖安徽本地的茶叶，它是贩天下之茶。扬州的盐运商人80%都是徽商，而且最大的全是徽商。所以徽商不是营运自己这片土地上生产的物品，而是借助贩运之力通天下之货。他们是最早的物流网商人，把大众商品沿江河水道进行全国性的转运。这是徽商之所以兴起的根本所在。

近几百年来大航海时代之后，地方的兴起渐和海运有关，沿海城市发展起来，近代江浙发展起来就是因为海运。但我们可以看到，海运的时代恐怕也要过去了。互联网经济兴起，最后不一定依赖海运，当新的运输形式物联网概念兴起的时候，哪个地方高举起物联网的旗帜，可能又会重新获得一个发展的生机。所以我觉得从这个概念上，我们整个皖南的文化，将在物联网发展上继续它的历史传承。

徽商的兴起最典型的一个人就是胡雪岩，这也能体现出徽州宗族文化的辐射。我们知道胡雪岩他们家在明经胡这一支里其实是非常弱的一个支流，到胡雪岩的时候，已经破落了，但是为什么会产生胡雪岩这样的徽商奇迹？到最后胡雪岩个人资产可以买下大半个江浙，而当时天下富庶半出东南，天下的财富一半都在东南，东南中一大半都在胡雪岩手上。我

胡雪岩（1823—1885），晚清红顶商人

们都听过有关胡雪岩的传说，据说他小时候就与旁人不同，路上捡到一袋银子，一直在等失主来找，失主来了之后他问得很清楚，再把草丛中藏的银子还给人家。他从小就具有诚实的品质，而一个赤贫家的孩子为何会具有这种品质，和他宗族文化的影响非常关键。

　　胡雪岩是徽商的代表，但是他发迹是在杭州，所以徽商和浙商的融合有赖胡雪岩，功绩非常大。胡雪岩来到杭州之后在米店做学徒，很用心，后来又到钱庄。当然现在有学者认为胡雪岩的史料考证也是一个问题，它的史料比较多，有些问题，再加上高阳、二月河写的长篇小说，反而把很多真实历史问题给混淆了。原来是在一个叫信有钱庄还是叫仁德钱庄，考证不清楚，但是后来他办的是阜康钱庄，也有说是他的岳父把阜康钱庄传给他的，但主流的说法是他后来自己开办了阜康钱庄。他有 500 两银子的呆账坏账，还不是他放出去的，而且他还把这笔账收回来了，然后把这 500 两银子无偿资助给了路上偶遇的一个叫王有龄的人。当时清军和太平天国在打仗，战争非常惨烈，满街都是流离失所的人，胡雪岩为什么不资助别人，独独资助了王有龄呢？曾国藩号称晚清相面大师，中国古代也讲相学，皖南各地聚族而居的村庄也讲究风水堪舆，它标准的学术语称堪舆学，堪天舆地，从环境到人体上看到面相骨相这些。所以胡雪岩虽然家中赤贫，没上过两年学，不识几个字，但他在族居的情况下受到的影响是根深蒂固的，所以他能从人群里看出王有龄来。王有龄受到他的资

胡雪岩手题匾额：戒欺

助，后来捐了浙江粮道，又找胡雪岩报恩，胡雪岩靠着王有龄的资助办起了阜康钱庄，赚到了他人生的第一桶金。我们知道真正的钱庄是从晋商那开始的，但做到最大的是胡雪岩的阜康钱庄，而且他开辟了中国商业史的很多领域，有很多领先的做法，比如说做广告、促销，比如说他开辟钱庄的时候，每个账户上预存五两银子送给达官贵人，很多现代的商业推销手法，他都运用到了。

他的第二桶金没有延续徽商传统去做盐业和茶业。因为王有龄是他的靠山，王有龄到湖州做知府，他就跟着王有龄到湖州，发现湖州的蚕丝非常好，他的第二桶金是做生丝贸易。生丝贸易开辟了中国商业史或者说商业精神中的一种创新领先的面貌。此前中国商人和西方商人做生意，西方商人到中国来收购蚕丝利润非常丰厚，是暴利，利润非常高。因为英法的商人此前都是向中国的私户收购，价钱可以压得很低。胡雪岩看到这个情况之后，到湖州干了中国商业史上的第一件重要的事，他开了个公司，把当地的私户联合在一起，由他来收购生丝，然后再统一卖给英国人，最早的商会形式出现了。第一次和英国人做生丝贸易时，英国人出 400 万两白银，结果他说不行，要 1 000 万两，然后英国人就涨价到 600 万两、800 万两，他还不肯。英国人说我们不要了，你不卖放在手里看你烂掉。关键的时候突然美国商人来了，要收购这批生丝，愿意出价 900 万两白银，英国人立刻急了，1 000 万两白银成交。有一种说法说美国商人是胡雪岩花重金请来的美国演员。所以在第一次生丝贸易战中，胡雪岩获得了胜利，此后的生丝贸易战，包括他的最后一场期货大战（也是生丝期货大战）还是和英国人作战。

胡雪岩的第三桶金不是生丝。王有龄后来一直做到浙江巡抚，后来在杭州被太平军李秀成 20 万大军团团围困，到最后城里没有粮食吃了，都吃树皮了。王有龄是他结拜兄弟，求他出城购军粮，于是胡雪岩就出城购军粮，等他回来的时候，杭州城被李秀成攻破，王有龄战死。胡雪岩做生意是叫背靠大树好乘凉，现在大树倒了，胡雪岩立刻急眼了，这个时候就要说到历史的选择了。我研究这段历史的时候，我认为胡雪岩最该做的选择是投奔李鸿章，他是安徽人，但是这个时候朝廷派了新的浙江巡抚左宗棠过来了，胡雪岩的基业都在杭州城，所以他的直觉反应是谁做浙江巡抚，就去投奔谁，所以他就没有去投奔李鸿章，投奔了左宗棠。而另一个江苏常州人盛宣怀去投奔了李鸿章。后来左宗棠的财政大臣是胡雪岩，李鸿章的财政大臣就是盛宣怀，曾国藩死后，李左相斗，明面上就是盛宣怀和胡雪岩斗，而胡雪岩最后就是败在了盛宣怀的手里。

　　一开始胡雪岩去投奔左宗棠，左宗棠很不喜欢，听说他纳了十二房小妾，叫东楼十二钗，于是两个人一翻唇枪舌剑。但是胡左宗棠指责胡雪岩背信弃义，王有龄对他恩情多重，孤死城内他却跑了。这时候胡雪岩很聪明，他流下眼泪说自己并不是抛弃兄弟，徽商最讲究义气，是大哥求他出城区购粮，购粮回来，城破，大哥已去。左宗棠这时候冷笑一声："托词，购粮，粮呢？"胡雪岩终于等到这个话口，当时慨然表示说，大帅！十八船二万石军粮就停在城外江面上，我胡雪岩是公款买的军粮，如果王有龄在，我当然交给王巡抚，王有龄不在，我自然就要交给你左巡抚。左宗棠一听激动万分，湘军打仗最愁的就是军粮，要自筹军粮。左宗棠这时正缺军粮，一听说胡雪岩十八船二万石军粮送过来，当即摆酒宴请胡雪岩，然后说你别走了，就在这帮我筹措军务。所以胡雪岩的第三桶金其实是帮左宗棠筹措军火。在这个过程中他又建了一个善后局，左宗棠在前面打仗，胡雪岩因为要救助伤兵，

左宗棠（1812—1885），晚清政治家、军事家、民族英雄

医治百姓，所以建了胡庆余堂。现在叫胡庆余堂其实不准确，它原来应该叫胡庆余药局，左宗棠替他专门向慈禧太后申请叫胡庆余药局。药局是国家、政府钦定的，代表官方的，所以叫胡庆余药局。

左宗棠楹联书法

后来曾国藩办洋务运动，前半程都是曾国藩办的，之后全面交给了自己的学生李鸿章。左宗棠一看，也要办洋务运动，胡雪岩是他的财政大臣，就说你帮我办洋务运动。当时的洋务运动齐聚上海，左宗棠要办福州船政局，胡雪岩帮他办，就要去上海挖人才。胡雪岩也劝过左宗棠不要挖李鸿章的墙角，左宗棠不肯。左宗棠性格很倔强，脾气非常犟，和曾国藩吵了一辈子架，虽然都是湘军统帅，两个人见面就吵架。

左宗棠让胡雪岩去挖李鸿章的墙角，李鸿章不乐意了，让盛宣怀一定要先搞倒胡雪岩。胡雪岩和英国商人最后一场生丝期货大战时，胡雪岩收了三年的生丝都不放手，要彻底击败英商的关键时候，盛宣怀和洞庭商帮席正甫、汇丰银行的买办联手，内外夹攻，致使胡雪岩的阜康钱庄发生挤兑风潮，他的金融帝国迅速崩盘。全国20多个阜康钱庄，最集中的是上海、杭州和南京，

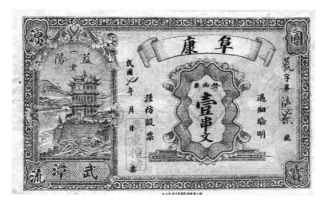

胡雪岩阜康钱庄银票

先是上海的阜康钱庄发生挤兑风潮，然后是杭州、南京，接着波及全国。他的金融帝国鼎盛时可以买下大半个东南，最后在一个月之间崩盘。胡雪岩的这场期货大战是中国商业史上真正第一场具有现代商业意义价值的期货大战。

说到这个就说到他为中国现代商业精神奠基了契约精神。他帮左宗棠，收复新疆要打仗，没钱就要向汇丰银行、渣打银行、花旗银行借款。当时左宗棠要收复新疆，清政府出面借款，渣打银行和汇丰银行拒绝向清政府借款，认为清政府缺乏商业信用，我不能借给你。后来是胡雪岩以个人名义向汇丰银行、渣打银行借款 1 800 万两，渣打银行就借了。当然这里头还有一些胡雪岩的手段，但最根本的原因是因为西方商人认为胡雪岩有商业信用。胡雪岩在此前的国际贸易战里，把英国商人、法国商人收拾得很惨，但他们反倒认为胡雪岩有商业信用，具有现代商业的契约精神，所以贷款给胡雪岩个人 1 800 万两没有问题。这是徽商为现代商业精神奠基的一个重要的基石，就是现代自由市场经济的契约精神与商业精神。这是胡雪岩，我们宣城绩溪的徽商，为中国近代文化做出的重大贡献。

通过这个例子，就可以看到宣城的这种商业精神。如果说人文精神是自古以来一脉相传的，那这种商业精神对中国近代史以及当代中国是有一种创新的价值和意义的，所以晚清宣城之于近代中国，以至于当代中国的影响巨大。

我们讲了宣城文化的人文精神、革命精神、商业精神……从中我们可以看到宣城文化，一方面山水宣城，一方面人文宣城，只有山水不行，一定要有人文，那人文精神的延续才是一个山水之地的精魂所在。自古以来，从爱陵到宛陵到宣州，从丹阳郡到后来宣州郡，到最后的宣州府、宁国府，这种精神才是这片土地的核心所在。

　　我个人特别喜欢的是宣城的家族精神的延续，这是一个核心。这种家族精神的延续，不仅对家族内部，对整个地区文化都产生了至关重要的影响，而家族精神的延续所激发的人文精神，以及由此发展而

李白诗《与谢良辅游泾川陵岩寺》
（清·胡雪岩）

来的革命精神、商业精神，我觉得这才是宣城文化最值得称颂、最让人期待的所在。因为不论是一家、一族还是一人、一国，到最后都要绑在我们整个华夏民族的命运里，所以这种精神说起来我们从学术分类上可以叫它人文精神，可以叫它革命精神，可以叫它艺术精神，可以叫它商业精神，但它的本质都是什么？用孟

子的话说，就是"达则兼济天下，穷则独善其身"，用《左传》
的话说，就是"太上有立德，其次有立功，其次有立言，虽久不
废，此之谓三不朽"。用宋代张载的横渠四句的话说，就是"为
天地立心，为生民立命，为往圣继绝学，为万世开太平"。

后 记

　　从"当代名家品宣城"系列文化讲座，到本书编辑出版，历时 7 年，算是可以告一段落了。为了便于大家了解此书的由来，我想还是交代一下其中的经历吧。

　　2014 年的暑假，我在京与几位央视《百家讲坛》学者小聚，酒过三巡，我与纪连海先生聊起了一件遗憾的事情，即 2013 年他来宣城讲座后，我们只是匆匆见了一面，没有过多的交流。于是我当场提议，如果有可能，能否组织一场由众多《百家讲坛》的学者来研究宣城的历史文化、再到宣城讲一讲的活动。此立马得到了在座学者的响应和支持，就有了后面的"当代名家品宣城"系列文化讲座活动。

　　说起"当代名家品宣城"活动，其经历与波折，现在想来同样感慨万千。我从京返回宣城后，与几位朋友聊起了在京的想法。也得到了支持，于是我梳理了一下在央视《百家讲坛》的朋友圈，做了一份详尽的策划案，计划用一年的时间安排 10 位来自央视《百家讲坛》的教授或学者，来研究宣城、说宣城、游宣城、品宣城。

　　"当代名家品宣城"系列文化讲座活动 2015 年 5 月在宣城举

行，2017 年 7 月最后一讲结束，因为一些变故，最终共完成了 8 讲。虽然与当初的计划有些缺失而遗憾，但是每一讲的效果却是达到了。甚至还有意想不到的收获，如后来央视《中国诗词大会》《中国地名大会》等节目中，一些学者教授都因为"当代名家品宣城"让他们对宣城有了更直接的了解与接触，所以后来在央视其他文化类节目中，对涉及到宣城的文化名人和文化意象，他们都会有感而发、滔滔不绝，最终这些节目播出，让文化宣城时常活跃在央视屏幕前。我想这都得益于"当代名家品宣城"吧。"当代名家品宣城"对城市形象的提升、城市文化品牌的宣传，无疑是成功的！

2021 年 9 月，宣城市第五次党代会工作报告中首次提出研究和弘扬"宣文化"的概念，并成立了宣城市宣文化研究发展中心。之后，相关领导找了我，又议起了"当代名家品宣城"，有人建议能否将"当代名家品宣城"的系列讲座成果再作延伸，于是才有今日《当代名家品宣城》一书的出版。

编辑《当代名家品宣城》一书，单从体例上而言是不完备的。一是原定计划的 10 场讲座只完成了 8 讲；二是有部分学者的讲座稿无法整理出来。所以从拾遗补缺的角度，我又邀请一些当前学术研究领域的知名教授或学者通过指定撰文的方式来完成。最后定下来由 11 位教授学者完成此书。增补了一位来自厦门大学的《百家讲坛》学者李菁和北京外国语大学石云涛、武汉大学谢贵安、南京大学杨晓春、中国社会科学院历史所杨海英等四位知名高校院所学者。大家对此书都十分支持，如石云涛教授，与我相识十余年，一直对我说"宣城的历史文化，足以让你研究一辈子"。谢贵安教授和我多次在史学界的学术研讨会上相聚，是国内唯一读完《明实录》的明史专家。杨海英研究员撰文后，多次修改后与我对接，严谨的治学精神令人敬佩。诸如此类的故事实在太多，在此就不一一赘述。

最后我想在《当代名家品宣城》付梓之际表达一番感谢。作为一个挂名的主编，第一要感谢那些喜爱并热衷于宣城历史文化的人，如王景福先生、石巍先生等，这些地方的学者可谓我的老师，且做学问的态度也比我好；第二感谢胡阿祥、康震、蒙曼、郦波、鲍鹏山、韩昇、石云涛、杨晓春、谢贵安、李菁、杨海英等诸多的学界名流，他们作为当前学术界的名流大咖能关注宣城的历史文化研究，甚至参与其中，本身就已经为"宣文化"的传承与发展树起了一面旗帜。第三感谢宣城市各级领导，积极为弘扬"宣文化"所做出的努力，不仅仅是宣城市发展文化的自信问题，亦可谓"不忘初心"：从自古迄今宣城的辉煌成就中汲取发展的智慧。当然我们也不能忘记东方出版中心的辛勤付出，总编辑郑纳新先生与我在疫情期间于南京会面畅谈，细数文化界的大师之作堪称快事；马晓俊先生、万骏先生为此书出版做了大量工作等等，在此一并表示感激！

编者

2022 年 11 月 30 日